本书由

大连市人民政府出版资助

The published book is sponsored

by the Dalian Municipal Government

省社科联2019年度辽宁省经济社会发展研究课题研究成果（2019LSLKTYB-073）

『学者文库』

现代汉语三大类实词多功能性的多维思考

刘　江◎著

吉林大学出版社

图书在版编目（CIP）数据

现代汉语三大类实词多功能性的多维思考 / 刘江著 .—

长春：吉林大学出版社，2019.5

ISBN 978-7-5692-4663-6

Ⅰ.①现… Ⅱ.①刘… Ⅲ.① 现代汉语—实词—研究

Ⅳ.① H146.2

中国版本图书馆 CIP 数据核字（2019）第 077453 号

书　　名　现代汉语三大类实词多功能性的多维思考
　　　　　XIANDAI HANYU SAN DA LEI SHICI DUOGONGNENGXING DE DUOWEI SIKAO

作　　者：刘江 著

策划编辑：李潇潇

责任编辑：周　婷

责任校对：李晓溪

装帧设计：中联华文

出版发行：吉林大学出版社

社　　址：长春路人民大街 4059 号

邮政编码：130021

发行电话：0431-89580028/29/21

网　　址：http://www.jlup.com.cn

电子邮箱：jdcbs@jlup.edu.cn

印　　刷：三河市华东印刷有限公司

开　　本：710mm×1000mm　　　1/16

印　　张：20

字　　数：320 千字

版　　次：2019 年 8 月　第 1 版

印　　次：2019 年 8 月　第 1 次

书　　号：ISBN 978-7-5692-4663-6

定　　价：95.00 元

目 录
CONTENTS

导　论

一、研究背景

词类问题是语法研究的关键，然而由于汉语少有形态变化，从《马氏文通》起到现在，词类问题一直困扰着我国许多语言学家。吕叔湘指出，"凡是在词类问题上认真思索过一番的人，都承认这是个相当复杂的问题"（转引自崔应贤 2003：98）。经过20世纪30、50年代两次对汉语词类问题的集中大讨论最终逐步确立的按分布原则划分词类的办法，并没有使问题得以彻底解决。王洪君、汪锋（2009：1）指出：

> ……随着对汉语语法系统研究的深入，一些尚未彻底解决的理论问题重新浮现，比如：词类是先验存在的初始概念，还是一个演化的结果？词类是否是世界语言中普遍存在的语法范畴？分布原则在汉语词类划分实践中遇到哪些难题？这些难题仍然需要在分布理论的框架下解决还是另起炉灶？

正是这些尚未解决的问题的存在促使《语言学论丛》（第40辑）在2009年再次发起了"'新视野下的汉语词类问题'系列研讨"，该刊（第41辑）在2010年对相关问题进行了进一步探讨。

由此可见，汉语词类问题有待更多的专家学者投入更多精力去进一步探讨。本书正是在这一背景下重新思索汉语词类划分标准和词类多功能性问题的。

二、研究目标

崔应贤在谈到汉语词类划分问题时指出：

……词类划分是汉语语法研究上的'老大难'……词类划分标准的确立与把握，是该难题中的关键环节（崔应贤 2003：98）……

再则是词类的分合问题。汉语里边不同的词类的功能交叉是一个普遍现象：甲类词可能具备乙类词的某些特征，乙类词也可能具备甲类词的某些特征。还有，甲类词中的甲₁具有某些特征，甲₂可能具有区别于甲₁的另外的特征，它们既有共性又有个性。前一种现象松一松，就有可能合为一类词；后一种现象紧一紧，就有可能将它们分化为两类词。（同上：101）

《现代汉语词典》直到第 5 版才给语词标注词性，从事实角度说明了汉语词类划分的复杂性。笔者认为换个角度可以这样说，能否对词类多功能性进行合理解释是检验所确立的词类划分标准合适与否的关键。词类的多功能性尤其表现在名词、动词、形容词三大实词上。岑麒祥就古代汉语实词的特点指出：

……古代汉语的实词有一个特点，就是一个词往往兼有名词、动词、形容词和副词等四个词性。例如'人'本来是名词，但在'人其人'（韩愈《原道》）一语里，上一人字却是动词，但在"人熊""人鱼"里却是形容词，"豕人立而啼"（《左传》）里却是副词。从前德国柏林大学教授格鲁伯（Grube）曾设一个妙喻，说汉语中的词类恰如代数中的未知数 X，我们要知道方程式才能知道它的价值。这些都是就实词方面来说的。实词原有的词性我们叫本性，其他来自假借的叫作变性。（岑麒祥 2010a：82）

岑麒祥在《古代汉语词的词性和词序》一文中把变性分为"名变动""名变形""名变副""动变名""动变形""动变副""形变名""形变动""形变副""副变名""副变动""副变形"，并进行了详细的探讨。由此可见汉语词类的多功能现象古已有之，而且一直是语言学家关注的对象。本书也试图解答汉语"词类这个方程式"，但是，仅限于现代汉语中的名词、动词、形容词这三大实词，因为笔者认为，古代汉语中的词类多功能现象和现代汉语中的词类多功能现象不能放在同一个层面来解决。

尽管笔者关注现代汉语这三大实词的多功能性，但是在不改变既定目标的前提下，也会涉及部分古代汉语。正如岑麒祥（1956：3-4）所说的那样：

……描写语法对于历史语法是不可缺少的出发点，所以在科学上是正确的。但是必须指出，对于语言的语法构造做分析的研究，必须同时采用历史的方法，忽视了它的历史发展，那么，对于现存语法体系中的某些现象就无法加以适当的估量。现代描写语法，因为已有历史语法存在，它跟没有历史语法时期（即科学前时期）的那些描写语法（如语文学语法和唯理语法）自然有本质上的不同。科学前时期的描写语法只研究书面语言；现代科学的描写语法研究书面语言，也研究非书面语言。其次，科学前时期的描写语法研究书面语言，缺乏历史观点，目的只在建立"其然"和"其所当然"；现代科学的描写语法同时采用历史的方法，目的是要理解"其然"和"其所以然"，并正确地判断文学语言里的各种现象分歧的原因，保证有可能对这些问题做适当的解决。此外，在科学前时期，语言学各个部门的性质及其相互关系还没有弄清楚；现代科学的描写语法，由于语言学建立了新的部门，它的内容就与以前大不相同。总起来说，现代科学的描写语法，无论按研究的对象来说，还是按观点或内容来说，都与科学前的描写语法有本质上的差别。

笔者也正是在岑先生这种观点的指导下，集中研究现代汉语名词、动词、形容词三大词类的划分问题，综合运用当代语言学各家学说，尤其是语言类型学、范畴化和构式语法理论，考察三大实词的多功能性，并对其形成的历史根源进行宏观的探讨。

三、研究意义

1. 本书将在 Croft 的语用标准下（即语义和语用相结合的综合标准，详见第三章第五节）探讨现代汉语三大实词的多功能性问题。以往对词类的多功能性研究多是对分布标准或意义标准下的词类多功能性的探讨；本书在全面分析汉语词类划分的形态标准、意义标准、分布标准、综合标准存在的问题以及类型学中语用标准在实践中存在的问题基础上，首次提出按照 Croft 语用标准对现代汉语词类进行划分；在此基础上，对这种语用标准框架下词类多功能性问题进行系统探讨。

2. 在对现代汉语词类多功能性研究中，本书高度重视以语言学史和普通语言学的相关成果为指导，尤其是注意语言学史上的两线之争（即，整齐论和参差论之争）和普通语言学中语言与言语的关系。从词类的多功能性来看，整齐是相对的，参差是绝对的，是言语交际"经济性"和"象似性"相互竞争的必然结果。语言是对言语的抽象，是交际的工具，是相对静态的、同质的；言语是对语言这一交际工具的运用，是语言的具体化，是绝对动态、异质的。笔者将在语言和言语关系的框架下建立本书的理论框架并以此来尝试解决词类多功能性问题。

3. 以往对汉语词类划分的标准以及对词类多功能性的解释不仅存在很大争议，而且不具跨语言可比性。本书把认知语言学的研究成果和语言类型学的研究成果有机结合，同时注意借鉴其他各家学说，不仅论证了 Croft 语用标准对汉语词类划分的有效性，而且通过对相关学科解决词类多功能性方案的修正，建立了适合汉语自身特点的解决方案。这种方案通过整合结构语言学、功能语言学、认知语言学的研究成果，使汉语词类多功能性研究具有跨语言可比性。

四、研究思路

笔者的工作基本思路是分析国外英语界在语言类型学、范畴化和构式语法框架下对语法范畴或构式间的中间状态的研究，总结其研究方法和成果以用于汉语的词类范畴研究。现在有学者认为，认知语言学不但已经成为当代语言学的三大流派之一，而且它已经再一次使语言学成为领先学科（周流溪2005）。基于这种认识，本书高度重视认知语言学的各种学说，力图取其所长，在其基础上再结合别的理论来构建一个完整的解释体系。认知语言学的范畴化理论和构式理论是笔者关注的重点；本书将追踪范畴化理论的最新研究进展，在梯度范畴化基础上结合构式理论研究的长处，尝试提出一个解释词类多功能性的理论模式，并在一定范围的语料内进行实证研究。

本书的语料主要来源有：

（i）北京大学现代汉语语料库；

（ii）人民网报刊杂志检索；

（iii）《现代汉语词典》（第5版）（简作《现汉》）；

（iv）China Daily；

（v）爱词霸在线词典；

（vi）内省语料

五、基本结构

本书由7部分构成：导论是对全书的简单介绍，包括研究背景、研究目标、研究意义、研究思路、全书的基本结构、发现和解决的主要问题以及有待深入研究的问题，重点是介绍研究目标、研究意义和研究思路；第一章在介绍现代汉语三大类实词多功能性具体表现的基础上，以语言学中的三条路线为纲，全面考察以往对词类多功能性的研究，并对之进行批判性思考，最后形成本书研究的具体思路和工作框架；第二章从语言类型学出发，指出词类多功能性是一种跨语言的普遍现象，其本质范畴是从言语进入语言过程中表现出来的中间状态；第三章通过对学界提出的各种词类划分标准的分析指出，语义和语用相结合的综合标准，是解决现代汉语词类多功能问题的出路；第四章通过对认知语言学范畴理论研究的追踪，尤其是结构语言学派和认知语言学派及各自内部对认知语言学范畴理论的不同意见以及跨学科视角下认知语言范畴理论研究，指出梯度与范畴化的关系、梯度范畴化研究的意义，并通过系统介绍结构语言学派和功能语言学派对语言梯度的争论以及在相关范畴化理论指导下各自对不同领域内语言梯度的研究，寻求构建解决现代汉语词类多功能性研究的理论视角；第五章在语言和言语关系的框架内，通过借鉴类型学、构式语法、认知语义学的相关研究成果，尝试建立解决现代汉语三大实词多功能性的理论模式；第六章通过对现代汉语三大类实词多功能性各种表现的分析来验证第五章提出的理论模式。

六、发现和解决的主要问题

本研究的主要价值体现在：以语言和言语关系为框架，通过对语言学相关理论的探讨和整合，尝试建立了一个适合汉语特点的、能解决三大实词多功能性的理论模式，并以汉语语言事实检验了相关理论观点，从而为进一步探讨词类多功能性问题提供了一种具有跨语言可比性的理论基础和研究思路。

6.1 理论方面的探讨

1. 根据语言类型学的研究，词类多功能性是一种跨语言普遍现象，其本质是范畴从言语进入语言过程中所表现出来的中间状态。站在语言类型学的高度，结合汉语自身独有的特点，语义和语用相结合的综合标准应为解决汉语词类多功能问题的出路。

2. 范畴化的发展史就是语言学史上两线——类比论和不规则论——之争的历史。从经典范畴化到原型范畴化再到梯度范畴化无时不反映着语言学史上的两线之争。经典范畴化理论不仅为认知语言学家认可，而且也为大多数结构语言学家认可。但是这并不代表对原型范畴化理论没有分歧，这种分歧不仅表现在结构语言家内部，而且还存在在认知语言学家之间。来自功能语言学派的 Croft（2007），围绕着词类划分的实质问题，和来自结构语言学派的 Aarts（2004b）展开了激烈的争论，就是 Arts（2007：3）所指出的"类比论和不规则论之争演变成了当代的如何对待语言梯度之争"。

关于范畴化理论的争论反映了这样的事实：如果不重视，甚至忽视，对言语的动态性、变异性的研究，那么在某种程度上语言就是"规则"的系统；如果注重对言语的动态性、变异性的研究，那么在某种程度上语言就是内在灵活的系统。相对结构主义语言学，功能语言学派和认知语言学派表现出更多的共性，都比较重视对言语动态性、变异性的研究。但是，无论是强调语言规则性的结构语言学派还是强调语言不规则性的认知语言学派和功能语言学派，在范畴化理论上已经出现妥协迹象。来自第二语言学习的研究表明，经典范畴理论和原型范畴理论是互补的。这也就是 Aarts（2007：3）所说的，最近几十年来，"类推论者"和"不规则论者"两大阵营已不再像从前那样水火不容了。

3. 围绕着不同学者从梯度范畴化视角对词类多功能性的探讨，本书以工作假设的形式尝试着对梯度范畴化具体内容进行了界定，并形成了探讨汉语多功能性的思路。根据相关学者的研究，梯度是语言的本质属性；范畴中存在原型，但是原型是个相对概念，所以梯度范畴化不恪守原型概念，认为基于相似的范畴化、基于理论的范畴化、家族相似性对梯度范畴化都具有解释力，同时还认为，经典范畴和梯度现象也是兼容互补性的；范畴内成员之间存在类内梯度；范畴之间存在类际梯度，而范畴之间不存在明确的界限；梯度是一种有标记的选择。

受 Denison（2006：279–280）观点——"范畴间梯度是语言系统中有标记的选择……某种形式的构式语法可能是更合适的模式"——的启发，笔者认为词类梯度就是一种有标记的选择，对词类多功能现象的解释必须借助某种构式语法。

6.2 实践方面的探讨

1. 以梯度范畴化理论为指导，在语言和言语关系的框架下，根据 Croft（1991，2001/2009）和 Goldberg（1995）构式理论并结合汉语特点，建立了解决汉语词类多功能性的理论模式。词类梯度形成的具体机制和词类多功能性的实现机制是同一个问题的两个方面：回归言语时，抽象的语词语法特点、语义特点以及语法槽位之间存在各种有标记组配的潜能，从而形成了梯度；另一方面，词类的多功能性必须通过语词的语义、语法特点和语法槽位共同作用来解决。根据汉语少有形态变化的这一特点，汉语词类多功能现象应该区分有编码词类多功能现象和无编码词类多功能现象，对于前者应该主要侧重对这种结构编码或行为编码的研究；对后者应该主要侧重对词项与其所在的功能构式之间内在关系的研究。

2. 按照建立的理论模式，笔者对现代汉语三大实词的多功能现象进行了逐一分析。语料的分析不仅证实了分析模式的可行性，而且进一步证明语言学理论相关观点的价值。理论模式对语料的成功分析表明：黎锦熙（1924/1992）提出的"依句辨品，离句无品"依然具有语言学理论意义，笔者所借鉴的 Croft（1991，2001/2009）有关词类的构式理论与黎锦熙的学说在本质上是一致的，Croft（2005：437）明确指出，用来定义词类的命题行为构式就是编码命题行为的小句；"依句辨品"或者根据命题行为功能确定词类的关键是，按照岑麒祥（2010b：50）所说的"把词义上的特点、形态学上的特点和句法学上的特点各自的地位摆好了，使它们相互配合起来应用"，不仅可以解决词类划分问题还可以解释词类多功能现象。分析还表明：汉语少有形态变化主要指，少有结构编码和屈折行为编码；无论是结构编码还是行为编码都具有多功能性（即不具排他性），而且编码往往具有多义性；各种构式根据它们所起的作用不同，它们的地位也有差别；一个表达式的意义是通过词项意义和构式意义的整合，语义和句法之间的映射是通过构式而非词条完成的。

7 有待深入研究的问题

本研究以演绎法为主，归纳法为辅，着重从理论出发演绎出了一个解释现代汉语三大实词多功能性的分析模式，对语言事实的归纳和分析还有待加强。在今后的研究中，无论是为了更好地完善理论，还是为了更好地解释语言事实，都应该在深入挖掘语言事实的基础上，进一步研读相关理论，即以归纳法为主，兼及演绎法，因为：语言研究既不能没有语言事实做基础，又不能没有理论做指导，语言理论与语言事实密切结合是最重要的。

7.1 实践方面有待深入的问题

1. 本研究在相关研究的基础上，经过慎重取舍，确定了现代汉语三大实词多功能性的表现。例如，笔者没有考虑黄蓉蓉（2007）所指出的名词和动词活用为量词以及张勇（2009）所指出的动词活用为形容词这些现象，在考察兼类的时候，也没有把像"冤枉"这种既可以做形容词又可以做动词的语词（见6.3）作为兼类来考察。笔者的取舍合适与否有待今后进一步研究。即使我们的取舍合理，那么上述那些没有纳入我们考虑范畴之内的多功能现象是否也可以按照现在的理论模式来分析？如果不能，这些多功能现象又有什么规律。所有这些无疑是今后研究不能回避的问题。

笔者只是从理论出发，把所有词类多功能现象区分为有编码多功能现象和无编码多功能现象，没有考察有编码多功能现象和无编码多功能现象分别在所有词类多功能现象中所占的比重。如果任何一类多功能现象所占比重很小，本书词类多功能性分析模式的理论价值必将大大削弱。这就要求笔者在未来的研究中，应该选取足够大的封闭语料，对不同类型的多功能现象进行定量分析，确定它们各自所占比重，以决定今后的进一步研究。

以上两个方面属于本书分析的词类多功能现象在广度上存在的问题。

2. 从纵深研究的角度说，首先，有编码词类多功能现象中的"编码"和无编码词类多功能现象中"词项与所在功能构式之间的关系"有待深入研究。对有编码的多功能现象来说，编码到底有哪些？这些编码有什么特点？彼此之间有什么联系。对无编码多功能现象中，除了本书已经指出的"词项与其所在功能构式之间规律较强的关系"外，它们之间还有哪些关系？如何解释既有规律中的例外？例如，本书指出，只要不会形成动宾关系，表示时间的属性构式可以接受无编码动词修饰，例如"开会时间"。但是，"玩"和"时间"也不能构成动宾关系，却要在"玩的时间"中加"的"？为什么在口语中还会出现"天天干活，连玩时间都没有"？这里"的"的有无是经济性作用的结果，还是有更深层次的原因？所有这些都是需要通过一定的规模研究才能回答的。这些问题的回答对构式语法来说，尤其语言类型学方面的构式语法来说，都是十分重要的。

其次是对编码的定位问题。本书按照 Croft（1991，2001/2009）的做法，把汉语中的属格和关系小句标记"的"，系动词"是"和"–性"确立为结构编码，其他的则参照袁毓林（2009），定位为行为编码了。这里存在两个问题：一是，我们的做法是否合适？二是，如果合适，汉语到底有哪些结构编码？哪些行为编码？汉语中的结构/行为编码分别和形态发达语言里的结构/行为编码有什么异同？在今后的研究中也应该首先对这两个问题做出回答。

再有，就是刁晏斌（2006a：299）所指出的，在名词作状语时"的"和"地"分合问题。一般来说名词做状语要么加"地"，要么不加"地"，但是刁晏斌指出，有些名词做状语带的"地"经常被"的"替代，例如"这个有助于我们的企业家理性的来看待市场，理性的来把握自己的发展（新浪娱乐2004.4.29）"（298）。与之相关的还有表示属格"的"、表属性"的"、表小句标记"的"的功能和用法问题，例如，按照现在的分析模式如何解释，有些形容词用于修饰加"的"，而有的却不加"的"。这些都是本书没有正面处理的问题。

7.2 理论方面有待深入的问题

1. 本研究的理论视角是语言类型学和范畴化，理论基础是构式语法；就学科范围来说，既有认知语言学方面、功能语言学方面的，又有结构语言学方面的。目前国外语言梯度的研究涉及面很广，有涉及语法方面的，如 Quirk et al（1985）；Aarts et al（2004）Denison（2006），Fanselow et al（2006），Aarts（2007），Rijkhoff（2008），有涉及语音方面的，如 Mompean-Gonzalez（2004），Bybee & Mcclelland（2005），Dalcher（2008），有涉及可操作性模式建设的，如 Aarts（2004b），Keller & Sorace（2005）Blache & Prost（2005），Haji-Abdolhosseini（2005），Pendar（2008）；构式语法目前就有五家学

说：Kay & Fillmore（1999）和 Kay（2002）的构式语法、Lakoff（1987）和 Goldberg（1995）的构式语法、Langacker（1987，1991）的认知语法、Croft（2001/2009）的激进构式语法和 Bergen & Chang（2002，2005）的体验构式语法（Croft & Cruse2004：257；李福印2008：298）。然而本书所涉及仅是其中的一小部分。所以，笔者认为，在未来研究中首先应该从本书涉及的理论出发，切实把相关理论吃透，再逐步扩展，并在实践中进一步考察本书所建立的分析汉语词类多功能现象的理论模式，对它进行不断完善。

认知语言学和形式语言学最大的区别在于，前者强调意义的作用，而后者强调语法的作用；根据认知观，认知语法模式的形成必须以语义（认知语义）模式的形成为前提，其中的原因就是，在认知语言学框架内，语法是一个意义系统（Evans & Green 2006：48）。本书建立的分析模式高度重视语义，尤其是语义框架的作用，原因也在于此。所以，在未来的研究中必须加强认知语义学，尤其是框架语义学的研究。

2. 在谈到词类为什么有多功能性时，岑麒祥（2010a：88）指出：

词类中何以会有这种变性呢？那绝大多数都是出于一种修辞上的要求。一句话平铺直叙，往往使人觉得平淡无奇，但是如果采用一种迂回曲折的手法，就会使人感到新颖奇拔，耐人寻味。词类的变性就是这样的一种手法。

可见，词类多功能性问题属于语言运用的范畴。再有，被 Croft（1991，2001/2008）用来定义词类的标准是建立在 Searle（1969）的言语行为理论基础之上的。本书则是通过 Croft（1991，2001/2008）词类标记理论的梳理建立了分析汉语词类多功能性的分析模式的。所以，只有加强对修辞学和语用学的学习和研究，把握语言运用的一般规律，才能对词类多功能现象有一个比较全面、深入的认识。

3. 在把握当前语言学理论的同时，一定要把当前的语言学理论与传统语言学理论紧密结合，尤其是与结构语言学和语言学史密切结合。Evans & Green（2006：778）指出，认知语言学的成就之一，就是把形式主义和功能主义关注的内容进行整合。事实的确如此，比如，对范畴化争论的认识得益于对语言学史上两线之争的认识，对两线之争实质的认识得益于对语言和言语关系的认识，正是有了对语言和言语关系的认识，本书才考虑在语言和言语关系框架内建立分析词类多功能性的理论模式。

实际上，当前不同语言学派在语言梯度研究上和认知语言学范畴理论的问题上的争论也充分体现在"普通语言学第一个奠基人"洪堡特和"现代语言学之父"索绪尔的语言学思想中，尽管最终洪堡特走的是偏向功能和认知的人文主义道路，而索绪尔走的是结构主义道路。洪堡特十分重视精神力量对语言的创造性作用。在论述规律的创造时，他指出：

在我们人身上存在着两个相互统一的领域：在一个领域里，人能够把固定的要素划分至一目了然的数目；在另一个领域中，人又能够用这些要素进行无限的组合。（《洪堡特语言哲学文集》13页；转引自姚小平2003：38）

不仅如此，在非规律的创造中，精神力量可以不受任何现成规则和材料的制约，于刹那间创造出崭新的果实。

而索绪尔（1981：41）则更客观地指出：

要语言为人所理解，并产生它的一切效果，必须有语言；但是要使语言能够建立，也必须有言语。（菲尔迪南·德·索绪尔1981：41）

语言学研究的领域是十分宽广的，其研究领域由两部分组成，一部分接近语言，是消极的储备；另一部分则接近言语，是一种积极的能量。言语是随后逐渐渗透到言语活动另一部分中去的那些现象的真正源泉。（转引自戚雨村1995：5）

词类多功能性是人类在言语交际中创造地使用语言的表现，某个语词的活用说明它的这种用法还处于言语范畴，当该词的临时用法固化到语言中后，它就表现为兼类。

当强调语言学理论对语言研究的指导作用时，指的是全面的语言学理论知识。无论从论文的要求来说，还是从学科知识结构要求来说，笔者对相关理论掌握得还很不够。但是具有专博结合的语言学理论知识，是解决词类多功能性研究面临问题的关键之一，这也是笔者今后努力的方向。

第一章　词类多功能性研究回顾

本章通过对现代汉语三大实词多功能性的具体表现，明确本书的具体研究内容；通过回顾以往对词类多功能现象的研究，总结以往研究中的成就和不足，最后建立本研究的具体研究思路和架构。

第一节　现代汉语三大类实词多功能性的表现

在汉语语法研究中，一如在欧洲的传统语法中，一般认为名词表示人或事物等，它的语法特征有：经常做主语和宾语，也经常做定语，例如"牛吃草""柳树梢头"；一般前面能够加上表示物量的数量短语，一般不能加副词，例如能说"一个人"，不能说"不广场"；不能用重叠式表示某种共同的语法意义①；有的名词能够加"们"表示群体②（黄伯荣、廖序东1997）。

形容词表示性质、状态等，它的语法特征有：能做谓语或谓语中心语和定语，多数能够直接修饰名词，例如"红太阳～太阳红"；性质形容词③大都

---

① 亲属称谓以及其他少数词，例如"妈妈""天天""星星"等，这些是构词语素重叠，不算构形的形态变化。

② 不加"们"的名词可以是个体，也可以是群体。

③ 性质形容词少数能够直接修饰动词，做状语，例如"老实说"。通常要重叠或者加助词"地"，才可以用作状语，例如"慢慢说、呆呆地望着他"。一部分形容词也能做补语，例如"看清楚"。

能受程度副词修饰[①]，例如"很简单"；不能带宾语[②]；有小部分性质形容词可以重叠，例如"绿绿的、清清楚楚、马里马虎"；有小部分单音性质形容词可以带上叠音词缀或其他词缀，例如"红彤彤、灰不溜秋"（黄伯荣、廖序东1997）。

动词表示动作、行为、心理活动或存在、变化、消失等，它的语法特征有：能做谓语或谓语中心，多数能带宾语，例如"他爱祖国"；能用否定副词"不"来否定，多数不能加程度副词[③]；多数可以后带"着、了、过"等表示动态；一部分动词可以重叠，表示短暂（动作的动量少或时量少），限于表示可持续的动作动词，例如"想想、打扫打扫"（黄伯荣、廖序东1997）。

然而在实际运用中为了表达的需要，无论是名词、形容词，还是动词都有大量违反上述"规定"的特殊用法，具体表现为词类活用和兼类。

1.1 词类活用

1. 名词活用

1）名词活用为动词

（1）可是"友邦人士"一惊诧，我们的国府就怕了，'长此以往，国将不国'了……失去山东省只有几个学生上几篇'呈文'，党国倒越像一个国，可博得'友邦人士'的夸奖，永远'国'下去一样。（鲁迅《友邦惊诧论》，转引自黄蓉蓉2007：50）

（2）这家中爸爸宝贝她，哥哥宝贝她。（叔文《费家的小二》，转引自刁晏斌2006a：291）

2）名词活用为形容词

（3）不错！是个模特儿，比那些模特儿还模特儿。（谌容《献上一束夜来香》；转引自黄蓉蓉2007：50）

---

① 性质形容词的重叠式和状态形容词，或者因为是表情态的，或者因为本身带有某些程度意义，不能再受程度副词修饰。

② 但是有些双音节的形容词兼属动词，做动词能带宾语。例如"端正态度"，有致使义，又叫"使动词"。还有"直着身子、花了眼"，表示一种变化或者事物表现为某种状态，"直、花"等都是动词。这种词，前加程度副词时是形容词，不能带宾语；后带宾语时不能前加程度副词。这些词兼属形容词和动词两类。

③ 只有表示心理活动的动词和一些能愿动词能够前加程度副词，例如能说"很喜欢、很愿意"。

（4）她好像受过训练一样，很淑女，一点也不像网上她说的不拘小节。（新浪文化2004.2.19; 转引自刁晏斌2006a：312）

（5）我要是沈辰，得先敲打敲打你那颗木头脑袋，然后才敢用你!（北大现代汉语语料库）

　3）名词活用作状语

（6）他在片段地回念一年半以前的一幕。（王统照《刀柄》; 转引自刁晏斌2006a：297）

（7）传统的治疗方法有三种：一是药物治疗……（《人民日报》1996.1.26; 转引自刁晏斌2006a：303）

　4）名词活用作补语

（8）冰坛新秀献艺齐齐哈尔。（《人民日报》2006.1.16; 转引自刁晏斌2006a：307）

　2. 形容词活用

　1）形容词活用为名词

（9）把它放在案边，可以天天观赏它的美丽，从中获取创作的灵感。（《人民日报》2004.5.22, 转引自刁晏斌2006a：337）

（10）法国，是一个拥有浪漫、充满性感且不乏物质享受的国家。（《人民日报》2004.3.18, 转引自刁晏斌2006a：337）

　2）形容词活用为动词

（11）你的脸色苍白极了，连那艳润如樱的嘴唇也失去了血色，只有那美目清亮如星，暗淡了天上的星辰。（汪洋群《漠不相识》; 转引自黄蓉蓉2007：51）

（12）干吗要来恐慌这乡下老头子呢？（田汉《梅雨》, 转引自刁晏斌2006a：332）

　3. 动词活用

　1）动词活用为名词

（13）一个发现从他的仿佛觉察中跳出，他明白了。（尚钺《父与子》, 转引自刁晏斌2006a：326）

（14）那女人虽是山里人模样，然而应酬很从容，说话也能干。（鲁迅《祝福》; 转引自刁晏斌2006a：326）

2）动词活用作定语[①]

（15）田亮解释说，"平常也不经常出现这种问题，可能是每一跳之间<u>等</u>的时间太久了。"（北大现代汉语语料库）

（16）如此算来，这辆<u>登记</u>日期为1995年10月的马自达323，早<u>应</u>于2003年10月就进汽车解体厂。（《京华时报》2006.2.17）

3）动词活用作状语

（17）一位姓宋的老妈妈<u>哭</u>着说，陈教授是她的救命恩人。（北大现代汉语语料库）

（18）日本东京大学和国立心血管病研究中心最近<u>联合</u>开发出心脏跳动模拟技术，对<u>查明</u>心律不齐和心肌梗死病因大有帮助。（北大现代汉语语料库）

1.2 兼类

1. 名动兼类[②]

（19）在遵义会议上，他坚决支持毛泽东的主张，赞成更换<u>领导</u>。（北大现代汉语语料库）

（20）玉树灾后重建涉及面广，参与单位多，各有关部门和单位要按照统一部署，服从<u>领导</u>，听从指挥，各司其职，通力协作。（《人民日报》2010.6.20）

（21）他<u>领导</u>了国民党统治区波澜壮阔的第二条战线。（北大现代汉语语料库）

2. 形名兼类

（22）日军的企图得逞，我军在敌后的活动将极其<u>困难</u>。（北大现代汉语语料库）

（23）当时正值敌人对我根据地实施经济封锁的时期，经济<u>困难</u>非常突出。（北大现代汉语语料库）

1.3 三大实词多功能性的界定

需要说明的是，上述兼类中的名动兼类和形名兼类就是朱德熙（1985/2007）所说的名动词和名形词。本书的兼类现象实际上包括了吕叔湘 1979/2007：

---

① 动词活用作定语和状语这部分内容参考了沈家煊（1999：269–274）。

② 兼类问题及用例选择参考了朱德熙（1985/2007：24）、胡明杨（1996a）和贺阳（1996）。

39-40）在论述"词类转变"时谈及的第三、第四两种情况：（3）语义有明显变化，同类词不能随意效仿，是词类转变，例如"锁门"的"锁"；（4）语义没有明显变化，但是语法特点有不同程度的改变……例如"挨批评"和"文艺批评"中的"批评"。

此外，吕叔湘（1979/2007：39）谈及的第一种情况 [（1）在一定条件下，同类的词都能这样用，因而这种用法可以列入这类词的功能之内。例如名词的主要功能是做句子的主语和动词的宾语，但是也能修饰别的名词] 在本书也视为词类的多功能性。笔者认为，既然把"很淑女"中的"淑女"可以视为名词活用为形容词，那么"木头脑袋"中的"木头"也应该视为名词活用为形容词，因为语言环境所凸显的都是它们的属性义。也就是说，吕叔湘（1979/2007：39-40）在论述"词类转变"时谈及的四种情况[1] 在本书都被视为词类的多功能性了。

本书将修饰和述谓都视为形容词的常规功能（参见沈家煊1999：288-290），所以我们在考察"名词活用为形容词"时，既考察了名词活用表述谓又考察了名词活用表修饰的情况。正因为这样，尽管有些词既可以用作形容词也可以用作动词带宾语（例如"很方便"和"方便群众"中的"方便"），但是也没有将其视为兼类现象，而是以"形容词活用为动词"为题专门探讨了形容词带宾语的用法。笔者认为某些动词本身就有"程度"这种内在属性，如"很想"中的"想"，从而导致程度副词既可以修饰形容词又可以修饰动词（李泉2004：156，1996a：374），所以：尽管在程度副词作用下某些动词凸显了其属性义 [如"而且人家没架子，很客气，很体贴人（《人民日报》2010.8.17)"和"李多海用中文加英语的方式介绍她心中的潘玮柏是个很体贴、很英俊的完美男孩（《京华时报》2009.5.26)"中的"体贴"]，笔者也没有将这类词作为形/动兼类来探讨。再有，笔者没有将形容词做状语和补语视为其特殊用法是基于这样的考虑：状语由副词、形容词、能愿动词、时间名词、处所名词和介词结构来充当，补语由谓词性词语、数量短语和介词短语来充当，也就是说形容词既可以做状语又可以做补语（黄伯荣、廖序东1997：84-

---

① 吕叔湘（1979/2007：39）所谈的第二种情况是，（2）语义的变化比较特殊，只是偶尔这样用，没有经常化，这算是临时"活用"，不同于永久性词类转变，例如"看远些！别这么近视眼"里边的"近视眼"就是临时活用作动词。

92，黄伯荣、廖序东2007：67-72，张斌2008：377-382/386-388）。

笔者注意到了，有些形容词做定语/谓语需要加"的"，有的不需要加"的"，有些形容词做状语需要加"地"，有的不需要加"地"。但是，形容词做定语/谓语加不加"的"，做状语加不加"地"，是有其内在规律的：性质形容词更倾向于做定语，状态形容词更倾向于做谓语，作定语时，性质形容词一般不加"的"而状态形容词绝大多数要加"的"，做谓语时，大多数性质形容词需要加"的"而大多数状态形容词不需加"的"（沈家煊1999：300-303）；形容词做状语以状态形容词居多，而且一般也要加"地"，性质形容词很少能直接做状语（贺阳1996b：144-145；沈家煊1999：284-286）。张斌认为"的"是定语标志，它有两个方面的作用，一是区别偏正关系和其他关系，一是强调前边词语的修饰性、领属性和描写性，定语和中心语之间加"的"与否的不同情况是可以区别对待的，就可带可不带"的"的定中短语来说，有两种情况，一是带不带"的"有相对的格式，这种格式表示不同的语法关系[如"父亲母亲（联合）/父亲的母亲（偏正）"]，二是带不带"的"有平行的格式，这种格式表示的语法关系是相同的，只是强调重点不同（如"干净衣服/干净的"）（张斌2008：384-386）；"地"是状语标志，限制性状语大多数不能带"地（如'我们一班同学都回来了'）"，描写动作者的状语（除了单音节的形容词以外（如"傻笑"）]一般要带"地（如'得意地说'）"，描写动作的单/双音节形容词和量词短语一般不带"地（'快走、仔细看、一下子走了很多人'）"而描写动作的动词短语、名词短语一般要带"地（'不住地说、形式主义地看问题'）"，形容词重叠式、量词短语重叠、双音节和多音节拟声词、少数双音节动词以及少数副词可带可不带"地[如'轻轻（地）关上门、一遍一遍（地）教他们、格格（地）笑了、来回（地）奔走、再三（地）要求']"（同上：386-387，另见黄伯荣、廖序东1997/2007）。出于上述考虑，笔者不把形容词做定语或状语加"的或地"与否作为考察形容词多功能性的标准。所以，笔者认为表示属性的"的"具有形容词化功能，"地"具有副词化功能，例如，形容词带"地"后可以很自然地修饰谓语，如"最终，有了李金羽加盟而攻击力变得更加强大的泰山队，漂亮地淘汰中甲对手而晋级八强"（北大现代汉语语料库）。

上文笔者使用了"某词活用作状语/补语"这样的表述，这是因为，状语或补语本来就不是固定由某一词类来充当的，只是本书所指出的词类一般不具有这种句法功能（朱德熙1985/2007：43–55，吕叔湘1979/2007：64–67）。另外，笔者之所以使用"动词活用作定语"这样的表述，是因为许多时候很难说，定语位置凸显了动词的属性义。

第二节　对词类多功能性的相关解释

过去的语法研究，由于没有认识到汉语词类的多功能性的特点而把词类与句子成分对应起来，从而导致：当动词、形容词出现在主宾语位置时，或认为动词、形容词假借为名词，或认为当作名词，或认为活用为名词，或认为转成名词，或认为词类不变"品"却变了；这种现象到《暂拟汉语语法教学系统》就发展成了"动词、形容词的名物化"理论（陈昌来2002：250–251）。

《暂拟汉语语法教学系统》把主宾语位置的动词、形容词分三种情况：

（24）a. 分析是必要的[①]。

　　　b. 我们重视分析。

　　　c. 诚实才好。

　　　d. 他喜欢清净。

（25）a. 他的到来使大家很高兴。

　　　b. 狐狸的狡猾是很出名的。

（26）作品分析是文学教学的重要内容。

主宾语本来是由名词或代词来充当的，但是上述三种情况中处在主宾语位置上的动词、形容词在意义上不再表示实在的动作或性状，而是把行动或性状当作一种事物（转引自胡明扬2000a：30）。

但是《暂拟汉语语法教学系统》的态度并不明确，而且上述三种情况是有区别的。第一种构式中动词和形容词单独做主语或宾语，但是还保留着它们自身的全部语法特点可以重叠（分析分析是必要的，诚诚实实才好），可以

---

①　本章属于文献综述，因此所有例句都来自综述的文章或著作。

受副词修饰（反复分析是必要的，不诚实不好），动词可以带宾语（分析问题是必要的）；第二种构式中动词、形容词取得了名词的一个特点——受名词、代词修饰（这修饰成分是用助词"的"表示的），失去了自身的一部分特点（不能重叠、不能作谓语），保留了一部分特点，如受副词修饰（他的不来，他的不聪明）、动词带宾语（他的爱劳动不是真爱）；第三构式中的动词取得了名词的一个特点（名词直接作修饰成分，不用助词"的"），它失去了全部的特点（不能重叠，不再受副词修饰，不能带宾语），这类构式大都可以加进"的"（如"作品的分析"），从而和第二种构式很相近（张志公1956：17-18；转引自胡明扬2000a：30）。所以，胡明扬（2000a：30）将《暂拟汉语语法教学系统》观点归纳为：

（i）第一种构式中的动词、形容词仍然是动词、形容词，用作主语或宾语是一种特殊的用法；

（ii）第二、三种构式中的动词、形容词失去了各自的部分特点，取得了名词的一个特点，是动词和形容词的"名物化用法"。

自从《暂拟汉语语法教学系统》提出名物化观点后，语言学家们从各种角度对词类多功能性进行解释，其中的争论大多是围绕着名物化展开的。为了条理化，这里我们主要考察人们从当代语言学的三条路线[①]和语言类型学方面所做的解释；别的学说也将有所涉及。对词类多功能性研究的文献很多，这里笔者仅就与本论文有关的代表性观点予以介绍。

2.1 当代语言学的三条路线

当代语言学的研究路线（或路向、思路），按周流溪（1997，2006，2007，2008）的说法，主要有三条：结构语言学、功能语言学、认知语言学。所谓结构语言学，是广义的，其代表是美国结构主义语言学及其后继者生成语言学；生成语言学一般又称为形式语言学；但是它既然不研究语言的功能，那它就仍然是结构语言学[周流溪1997（3）：21-22，周流溪2001：208-211]。三条路线的大致情况如下[周流溪1997（3）：21-25，1997（4）：14-16；周流溪2001：208-217，228-232；周流溪2008：iii-iv]：

---

① 陆俭明（2005）认为，认知语言学应该归于与形式语言学学派（包括解释结构派和描写结构派）对立的功能语言学学派；Croft（1991；2001）也是这样处理的。

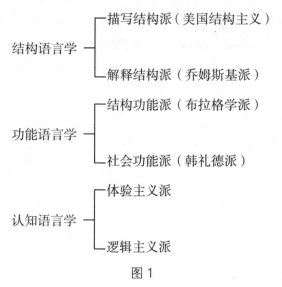

图1

　　在认知语言学的体验主义派和逻辑主义派之间是各家构式语法（construction grammar）。现在有些功能语言学家宣称功能语言学里就包含了认知语言学；这是不正确的。其实这两条路线虽然有所交叉，但它们仍然是各自独立的。总之，"可以说，功能语言学归根结底要回答是什么力量推动着语言结构成为某个形式，而认知语言学则要最终说明我们决定采用某个语言形式时的认识（心理）是什么。"（周流溪2007：ii）

2.2 偏重结构语言学的解释

2.2.1 名物化说、"性质化"说

　　史有为（1996a：83）认为"这本书的<u>出版</u>"中的"出版"具有名词性，而"这本书的<u>不出版</u>""这本书的<u>得以出版</u>"中的"不出版""得以出版"均作为整体获得了名词性，也就说后两者中的"出版"不应与前一"出版"相提并论；习惯上它们用"名物化"来指称，但是由于仅限于单一环境，还没有获得名词的其他功能，所以称作"部分名物化"或"部分名词化"比较合适。在此基础上，史有为（同上：83）指出：

　　……'名物化'这一名称是具有模糊性的，它并不意味着等同于完全的名词，它可以有程度的不同……而且'名物化'的传统用法也只是用来描写特定场合（位置）的词的当前用法（不能离句的），并不就否定该词按传统常规用

法形成词型后归纳成的一般词性（可以离句的）。因此'名物化'不失为一个好说法，和'活用'一样，比较适合用来描写汉语这样的无形态标记的语言。这样处理即可以满足"词有定类"的假说，同时又满足向心结构理论的要求。

针对有学者提出的"'出版'的这种用法是动词普遍具有的，因此虽然也承认这里的'出版'已经'事物化'了，但仍不主张说成'名物化'（名词化[①]）"，史有为（同上：83–84）指出，并不是所有的动词都可以出现在这种环境中，例如大部分单音动词，以及双音的"告诉、跟随、知道、变成、听见、包括、属于、不如、没有"等等，都不能出现在这种结构中，因此，"出版"类的这种用法并不具有普遍性。

也许是受名物化说的影响，史有为（同上：81–82）认为，"很<u>中国</u>"中的"中国"在词义上也不再是从前的指称了，而是转变成一种性质了，具有了部分形容词性，因此他（同上：81）指出："'很～'是形容词基本部的常规位置时，具有区别意义。一个形容词（基本部）的词进入该位置是也就获得了形容词的区别功能，具有了该类核心性质。因此当个别名词进入该位置，便可以认为该名词已经获得形容词的该种功能，具有部分的但却是形容词的核心性质，而不再是原来的名词了"，而且"出现于该位置的成分不限于词，也可以是短语，例如'很<u>哥们儿义气</u>'"。

石定栩（2009：102）坚持以意义为汉语词类划分的依据，同时考虑实词的具体句法特性。他（同上：102–103）以动词为例说明了这一标准的具体操作——在发挥动词不同句法功能时大致维持动词地位、名词化了的以及名物化了的三种情况：比如，例（27a）中"家禽<u>宰杀</u>"以名词化了的"宰杀"为核心，但是这种意义上的动词只具有名词的句法功能；例（27b）中的"宰杀"和"售卖"在意义和功能上都是动词，但不过是短语内部的动词，外部是名词性的，内外功能有别；（27c）中的"宰杀"并不是严格意义上的宾语，它只是宾语小句的谓语。

（27）a. 卫生防疫部门对疫区实行全面的家禽<u>宰杀</u>。

b. 疫区周围三十公里范围禁止宰杀售卖家禽。

[①] 朱德熙（1985/2007：22）认为，在谓词或谓词性词组后头加上"的"转化为名词性成分才是真正的名词化，"的"可以看成是名词化的标记。

　　　　c. 政府命令宰杀疫区的所有家禽。

　　针对视"名动词"为一个封闭集合，仅限于"研究、调查、奖励、调整、考虑、准备、解决、分析"等带有书面色彩的、表示抽象动作的双音节动词（朱德熙1982/2007，1985；袁毓林2008/2010；转引自石定栩2009：104）的这一观点，石定栩（2009：104）指出，"实际上大部分双音节及物动词，甚至及物很强的动词，其受事在一定的句法环境中都可以出现在动词前面，形成'逃犯追捕、病畜宰杀、原油提炼、货物运输、商品储存、股权出售'之类的结构，而且这种结构的分布特点和名动词的相同……如果按照意义维持这些词的动词地位，同时承认其句法上的名词化地位，则可以照顾各方面，相对比较合理。"如例（28）中的这种受动结构可以分析为复合词，即名词修饰动词，然后再以符合动词的身份去修饰名词，形成更复杂的复合词。

　　（28）a. 邮递员，证监会，房管所，机修车间

　　　　　b. 人造丝，手拉面，美制坦克，舰载飞机

　　　　　c. 浓缩铀，警卫员，限制阀，滚动抽，下行线

　　　　　d. 叫蝈蝈，飞将军，活龙虾，炒鸡蛋，仿牛皮

　　　　　e. 冲锋部队，调查结果，刺杀手段，上升趋势

　　　　　f. 铀浓缩装置，事故调查结果，韭菜炒鸡蛋

2.2.2 动名词说

　　方光焘认为一个词的词性只能由它与其他词的结合关系来决定（方光焘1990：30），词的句法功能只能作为词类划分的参考标准，而不是唯一标准（同上：32），所以动词、形容词充当主语与它们作为动词、形容词的属性发生变化没有必然联系，必须根据它们与其他词的相互关系来判断（同上）。比如，孤立的"出版"，很难确定它属于哪一类，而"这本书的出版"中的"出版"既然可以受"这本书"的修饰，这表明它已经是名词了（同上）。与"这本书的出版"中的"出版"一样，"这本书的销路"中的"销路"和"这本书的大小"中的"大小"都是名词（同上）。与"这本书的出版"不同，"这本书的迟迟出版"中的"出版"受副词修饰，这是因为它的名词性是由动词来的，是动名词，仍具有动词的性质（同上）。

　　胡明扬（2000a：34，另见2000b）同意方光焘的动名词说，他指出，汉语中的这种现象跟英语的动名词是同一个道理：在英语中，动名词只是动词

的一种特殊用法，在归类上仍然是动词，不属于兼类问题，但是在具体的句子中用如名词的时候，动词性表现为受副词修饰、可以带宾语，名词性表现为可以用作主语或宾语，可以受所有格名词和代词的修饰；汉语的"动名词"同样也只是动词的一种特殊用法，在归类上应该是动词，只是在具体的句子中用如名词，取得了一部分名词特性，可以做主语或宾语，可以受带显性标志"的"的定语修饰，但是还保留一部分动词特性，可以受副词修饰，可以带宾语。

2.2.3 名动说、名形说

朱德熙（1985/2007：24-25）指出，能做动词"有"的宾语（a）、可以不带"的"字直接修饰名词（b）、可以其他名词直接（不带"的"字）修饰（c）本来都是名词的特征，但是也有些双音节动词具备这三项功能，为了和一般动词区别，可以称之为"名动词"。

（29）   a   b   c

a	b	c
有研究	研究方向	历史研究
有组织	组织能力	政治组织
有准备	准备时间	精神准备
有调查	调查方法	农村调查
有领导	领导同志	上级领导

有些形容词也具备 a 和 c 两项功能（b 几乎是所有形容词的功能，所以对形容词没有鉴别作用），这些形容词兼有名词的性质，所以称为"名形词"。

（30）   a   c

a	c
有困难	经济困难
有危险	生命危险
有自由	婚姻自由

此外，朱德熙（1985/2007：24）还指出，"编辑""报告"之类动词有两种完全不同的意义，与上述情况不同，指动作的应该是动词，指人或物的应该是名词。

2.2.4 构式说

尽管李宇明（1986）和邢福义（1997；2003）都没有提到构式，但是二者都是从语法位置的角度探讨词类多功能性问题，这是符合构式语法思想的，因此本书称之为构式说。

　　李宇明（1986）既不同意名物化说也不同意朱德熙等（1961）的本能说[①]，认为主宾语位置上的谓词会增加新的语法性质，但这种性质不是名物化的结果，而是语法位本身的性质。语言是言语的抽象，从个体词到概括词的过程是一个抽象过程：每个个体词在一定的语句中都具有一定的语法性质，包括已经实现的语法性质和可以实现的语法性质；当对个体词进行抽象时，也包括对它们语法性质的抽象概括；从个体词中抽象概括出来的语法性质就是这些个体词的共性，这种共性就成为概括词的共性；同时，这个抽象过程也是舍弃每个个体词的语法个性、提取个体词语法共性的过程；当我们得到一个个概括词后，又根据概括词之间的语法性质同异度，把概括词划分为若干类别，从而产生了不同的词类，根据词类间的语法性质异同度再概括，就会得出更大的类，经过若干次的抽象概括，就有了一个语言的不同层级的词类系统（李宇明1986：118）。从言语到语言的这一抽象概括过程，可以看出，概括词的语法性质，不是像朱德熙等（1961）所说的"'概括词的语法性质'是'隶属于这个概括词的所有个体词的语法性质的总和'"，也不是像名物化论者那样，按"少数服从多数"的原则，对词类性质进行归纳，而对言语中的例外现象视为"名物化"（同上：118-119）。

　　李宇明指出，语句中位置（即，语法位）也起着重要的作用，但是，在从言语到语言的这一抽象过程中，言语单位的位置也被抽象掉了，因为语法位的性质也就跟着抽象掉了（同上：119-120）。与个体词到概括词的抽象过程一样，从"个体位"到"概括位"也是一个抽象过程：对个体位的抽象概括起码可以得到"主位（即，充当主语的词语所在的位置）""定位（即，充当定语的词语所在的位置）""状位（即，充当状语的词语所在的位置）""补位（即，充当补语的词语所在的位置）""句末位（即，句末语气词所在的位置）"[②]；不同语法位之间，还可以根据其语法性质的同异度，再划分不同的位类，比如主位和宾位都具有指称性，二者可以合为一个更高层次的位类；词和词之间具有一定的组合关系，位和位之间也具有一定的组合关系，如定位可以和主位和宾位组合，不能和述位组合；状位可以和述位组合，但不能同

---

① 谓词本身具有充当主宾语的本能，它充当主宾语时，既没有增加什么，也没有失去什么。

② 原文此处没有给出宾位。

主位和宾位组合（同上：119–120）。

词语有词语的语法性质，语法位有语法位的性质，某个词语在具体语句中所表现出来的语法性质，是该词本身的语法性质和它所在的语法位的性质的代数和；从语言单位到言语单位，是一个具体化的过程，在这个过程中，要把语言单位放在一定的位置上，因而语法位的性质也就跟着被附加上了（同上：120）。所以，所谓的名物化现象就比较清楚了：谓词是由动词和形容词构成的一个语法类，这个类有自己的语法性质（A），主/宾位是由主位和宾位构成的一个语法位类，这个语法位类也有自己的语法性质；谓词进入主/宾位后，除了仍具有自身的语法性质 A 外，还带上了主/宾位类的语法性质（B）；主/宾位有"指称性"和"可与定位组合"这两个重要的语法性质，所以处在主/宾位的谓词也就会带上这两个语法性质，而且这两个语法性质是谓词充当谓语（处于述位）时所不可能具有的；主/宾位不具有描述性，因此谓词处在主/宾位也就不再有描述性（同上：120）。

李宇明（1986：120）指出，与"名物化"说相比，"语法位"说虽然也承认谓词处于主/宾位增加了新的语法性质，但是"语法位"说认为，这种新增加的语法性质不是主/宾语的，而是主/宾位的；与"本能"说相比，"语法位"说虽然也不承认谓词处于主/宾位时就"名物化"了，但是"语法位"说认为，处于主/宾位的谓词增加了新的语法性质，而且这种增加是必然的，是语言单位变为言语单位的普遍规律。

邢福义（1997）指出，"很淑女"之类的说法，在香港和大陆作家的作品中大量使用。这种说法的结构特点是：前一部分是程度词，包括"很、最、太、更、够、真、非常、特别、比较"等副词，有时也用表示程度的代词"这么、那么"；后一部分是名词。

尽管"很淑女"之类的用法大量存在，但是在通常情况下副词不修饰名词，这仍是现代汉语的一般规律。"很 +X"是营造形容词的优化结构槽。一个名词偶尔进入这个结构槽，便是名词的活用现象；如果经常进入这个结构槽，便跟"异感"意义发生经常联系，就会出现词性裂变现象，即在名词的基础上裂变出形容词。"异感"建立在特定文化素养之上，是人们对特异感受的表达；不同的社会背景、不同的地方风味以及语言的接触都影响人们对该构式的应用。所以说，"很淑女"之类的说法的使用，一方面有语言背景，另一方面也有社会人文背景。

在上述解释基础上，邢福义（1997）强调了他的"汉语语法系统，是小句中枢语法系统"的思想。由于汉语的词缺乏形态变化，语法系统中的词只有在小句的控制约束之下才能明确显示其语法特性和语法职能，才能发挥特定的语法作用。"入句显类"和"入句变类"，都是词性句规约的重要表现。"很+X"正是对形容词词性规约的一种句法结构槽。当然，"入句显类"和"入句变类"之间，不存在明晰的界限；相反，二者之间存在相当广阔的混沌模糊的中间地带。

邢福义（2003）系统地探讨了"句管控中动形词性的条件变异"，他（2003：127）指出，动词和形容词进入具体的句子，由于受到特定格局的管控，它们的词性可以发生有条件变异：有时，动词、形容词向名词有所移靠，出现了动词形容词指称化现象；有时，形容词向动词有所移靠，出现了形容词动态化的现象。

所谓"动词形容词指称化"，是指出现在主语部分或谓语部分动词形容词，由于受到主宾语位置的管控，它们的性质向名词有所移靠，基本作用由描述转变为指称（同上：127）。例如：

（31）a. 他在<u>创作</u>。　　　　　b. 他搞<u>创作</u>。

"创作"是动词，在例（31a）中作谓语，描述一种行为，但在例（31b）中，它处于宾语位置，指称了一种职业活动。另外，介词结构也可以使它的后置成分指称化，如：

（32）他把<u>创作</u>当成生活中最重要的一件事。

充当主宾语的动词或形容词，可以带上定语：有的前面不出现定语，但保留定语的空位；有的，前面出现了定语（同上：127-128）。例如：

（33）他搞农村题材的<u>创作</u>。

邢福义（2003：128）指出，"定语（的）+动词"或"定语（的）+形容词"的结构，已经不再是一般意义上的动词性结构或形容词性结构；主宾语的位置，使动词形容词有可能带上定语，而定语的带上，便成为动词形容词的指称化的一种显性标志。"定语（的）+动词/形容词"结构的形成有三种情况（同上：129-132）：

（i）主谓结构的谓语由动词/形容词充当，若在"主、谓"之间加"的"，便成为用于主语部分或宾语部分的定心结构（同上：129）。例如：

（34）人喊叫

　　→人的喊叫

　　→这确是人的喊叫

（35）他迂

　　→他的迂

　　→我暗笑他的迂

（ⅱ）状心结构的中心语由动形充当，若在状心之间加"的"，或把状心之间的"地"换成"的"，就成为用在主语部分或宾语部分的定心结构（同上：130）。例如：

（36）在对立面的斗争中发展。

　　→在对立面的斗争中的发展

　　→这是在对立面的斗争中的发展

（37）无尽的悲忿

　　→无尽的悲忿

　　→在旧中国，洞庭湖只有无尽的悲忿

（ⅲ）动词充当以"进行"为代表的动词（包括"搞、作了、加以、开始、停止、结束、继续"等）的宾语；宾语若带上定语，宾语部分便成为定心结构（同上：132）[①]。例如：

（38）进行研究→进行科学研究

邢福义（2003：128）指出，指称化的动词形容词，性质上具有两面性。一方面，还或多或少地保留动词形容词的某些用法，比如，可以受某些副词的修饰：

（39）把小说改成剧本，实际上是搞再创作。

这说明，动词指称化，不等于动词形容词已经完全转化成了名词。另一

---

① "进行"之类动词做谓语，后边的宾语不会由典型的名词充当，如"科学研究"，尽管它很像名词结构，但不是典型的名词结构，而是以动词为中心的具有指称化用法的定心结构；"进行"之类做谓语，后边充当宾语的动词有时不带定语，像是一般动词，但是也应视为指称化，因为，在这种情况下，它们前边留有定语的空位，只能添加定语，而不能添加状语，也就是说，受到"进行"之类的管控，后边的动词不同于一般的动词，比如，"看来，这几位首长要热烈地进行谈话了。" / "看来，这几位首长要进行热烈的谈话了。"（邢福义2003：133）。

方面，指称化的动词形容词，可以回答"什么"或"什么意见/感觉/情况"的问题，向名词有所移靠，例如：

（40）a. 我慢慢回过头，酣睡的人的呼吸那样均称，我的心里充满了温暖。

　　　b. 我们应当向抢险英雄们表示庆贺和敬意。

例（40a）中形容词"温暖"单独做宾语。例（40b）中"敬意"是名词，与它并列的"庆贺"应是动词的指称化用法，否则它就不能和名词"敬意"并列，做表示的宾语（同上：128–129）。

邢福义（2003：134）指出，有三种情况不算作指称化：（i）动词或形容词充当宾语，但只能回答"怎么样"的问题的，其性质并未向名词移靠，不是指称化，如"敌人企图破坏""这个经验值得重视"；（ii）具有名词的基本特征，若受表示物量的数量结构的修饰的（如"科学是老老实实的学问，来不得半点虚假。"），已经完成了对名词的转化，应算作名词；（iii）分属动词和名的词，或者分属形容词或名的词，在出现于名词经常使用的语法环境里，应算作名词，如"最后，祝你们身体好，学习好，工作好！"

所谓"形容词动态化"，是指形容词由于受到主宾语位置的管控，它的性质向动词有所移靠，带上了某种表示形状变化的成分，具有一定的动态，但并未完全转化为动词（同上：127）。形容词动态化主要有三种情况（同上：135–139）：（i）用在"已经……了"之类的格式中，表示形状的变化已经完成，如"杯子里的水已经凉了""天还没黑，演出已经开始了"[①]；（ii）用在"曾经……过一阵"之类的格式中，如"他确实曾经神气过好几年""这一带从来没热闹过"；（iii）用在"顿时……起来""逐渐……下去"等格式中，表示某种性状的变化已经开始，或某种性状的变化往下持续，如"我顿时紧张起来""炉火的微光渐渐暗下去"；此外，有些形容词还可以带"着"表示性状正在持续，如"金宝掀门进来，很疲乏，面孔黑暗着"。也就是说，形容词入句用在谓语部分，前后出现了常在动词前后出现的语言因素，即跟时间意义有关的副词、时态助词、趋向动词，等等，从而在句子的语词配置上形成了特定的格局（同上：138）。但是，如果一个形容词已经具备了动词最根本的特征——带宾语，就完成了向动词的转化，应该承认它已临时转化成了动词，

---

① "还没黑"是对"已经黑了"的否定，这种否定形式中的形容词，也似动态化的（邢福义2003：136）。

如"春风又绿江南岸"（同上：138）。邢福义（2003：138）指出，承认形容词的动态化用法和动词形容词的指称化用法，有利于动态地认识复杂多变的语言事实。

2.2.5 三个平面说

胡裕树、范晓（1994：81）认为，名物化和名词化是两种不同语言现象，应该区别对待。根据三个平面理论，"名物化"是专指动词形容词的"述谓"义在语义平面转化为"名物"（或"事物"）义，它既不是指人或事物的名称这种词汇意义或概念意义，也不是指名词所概括的类意义（即，功能意义）。"名词化"是指本是动词、形容词性词语，但在功能上（即，句法平面）已转化成名词性词语。汉语句法上的名词化有两个特征：一是名词化的词语在句子里能做主宾语而不能做谓语，二是名词化的词语有特定的形式标志。现代汉语中动词、形容词性词语名词化的主要标志是"的"。"的"作为名词化的标志有两种形式：（ⅰ）黏附形式，如，"住的是洋式的屋子，吃的是鱼肉荤腥""先进的要带动落后的"；（ⅱ）插加形式，如"我的笑便逐渐少了""他的讽刺和幽默，是最热烈最严正的对于人生的态度"（胡裕树、范晓1992：82）。

根据三个平面理论（胡裕树、范晓1992），一个简单的动词谓语句，从语义平面分析，可分析出一个基本的动核结构，而动核结构是由两个基本的语义成分组成的，即动核和动元。动核是动核结构的核心成分，也就是动谓句句子语义结构的中心，它在句中具有"述谓"义，它通过句中的谓语动词映射到句法平面，所以句子的谓语动词都不可能是"名物"；动元是动核所联系着的强制性语义成分，在动核结构里从属于动核，它具有"指称"义（即，"名物"或"事物"），在动谓句的语义平面受谓语动词制约，它常通过句中的主语或宾语映射到句法平面（胡裕树、范晓1994：82）。做主语和宾语的主要是名词，名词做主宾语是无条件的：动词形容词一般不做主宾语（特别在动作动词作谓语动词的句子里），但在一定的条件下也可做主宾语（同上：82）。也就是说，名词在语义结构里一般表示动元（即，表示"指称"或"名物"）；而动词形容词一般表示动核，表示"述谓"，但在一定条件下（受某些谓语动词或形容词控制而做主宾语时）也可表示动元，即表示"指称"或"名物"（同上：82）。当动词形容词在句子的语义平面为动元身份、在句子的句法平面为主宾语身份时，动词形容词就"动元化"了，"指称化"了，也就是"名物化"

了（同上：82）。

　　关于"名物化"和"名词化"的关系，胡裕树、范晓（1994：82）指出，与英语俄语等语言中的"'大多数''是对应的'"（动词形容词"名物化"时，就会在形态上起变化，转变成名词或动名词）这一情况不同，在汉语里二者没有对应关系，而是表现为既有联系也有区别：动词形容词在句法平面的"名词化"，在语义平面必然表现为"名物化"；但动词形容词在语义平面的"名物化"，在句法平面却不一定全都"名词化"，有的是"名词化"了，即动词形容词性词语转化成名词性词语，有的还没"名词化"，即动词形容词性词语未变成名词性词语。前一种情况如：

　　（41）a. 有<u>吃</u>的，有<u>穿</u>的

　　　　　 b. <u>红</u>的火红，<u>白</u>的雪白

　　后一种情况如：

　　（42）a. <u>骄傲</u>使人落后

　　　　　 b. <u>打</u>是疼，<u>骂</u>是爱

　　至于像"他的<u>笑</u>""这本书的<u>出版</u>""态度的<u>坦白</u>"之类短语在动谓句中做主宾语时，整个短语可以说在语义平面名物化了，在句法平面名词化（变成名词性短语）了。但其中的"笑""出版""坦白"等，说它们在语义平面名物化了是可以的，而在句法平面它们并没有转成名词，不是名词化（同上：82）。

2.2.6 引申说、修辞说

　　谭景春（1998）指出，名词的词义可以分为概念意义和性质意义；名词的性质义是名转形的语义基础。性质义可以进一步区分为附加性质义和内在性质义，附加性质义不是词本身所固有的，具有间接、不固定、多角度的特点，而内在性质义是词本身所固有的，具有直接、固定、角度单一的特点，但是附加性质义经过长期运用就会逐渐趋于稳定，固定在词义中，这样就有可能转变成内在性质义。名词性质义的强弱程度从强到弱所呈现的序列为：

抽象名词 > 指人名词 > 指物名词 > 专有名词

　　名词是否能够向形容词转变跟该名词所包含的性质义有关，而且成正比，性质义越强，转变的可能性越大；性质义越弱，转变的可能性越小。

名词转变为形容词必然在原来名词性质义的基础上产生新的词义，这种新词义有形象比喻和语义转移两种产生方式：前者是用含有这种附加性质义的甲物来形容乙物，说明乙物像甲物那样具有那种附加性质义，后者是由于语法位置的改变，语义重心会随之发生偏移。从本质上说，形象比喻和语义偏移都是词义从概念意义偏移到性质意义上去，形象比喻也是语义偏移，只不过是通过比喻的修辞手段实现的语义偏移。

词性的转变必然导致语法功能的转变。名转形的功能转变是通过间接、省略、直接这三种途径实现的：间接转变是通过非谓形容词这个中间站来实现的；省略转变是指由于句子中本该有的动词省略造成的；直接转变是指没有经过"过渡阶段"或"动词省略"而直接由名词向形容词的转变。由于名形功能上差异明显，名词直接转变为形容词比较困难。

形名转变是通过指代作用使语义发生变化的，即用某种性质（形容词）指代具有那种性质的事物（名词）。形容词本身并不含有事物义，事物义是通过指代作用而产生的。

名形互转，一方面是语言系统本身的客观需要，例如，表示性质时一般用形容词来表达，但有时客观世界的某种性质语言中没有恰当的形容词与之相对应，于是就会借用含有这些性质义的名词来表示，因为借用总比创新容易得多；另一方面，是为了取得预期修辞效果。

2.2.7 DP 假说

程工（1999）根据 Abney（1987）的"DP（determiner phrase）"假说，探讨了汉语语法研究中的名物化问题和向心结构问题。早期的生成语法倾向于把动词看作句子的中心，把句子改写成"S→NP+VP"；鉴于这一观点的局限性，人们后来在 NP 和 VP 的上面加了一些由功能语类（functional category）投射而成的短语，如由标句词（complementizer）构成的 CP（complementizer phrase）和屈折（inflection）成分构成的 IP（inflection phrase）；Abney（1987）把功能语类的分析推广到传统意义上的名词短语上，提出了"DP"假说：在 NP 的上面有一个由功能语类冠词（determiner）构成的最大投射，NP 实际上只是冠词的补足语，如可以把"我买的书"之类的结构分析成，以"的"为核心 D，以"书"为补足语（complement）这样的 DP 结构（程工 1999：128；石定栩 2009：98）。

程工（1999：128-129）指出，自然语言中的主要语类可以分成 [±N] 性和 [±V] 两大类别；[+N] 性成分是体词性，不能有时 / 体性，[+V] 性成分是谓词性的，可以有时 / 体性；所谓 [+V] 语类，在实词范畴内主要指动词和形容词，在功能语类中主要指各种时 / 体成分，如"着、了、过"和管约理论模型中的 IP，而 [+N] 语类，在实词范畴内指名词以及它的各种附类（代词、复指成分、方位短语、"的"字结构），在功能语类中有两套系统：一套存是在于传统名词短语中的指别词（主要包括"这、那、这种"等指示代词或称指别代词）、数词、量词，一套是存在于句子的句子引导词（complementizer）（如英语中的 that）以及它的投射（CP）。

继而，程工（1999：133-138）以跨语言的证据表明，英语和汉语的主语在语类选择上的相似性——[+N] 或 [-V] 性成分可以担任主语，[+V] 性成分不能做主语；两种语言都与动名词或形名词存在，它们独特之处在于：既允许动词保留自身的一部分特点（如可受副词修饰、可带宾语），又获得了名词的一些特点（如可被数量词和定语修饰）。

同"我买的书"分析类似，在"DP"假说模式下，"他的来"应该分析为：DP（他的来）→ NP（他的）+D'（来）；D'（来）→ D（0）+VP（来）。"（他的）这种快"应该分析为：DP[（他的）这种快]→ NP[（他的）]+D'（这种快）；D'（这种）→ D（这种）+VP（快）。根据这种分析，动名词 / 形名词是指别词 D 的最大投射，而指别词有 [+N] 性，所以整个结构也有 [+N] 性；指别词 D 的补足语是动词或形容词，它们的中心词具有 [+V] 性的动词或形容词，所以有 [+V] 的特性，如可以受副词修饰，或这可以带宾语，等等（程工 1999：141）。另外，按照传统分析法，布龙菲尔德的向心结构理论的确有问题；现在根据"DP"假说，动名词短语也是 [+N] 性的向心结构，但它的性质不受中心词的支配，而是受修饰语的支配。

陆俭明（2003）用来分析"这本书的出版""春天的到来""她的走""长城的伟大"和"柠檬的酸"所依据的"中心词理论"（head theory）和程工（1999）所依据的 DP 假说实质是相同的。不同于传统汉语语法学里的"中心语 [指修饰性偏正结构里受修饰语（定语或状语）修饰的那个句法成分]"，"中心词"是指某种结构里要求与之在同一个结构里共现的、其他成分都从属于它的那一个成分（陆俭明 2003：388）。根据"中心词理论"，如果一个短语结构 XP 中所含的句法成分 A 的语法特性决定了整个 XP 的语法特性，那么 A 被看作是 XP 的中心词；按照中心词的渗透性原则（percolation principle），中心词的语类特点会渗透到其所在的母节点，因此当我们知道某一个中心词是名词性语类时，就可以推知，它所在的母节点也属于名词性语类（陆俭明 2003：388）。按照这一思路，"这本书的出版""春天的到来""她的走""长城的伟大"和"柠檬的酸"实际上是主谓词组中间插入"的"所形成的名词性结构，整个短语的性质是由名词性"的"字结构决定的；名词性"的"字结构有两种：一种是插在主谓词组中间所形成的"的"字结构；一种是加在主谓词组后所形成的"的"字结构，如"妈妈买的（那件衬衣好看）"（陆俭明 2003：387/389）。

2.2.8 综合说

刁晏斌（2006a：290–291）指出，名词做谓语或谓语中心语，一般都带了某些类型的状语、某些类型的补语、某些类型的宾语、某一个体助词。作谓语或谓语中心语的名词几乎都是抽象名词，其典型性不如表示具体的人或事物的名词，所以才有可能"超范围"使用；做谓语或谓语中心语后，名词的意义朝三个方向变化（同上：293–294）：

（i）相当于"动词 + 名词"，例如"大汛当前，怎能儿戏"（《人民日报》2002.7.7；转引自刁晏斌 2006a：292）中的"儿戏"义为"当成/视为儿戏"。

（ii）用其构成的语素的意义，例如"阿拉伯人嗜好甜食和红茶"（《人民日报》2002.12.27；转引自刁晏斌 2006a：292）中的"嗜好"，属同义联合构词，构成语素均为动词，"嗜"义为"特别爱好"，而"好"义为"爱好、喜好"。

（iii）相当于与之密切相关的一个动词，例如"……全团官兵发了疯般的高速战备着……"（苏明璞《二战特种兵正传》；转引自刁晏斌 2006a：293）中的"战备"，更为常见的表达形式是"备战"。

刁晏斌（2006a）指出，名词用为及物动词（即带上宾语）后，与宾语之间的语义关系表现为"意动"关系 [如"男主角很宝贝女主角……"（凌淑芬《男佣正传》；转引自刁晏斌 2006a：292）中的"宝贝"]、"使动"关系（如"……恩泽后人至今"[《人民日报》1997.12.23；转引自刁晏斌 2006a：292] 中的"恩泽"）和一般的施受关系（如"……只能在想象中构造着属于自己的精神乐园"[《人民日报》1997.10.8；转引自刁晏斌 2006a：292]）等。

　　刁晏斌（2006a）倾向于认为，名词通过带上一般只能用来修饰形容词的词语（多为程度副词以及其他与程度副词相关的词语）从而用如形容词 [如2.1 中例（3）"很淑女"] 是由外语引进或受外语影响产生的，因为在古代汉语和近代汉语中几乎没有类似的例子（同上：312）；名词用如形容词后，由指称具体或抽象的人或事物，转指表示该人或事物所具有的某些特征、外在表现等（同上：315）。

　　如例（6）（"片段地回念"）、例（7）（"药物治疗"）所示，刁晏斌（2006a）认为名词做状语分为带"地"式和不带"地"式两种类型（同上：296-306）。带"地"式状语中的名词几乎都是表示抽象义的，就其来源来讲，这是一种他源（外来）的形式（同上：305）。不带"地"式状语通常有"方式+述语"（如"高温消毒"）、"范围+述语"（如"暗中帮助"）、"工具+述语"（如"掌声鼓励"）、"依据+述语"（如"友情演出"）、"处所+述语" [如"海外留学"（刁晏斌2006a：304）] 等①。做这一类状语的名词，一类同于带"地"式中的名词表抽象义，一类是表示工具和处所的名词，至于工具和处所以外的其他类型的不带"地"式名词状语也多属于他源的（同上：305-306）。

　　刁晏斌（2006a）指出，名词做补语 [如例（8）"献艺齐齐哈尔"] 都是名词做处所补语（同上：306）；能带处所名词补语的，都是不及物动词（同上：307）；处所名词直接做补语是汉语中的一种自源形式（同上：308）。

　　根据刁晏斌（2006a）的研究，现代汉语中形容词用如动词带宾语，是由古代汉语一脉相承而来的（同上：334）；不仅双音节形容词可以用作动词，单音节形容词也可以用作动词（同上）；形容词用作动词带宾语的语义类型有"对动宾语" [如"这成什么话，哪有刻薄自己爸爸的道理"（余上沅《兵变》；转引自刁晏斌2006a：331）]、"自动宾语" [如"村上的妇人和小孩子们，都紧张着十分期待的心弦"（许杰《惨雾》；转引自刁晏斌2006a：331）]、"使动宾语" [如"干吗要恐慌这乡下老头子呢？"（田汉《梅雨》；转引自刁晏斌2006a：332）]、"意动宾语" [如"别傻我。"（袁牧之《一个女人和一条狗》；

---

① 这里名词做状语的语义类型，除了"处所+述语"外，皆来自孙德金（1996），转引自刁晏斌（2006a：302）。另外，还有"重点保护""高度赞扬""盛情款待""荣誉出品"这四个无法归类的语义类型，孙德金把其列为其他。孙德金只给出了作状语的名词，没给出它们具体使用情况，所有词组都是我们根据内省补充的。

转引自刁晏斌2006a：332）]、"原因宾语"[如"阿Q忽然很羞愧自己没有志气。"（鲁迅《阿Q正传》；转引自刁晏斌2006a：332）]等。

同形容词用作动词一样，形容词用作名词也早在古代汉语就已经存在，但是刁晏斌（2006a）认为，指称性形容词在进入现代汉语后开始大量使用，仍然主要是受了外语的影响，即汉语只能以一个词形来对应外语中同一词根的不同词形，而这样的形式在客观上也扩大了形容词的使用和表义范围（同上：339）。形容词的指称用法具有三个明显特点（同上：338）：

（ⅰ）不加任何标记直接使用，如"追求美好"；

（ⅱ）某些形容词的指称用法高频使用，经常用于构成一些固定或半固定的形式，如"再创/造辉煌""感受真诚"等；

（ⅲ）某些否定性偏正词组用于指称，如"但是聪明美丽的梅花将注定一生不会平静，或者说，是她自己选择了不平静"（原文来自徐小斌《羽蛇》）。

和形容词用作名词一样，动词在古代汉语就经常用于指称，在现代汉语中的大量使用主要还是受外来语影响（同上：325-327）。当前，动词用于指称的语法具有两个明显特点（同上：330）：

（ⅰ）用来指称某一具体的动作行为[如"她的做工却毫没有懈怠，食物不论，力气是不惜的（原文出自鲁迅的《祝福》)"中的"做工"]或该动作行为的对象[如"除却这令人眼花缭乱的一切，政治仍然是他的初恋以及最爱（原出自《青年参考》2004.6.11）"中的"初恋"和"最爱"]；

（ⅱ）出现许多"独特"的用列，即通常不用于指称的动词或动词性词组也用于指称，如"他的嘴唇上挂着哆嗦，怨气在嘴角青枝绿叶，像被人挂上去的一串葡萄（原文出自阎连科《日光流年》)"

2.2.9 中间状态说

苏宝荣（2009）指出，语法功能是指语法范畴的成员在语法组合中分布的总和，具体地说，就是其所充当的角色及相关的搭配关系。词的具体分布与形态都是其语法功能的外在表现。因此，对于具有系统形态变化的印欧系语言来说，人们可以从分布与形态两个方面认识词的语法功能，而形态是词的语法功能的显性的形式标记，具有直观性的特点。相反，对于缺乏系统形态变化的汉语来说，人们主要是通过词的分布来认识其语法功能。然而词的分布只有在具体的句法结构（即语法组合关系）中方能得到充分的显现，这就决定了其语法功能通常表现为隐含性的特征。词性与语法功能的划分往往需要综合考虑多种因素。这种语法功能"隐含"的特征，直接导致两方面的结果：一是词的"兼类"（这里取广义，包括稳定的"兼类"与临时的"活用"）———在语义相容的情况下，指称、陈述的转化（即名词、动词、形容词的词类转换）相对自由；二是在非常规组合（特殊搭配关系）中，词的功能彼此影响，发生"互动"，使一些词在词类（或功能上）呈现"中间状态"。

　　第二种结果，只是个别学者偶然提及，尚未有人进行实质性研究，苏宝荣（2009）对其进行了专门探讨。关于汉语中的"副词＋名词"现象，苏宝荣（2009）指出，尽管这是一种特殊的现象，但却是客观存在的语言事实。这种副名结构客观存在的可能性在于，没有显性形态标志、语法功能具有隐含性的汉语，在非常规组合（特殊搭配关系）中，词的功能彼此影响，组合双方发生"互动"。词类及其表达功能本来是一个连续统，在语法组合中可以在一定范围内发生移动。因此，在特定组合关系中，在语义相容的情况下，对于没有系统显性形式标记（形态）的汉语词类及其表达的语法功能来说，这种移动相对容易。为了适应新的组合，彼此磨损自身的功能特征，使一些词在词类（或功能）上呈现一种"中间状态"。也就是说，以语义组合为核心的汉语，缺乏系统的形态变化，其语法功能具有"隐含"特征，因而具有相对的灵活性。而这种副名结构在现代汉语中日益增多的趋向性，则源自其自身表达的丰富性、形象性与简约性。由于在"副＋名"的特定组合中，组合双方在功能上为适应对方而使自身的特征受到一定程度的磨损，这种副名结构中的名词已非典型的名词，副词也已非典型的副词，但也不必认为它们已经发生了词类的转化，而应视之为一种"临界现象"或"中间状态"，这样可能更符合汉语的事实。因为对于缺乏系统的显性形态的汉语来说，这种情况具有某种普遍性。关于形容词和动词的兼类问题，苏宝荣（2009）赞成张国宪（1995）"依据现代汉语形容词的情状范畴系统，将形容词分为'静态形容词'与'动态形容词'两类：其中'静态形容词'又分为'性质形容词'与'状态形容词'；'动态形容词'又称为'变化形容词'"的这一做法，认为提出"动态（或"变化"）形容词"的概念揭示并客观地处置了汉语中某些词语在语法功能上处于"形—动"中间状态的语言现象。对于"动词名词化自指"问题，苏宝荣（2009）在朱德熙先生分析的基础上指出，处在主宾语位置上的"仍旧可以受副词修饰""语义保持不变""与原来的谓词性所指成分相同"的动词指称化中的"自指"一类，也属于汉语语法功能的一种"中间状态"，不必认为该词已经"词类转化"或"名词化"，而应重新审视动词的功能，并客观地承认，对于缺乏系统的显性形态变化的汉语来说，动词在一定条件下具有指称的语法功能，可以进入主宾语的位置。

2.3 偏重功能语言学的解释

2.3.1 主要句法功能说

根据莫彭龄、单青（1985）的统计分析（见表1），除了名词不能做补语外，现代汉语中的三大类实词（名词、形容词、动词——笔者注）几乎能做各种句法成分。这一结论是和笔者前面指出的名词、形容词、动词的特殊用法这一现象相吻合的。然而透过现象得到的本质是，不仅三大类实词充当各种句法成分的频率呈现出明显的稳定性，而且就某一句法成分而言，各类词出现的频率也呈现出明显的稳定性，这是词类句法功能的稳定性。

表 1 汉语三大实词句法功能统计表

	主语	谓语	宾语	定语	状语	补语
名词	21.2	0.18	49.04	20.09	6.5	0
动词	0.91	76.7	2.86	6.52	7.15	5.88
形容词	1.72	26.2	6.03	42.0	19.1	4.8

这种稳定性背后同时蕴藏着词类句法功能的区别性，不仅同一类词充当各种句法成分的能力不同[1]，而且各词类之间，在句法功能上也有着明显的对立，例如，名词主要做宾、主语，不能做补语，这些刚好同动词、形容词形成鲜明的对立。

莫彭龄、单青（1985）的结论是：

（i）汉语的名词、动词、形容词，就某个具体词而言，可能用于次要功能，可能临时活用于本类以外的功能，甚至可以兼类，但作为"类"，他们之

---

[1] 即，名词的主要功能是做宾语、主语和定语；动词的主要功能是做谓语；形容词的主要功能是做定语和谓语。

间有着相当清楚的界限，这就是它们在主要功能上的自身稳定性和相互区别性。这种稳定性和区别性源于汉语实词意义和功能之间存在很大一致性。词类功能与一定的词汇抽象意义有某种程度的一致，这是各种语言都有的。然而，形态丰富的语言，可以用形态手段构成许多词汇抽象意义有共同点而词类不同、功能不同的词，如表示动作、性质、状态的名词，这就造成了意义和功能之间的某种偏离。汉语没有这么丰富的形态，"聪明—智慧"这种义近类异的词也很少，在交际中，句法结构的辨认跟词类的辨认密切相关。因此，只有当词类内的成员尽量接近该类词的共同基本意义[①]，反过来意义上同类的词都有相近而又稳定的功能，才便于在交际时区分出不同的词类和不同的句法成分。这就构成了词类功能的自身稳定性和相互区别性的基础。因此意义事实上也成为汉语词类辨认中最先想到的因素。

（ⅱ）某一词类充当不同成分的功能是不同的。有的成分是它的主要功能，有的是次要功能，有的只是罕见功能。词类区分的标准是重要功能。目前，词类问题上的一些"悬案"，正是由于忽视了这三者的关系。例如，有人把动词、形容词出现在主语、宾语位置上说成是"名物化"，这是忽视了词类的次要功能的存在；有人把这一现象一律归入"活用"，这是混淆了次要功能和临时功能的界限。有人把这种动词、形容词称为"转类"，这是仅凭次要功能来区分词类。还有人笼统地把做主宾语看作动词形容词"本来的语法性质"，这就模糊了词类主要功能和次要功能的明显区别。

（ⅲ）对于汉语这种缺少形态标志的语言，数理统计是解决词类上一系列问题的有效途径。譬如，统计显示了动形两类词在主要功能上的对立。因此把"非谓形容词"归入形容词是完全合理的，因为形容词的主要功能是做定语而非做谓语；把"唯谓形容词"归入形容词就很值得推敲，因为它不具备形容词的最主要的功能，而恰恰具备了动词的主要功能。

2.3.2 表述功能说

郭锐（2002：23-24）指出词类从本质上说不是分布类，而是词的语法意义类型，这种语法意义就是词的表述功能。表述功能分为陈述、指称、修饰、辅助四种基本类型，名词、动词、形容词这样的词性区分的内在基础实际上

---

① 名词表示事物；动词表示行为；形容词表示性质状态。

就是指称、陈述、修饰这些表述功能的区分，词类之间的分布差异、形态差异无非是表述功能差异的外在表现。表述功能可以区分为内在表述功能和外在表述功能两个层面。内在表述功能是词语固有的表述功能，外在表述功能是词语在某个语法位置上最终实现的表述功能。相应于表述功能的分层，词性也分成两个层面，对应于内在表述功能的词性叫词汇层面的词性，对应于外在表述功能的词性叫句法层面的词性。词汇层面的词性就是词语固有的词性，需要在词典中表明；句法层面的词性是词语在使用中产生的，需由句法规则控制。

词的语法意义是制约词的分布的主要原因，词的语法意义基本上决定了词的分布，尽管分布不是词类的本质，但是属于同一词类的成员有大致相似的分布。分布和形态一样，只是词的语法意义的外在表现；也就是说分布和词的语法意义之间有"反应—表现"关系：分布反映了词的语法意义，词的语法意义表现为分布。可以根据词的分布反映出的词类性质对词进行分类（郭锐2002：24）。但是分布同词类的关系是错综复杂的，表现在以下方面（同上：24-25）：

（i）并非只是词类性质决定词的分布，词的词汇意义、语用因素、构词方式、韵律特征等都有可能影响词的分布；

（ii）有一些语法位置反映了相同的词类性质，这样的分布差异不能反映词类性质的差异。比如说，"很~"和"~极了"实际上对进入的词语要求相同，两个词在这两个功能上的差异不反映词类性质的不同；

（iii）有一些语法位置可能允许多种词类性质进入。比如，主语位置上既可以出现名词，也可以出现动词、形容词、区别词等，谓语位置上既可以出现动词、形容词、状态词，也可以出现名词等。

因此，词的分布并不能完全决定词类性质的推断。鉴于分布与词类性质这种复杂的关系，郭锐（2002：25）指出，我们既要依赖词的分布推断词类性质，又要通过一些手段排除影响词的分布的非语法意义因素以及词类性质与语法位置不完全对应带来的干扰，在词类性质与词的分布的错综复杂的关系中寻找到词类与分布的对应关系，从而根据分布合理而有理据地划分出词类。

在上述分析的基础上，郭锐（2002：25）提出，可以利用功能的相容性及相关原则来确定功能的划类价值，以此找出具有区分词性作用的功能，从中选择划类标准。功能的相容性（compatibility）指同一批词共有两个或多个语法功能的性质，比如能做主语的词也能做宾语，反过来能做宾语的词也能做主语。而另一些功能之间相容性极小，如"不~"和"<数>~"。具有较大相容性的功能往往反映了这两个不同的语法位置对词语的选择限制相同，反映了共同的词类性质，因而是等价功能；相容性较小或无相容性的两个功能反映了不同的词类性质，一般是异价功能。等价功能具有传递性，如果把一种语言中的等价功能分别聚集成束，也就找到了词类与语法功能的对应关系，一个等价功能束就代表了一个词类。最后，郭锐（2002）提出了计算词的"语法功能相容度"的计算公式和计算办法。

2.3.3 标记说

沈家煊（1997）根据标记理论（Markedness Theory）通过对三万字左右的口语语料和约三万字的书面语料的调查，论证了汉语中形容词与句法成分之间客观存在着关联标记模式：性质形容词做定语是无标记的，做谓语是有标记的；状态形容词做定语是有标记的，而做谓语是无标记的。从组合形态看，状态形容词几乎都是从性质形容词通过重叠、附加前后缀、前加程度副词等方式派生出来的，因此性质形容词是典型的、无标记性的形容词（沈家煊1997：248）。

沈家煊（1999）指出词类范畴和人建立的大多数范畴一样都是典型范畴。要找出确实仅为此词类所有而它类词所无的"语法特点"是不大可能的。词类的边界不是明确的而是模糊的，词类和词类之间不是离散的而是连续的。词类成员有典型和非典型之分，词类承担的"职务"（句法功能）也有典型和非典型之别。

根据 Croft（1991）在词类、语义、语用功能之间建立的关联标记模式[①]，沈家煊（1999）建立了词类和句法成分之间的关联标记模式。按照这个模式，名词做主宾语、动词做谓语、形容词做定语是无标记的组配方式。名词做谓语、状语和定语，动词做状语、定语和主宾语，形容词做主宾语和状语，都是有标记的用法。因此，词类和句法成分的"关联标记模式"可以帮助走出

---

① | 词类 | 名词 | 形容词 | 动词 |
| --- | --- | --- | --- |
| 语义类 | 事物 | 性质 | 动作 |
| 语用功能 | 指称 | 修饰 | 述谓 |

词类研究中"做到'词有定类'就'类无定职',做到'类有定职'就'词无定类'(胡明扬1996c)"这一困境。

2.4 偏重认知语言学的解释

2.4.1 连续统说

张伯江(1994)指出名词和动词是语言中的两个基本词类,其他词类大多是从这两个词类里分化出来的,介于两者之间构成一个连续统,他为与名词活用有关的几个常用词类建立了如下的关系(另见张伯江、方梅1996:209):

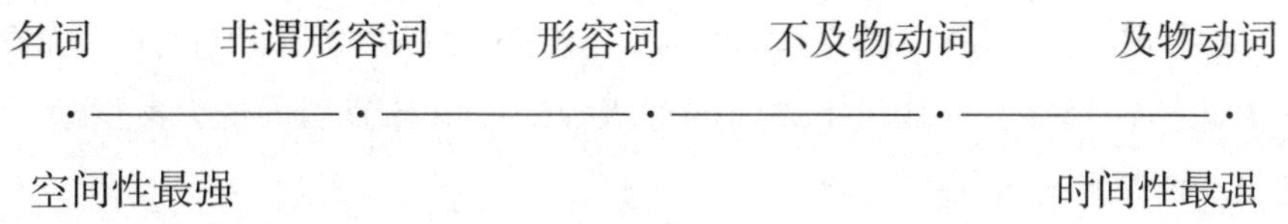

名词   非谓形容词   形容词   不及物动词   及物动词

空间性最强   时间性最强

图 2

典型名词具有空间性,可以用名量词来修饰,表明事物在空间上的可计数性。典型动词具有时间性,可以用带时体助词,表明动作在时间上的可延续性。当名词表现其基本空间意义时,其功能必定是稳定的;当它丧失了明显的空间意义甚至具有了一定的时间意义时,就有可能发生功能游移现象。在图2基础上,张伯江(1994)描写了名词活用的四种表现形式(另见张伯江、方梅1996:211):

(i)用作非谓形容词;

(ii)用作形容词,前加"很""太""特"等程度副词;

(iii)用作不及物动词,前加"没""不",后加"了""起来"等时体成分;

(iv)用作及物动词,后带宾语。

(i)至(iv)是一个名词性减弱,动词性增强的过程,构成了名词功能弱化的等级序列,即:

$$i > ii > iii > iv$$

靠近左方者功能游移较为自由,可接受程度也较高,右方的则一般低于左方的。在此基础上，张伯江进一步指出，从体词谓词化方向看，在等级链上都有实际用例，相邻项目之间功能游移较为自然，距离越远越不自然。从谓词体词化方向看，谓词间的游移比较自由，而谓词向体词游移却不那么容易了，这就揭示了这样一个规律：现代汉语共时系统里词法平面上的谓词体词化已经几乎没有非形式化的能产途径了[①]。

张国宪（1993）根据他对动/形单双音功能差异的研究给出了汉语动/名连续统模式：

单音节动词 > 单音节形容词 > 双音节形容词 > 双音节动词 > 名词

鉴于实体类别与功能类别的联系，张国宪（1995）依据共时的功能表现，在上述模式基础上演绎出下列时间等级模式（单音节动词视为典型动词，双音节动词暂且不计）：

动词 > 动态形容词 > 静态形容词 > 非谓形容词 > 名词

这个序列表明，在时间性特征上左端的最强，右端的最弱。由于位次上动态形容词紧邻着动词，从而表现出较多的语义和语法共性，其语义上的典型表现是都具有时间性特征，折射到语法形式上是可以带时体助词和与时间副词同现，从而表明时间上的可延续性。

张国宪（2006，2000）指出，程度性特征、连续性特征、恒常性特征和做定语的自由度角度指出，形容词是区别于动词和名词的一个独立词类范畴，但是，形容词内部也不具有均质性，性质形容词，拥有了这些特征的全部，因而是形容词这个词类范畴内的典型成员，而状态形容词和变化形容词只是部分地显现了这些特征，因为是形容词这个词类范畴内的非典型成员（张国宪2006：412）[②]。结合韵律考虑，单音节形容词易于实现为性质形容词，多音节形容词易于实现为状态形容词；而双音节形容词介于二者之间，根据无

---

① 所谓形式化的体词化，指的是加后缀"子""儿""头"或者后一音节轻读等手段。

② 沈家煊（1999）第10章也有类似观点；关于形容词内部的非均质性，参见该书第11章。

标记做定语的能力，双音节形容词与单双音节形容词呈现如图3① 所示的关系（同上：408–409）。张国宪认为，将定语（表现为无标记形式）和谓语（表现为有标记形式）视为汉语形容词的基本句法功能，是由形容词在词类连续统中所处的地位（介于名词和动词的中间位置）决定的，它一方面表现出体词的句法特征，另一方面又表现出谓词的句法特征，折射出左邻右舍的相关性（同上：413）。

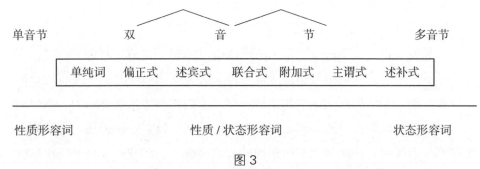

图3

李晋霞（2008）对现代汉语中"双音节动词"直接做定语修饰"双音节名词"这一构式进行了研究②。她指出，这一构式的格式义是"动作分类标准＋事物"（李晋霞2008：180）；动词、名词的典型性、该构式的格式义和该构式中名词的语义角色是制约定中"双音节动词＋双音节名词"主要语法因素，其中，动词、名词的典型性是制约这一构式的词类功能线索，格式义是制约这一构式的语义线索，名词的语义角色是制约这一构式的语义关系线索（同上：116）；抽象的非典型名词与表示分类的非典型动词按照"动作——施事"的语义关系组配而成，这时的"双音节动词＋双音节名词"在结构类型上具有显著的单一定中结构的倾向，如"工作人员"，相反，语义具体的典型名词与表示非分类的典型动词按照"动作——对象"的语义关系组配而成，这时的"双音节动词＋双音节名词"在结构类型上具有显著的单一动宾结构的倾向，如"盘问小王"，典型性程度不同的名词和动词按照其他语义关系组配，"双音节动词＋双音节名词"就可能存在歧义，如"改良玉米"（同上：117）。

---

① 引用时为了方便制图，对原图符号有所改动。

② 详见7.1.3.2–II。

2.4.2 家族相似说

袁毓林（1995：155–156）指出，词类是反映词的语法功能的类，所以只能根据词的语法分布来划分词类；但是彻底的分布主义的操作路线很难贯彻到底。比如，如果根据朱德熙（1982/2007：55）给形容词下的定义——"受'很'修饰而不能带宾语的谓词"，就无法解释两个语言事实：状态形容词，如"煞白、冰凉、通红、喷香、粉碎、稀烂、精光"等，这些词本身已经表示了某种程度，所以不能受程度副词"很"修饰；有些形容词在加上"着、了、过"后可以带宾语，如"红着脸、红了脸、红过脸"。

袁毓林（1995：158–159）指出词类知识主要来源于人们对词和词之间在功能和意义上的家族相似的概括：基于概念的家族相似性和基于分布位置的家族相似的。基于概念的家族相似性是指，人们倾向于把表示相同、相似的概念范畴的词概括为一类，把它们填入相同的句法位置，即把它们当作同一个功能类去使用，从而赋予它们相同的句法功能。当这种基于类比的使用得到别人（社会）承认时，这种用法就会流行开来，成为这个/些词的正常分布；当这种用法得不到社会的承认时，说话人就得改正，退回来把这个/些词跟其他范畴的词类类比使用。例如，"永远"本来是副词，它只能修饰谓词；但是，现在不少人把它当作"永恒"的同义词使用，加上"的"后去修饰名词，如"永远的朋友""永远的友谊""永远的校园"等。如果大家承认这些新用法是合格的，那么永远就在副词之外又获得了区别词的功能，成为兼类词。根据分布位置的家族相似性，人们会自觉地把分布位置十分相似的词归为一类，作为一个类来记忆和使用。由于这种类的概括是建立在参照典型进行层层类比的基础之上的，所以同一类成员在分布上只是在总体上大致相似，以至于很难找出一条为这一类全体成员所共有而为其他类的成员所无的特征。

因为词类"只能根据词的语法分布来划分词类"（袁毓林1995：155），所以"汉语词类是种原型范畴，是人们根据词与词之间在分布上的家族相似性而聚集成的类（同上：154）"。尽管词类多功能性之间存在不平等性，即某个词类虽然可以做多种句法成分，但是分布概率不相等，即词类多功能之间有优势分布和劣势分布之别（同上：160–161）。在此基础上，袁毓林提出，应该根据原型范畴化理论，运用词分布上的优势和劣势之别给词分类，给不同的词类下出宽泛的定义，辅以严格的定义（同上：154）。例如，名词是经常做典型的主语和宾语，一般不受副词修饰的词（同上：166）；动词是经常做谓语，但不受程度副词修饰，或者受程度副词修饰仍可以带宾语的词（同上：167）；形容词是经常做谓语和补语，受程度副词修饰后不可带宾语的词（同上：167）。

2.4.3 转喻说

王冬梅（2001）从认知语言学的角度对现代汉语的动名互转进行了研究，王冬梅（2001：15）指出，词类转化的本质是一种概念转喻。概念转喻是一种认知过程，在同一个认知框内，以概念为参照点建立与另一个概念（目标概念）的心理联系；目标概念就是本体，作为参照点的概念就是喻体。为了说明名动互转的种种现象，她（同上：23）建立了一个认知上的转喻模型：

（i）在某个语境内，为了某种目的，需要指称一个"目标"概念 Y；

（ii）用来指称概念 Y 的概念 X（"参照"概念）须与 Y 处于同一个"认知框"内；

（iii）在同一个认知框内，X 和 Y 密切相关，由于 X 的激活，Y 会被附带激活。

（iv）"参照"概念 X 在认知上的显著度高于"目标"概念 Y；

（v）如果 X 和 X' 都有可能激活，而 X 的显著度高于 X'，则 X 比 X' 更容易被激活；

（vi）如果 Y 和 Y' 都有可能被 X 激活，而 Y 比 Y' 更与 X 相关，则 Y 比 Y' 更容易被激活。

王冬梅（2001）中的动词名化包括朱德熙（1983）提出的自指（"名词化造成的名词性成分与原来的谓词性成分所指相同"，如英语中的 kind 和 kindness，"单纯是词类的变化，语义保持不变"）和转指（名词化造成的名词性成分与原来的谓词性成分所指不同，如英语中的 write 和 writer，汉语中的"骗——骗子、盖——盖儿"，"词类转化外，语义发生明显变化"）。在依据这个转喻模型对动词名化中的"转指"现象归纳之后，王冬梅（2001：40）解释说，最容易激活的事物被转指。例如，有的动词转指施事（如"领导""教授"等），这是因为施事是主控者，受事是受控者，根据"主控者 > 被控者"的显著度原则，主控者容易被激活；有的动词转指受事（如"发明""创造""建筑"等），这是因为受事为结果时，它经历了一个从无到有的过程，根据"有

变化 > 无变化"的显著度原则，受事较为引人注意，处于认知的显著地位。

关于动词名化中的自指现象产生原因，王冬梅（2001：56）指出，我们不仅需要对动作和关系加以"叙说"，还需要"指称"动作或关系；从认知上讲，人们有将动作或关系"视为"抽象事物的能力，所以，语法上的动词名化在认知上是动作或关系事物化，在语言表达上就是所叙说的动作或关系指称化。"N 的 V"是一种"参照体—目标"构式，笔者要指称的事物是一个指称"目标"，要确定一个目标，也就是建立与目标的心理联系，往往要借助一个参照体，例如"姑娘的头发"是以"姑娘"为参照体确定目标"头发"，同理，"桥梁的破坏很严重"中"桥的破坏"是以"桥梁"为"参照体"确定目标"破坏"（王冬梅2001：50）。句子的主宾语位置是指称事物的两个主要位置。由于主语位置上的指称性成分有"定指"的要求，所以这个位置上的名词化程度较高；相对来说，宾语位置上的指称性成分不受限制，可以是"定指"的、"不定指"的、"泛指"的、或者指称性程度较低，所以宾语位置上到动词名词化在程度上存在较大差异（同上：56）。

名词动化① 也是一种概念转喻，名词转指动词就是以"事物"为参照点来确定目标体"关系"的认知过程，例如"这个女孩，有点儿林黛玉"是以"林黛玉"这个人物为参照点来转指"林黛玉"这个人物的综合特征（同上：101–102）。王冬梅（2001：101）指出，由于在概念上关系代表整体，事物是关系的一部分，整体比部分显著，所以总体上看，名词动化要比动词名化困难；实际用事物指关系的例子，事物在特定的语境里是十分显著的；用来转指关系的事物应该是诸事物中最显著的那个事物（同上）。

王冬梅（2001：104–114）指出，名动互转中存在七个方面的不对称：出现频率的不对称（动词名化的出现频率远远高于名词动化的出现频率）、转化机制的不对称（动词名化一般通过转喻实现，而名词动化通常既通过转喻又通过隐喻来实现）、转指项多少的不对称（动词名化一般只能转指与动作有关的某一类事物，而名词动化中，同一个名词在不同语境中可以转指与它相关的多类动作）、词义和色彩上的不对称（动词名化是不增加新的意义和色彩，而名词动化后会增加一些与名词有关的意义、形象色彩或感情色彩）、形式标

---

① 该文名词动化包括名词转化为形容词的情况（王冬梅2001：79）。

记上的不对称（动词名化时经常会带标记，如声调、后缀，而名词动化时一般没有形式标记）、音节上的不对称（动词名化主要发生在双音节动词上，而名词动化主要发生在单音节名词上）、语体上的不对称（动词名化主要出现在主观性较强的语体中，而名词动化主要出现在现场性较强的语体中）。造成这些不对称的根本原因是动词和名词概念上的不对称（同上：115）。至于名动互转中的音节上的不对称，主要原因在于：现代汉语名词的特点是以双音节为主，动词的特点以双音节为主；动词名化以双音节为主是因为双音节动词比单音节动词更接近于名词；名词动化以单音节为主是因为单音节名词比双音节名词更接近于动词（同上：116）。

2.4.4 非范畴化说

刘正光（2000）指出，名词在转换为动词的过程中，由静态、指称义变为了动态、性质、描写义，也就是放弃其理性意义，而利用附加其上的深层内在语义特征，这种内在语义特征由名词所称谓的人或事物的性质、特点所决定，说话人以名词的概念意义作为交际的前提，以内涵意义作为交际功能的承担者以达到交际目的。名词动用具有本义项和喻义项语义特征，而喻义项更有可能成为最常规的解释（Goatly 1997；转引自刘正光2000）。所以，名词转换成动词使用的过程就是词语失去其指称意义而获得描述意义，返回隐喻的过程。例如，"驴不胜怒，蹄之。""蹄"，"用蹄踢"之义。名词转换为动词使用，使行为具体、鲜明、生动、形象，即将抽象的、笼统的、概念性行为变为了清晰可视的、具体的、立体性的画面。因此，刘正光（2000）进一步指出，名词转换为动词并不仅仅是词汇学研究的内容，更不仅仅是一种构词手段，而更重要的是一种思维过程的体现。在其转换过程中，它体现了思维过程的简化与凝练。它与其他隐喻思维过程一样，用某一种经历、体验、活动或存在来构建和设定另一种经验与存在，使其更直接、更形象。N → V的过程充分体现了隐喻的"意动过程"，因为"重获语言的隐喻功能绝不是简单地使用'像……'或'似'什么之类的修辞方式，而在于使语言陈述从概念化即名词化倾向返回'动词状态'"（耿占春1993；转引自刘正光2000）。

刘正光（2006）提出，非范畴化是范畴化的重要组成部分，非范畴化与范畴化就像一个硬币的两面，二者共同构成一个有机整体，一个完整过程。如果说范畴化是寻求共性的过程，那么非范畴化则是寻求个性的过程。范畴化的完整过程应该是：

范畴化

━━━━━━━━━━━━ - - - - - - - - - →

（无范畴）范畴化→非范畴化→重新范畴化→

图 4[①]

非范畴化的作用在于，充分利用新旧知识的相互作用与联系，强调原有知识在认知发展过程中的作用，通过扩展或转移语言实体的语义和功能打破原有的平衡状态，使语言实体在原有基础上表达新的意义，从而实现新的突破。在刘正光那里，非范畴化具有两个层面的含义。在语言研究层面，非范畴化指，在一定条件下范畴成员逐渐失去范畴特征的过程。例如：

（43）[②] a. I have been <u>considering</u> all the possible consequences of the action.

b. Carefully <u>considering</u>/Having carefully <u>considered</u> all the evidence,the panel delivered its verdict.

c. <u>Considering</u> you are still so young,your achievement is great.

d. Having carefully <u>considered</u> you are still so young,your achievement is great.

例（43a）中的 consider 具有时态、体态、人称、数等动词具有的典型特征；例（43b）中的 consider 的分词形式可以带自己的宾语和状语，可以有体的变化，同时要求省略的逻辑主语与句子的主语一致等，但是不再有时态的变化和人称与数的一致的限制了，即，consider 还具有动词的部分特征，但已经丧失了部分特征，因此称之为非谓语动词；例（43c）中的 consider 失去了其作为动词的全部特征，至此它由动词转换成了连词（也有的人认为是介词），完成了功能和范畴的转换。当功能和范畴转换完成后，例（43d）就变成不能接受的了。在认识方法层面，非范畴化是一种思维创新方式和认知过程。例如：

---

① 说明：箭头上的"范畴化"是总称，下面几个阶段是范畴化的过程，即实体从无范畴状态到有范畴化状态（并次范畴化），然后又失去原范畴的某些特征，开始非范畴化的过程，经过多次、反复使用之后，实体从一种中间状态逐渐过渡成为一种具有稳定范畴身份的实体，完成重新范畴化的过程。箭头的虚线部分表示范畴化是由这样的不同阶段组成的循环往复过程，还可能发生第二次、第三次非范畴化（刘正光2006：63）。

② 为了保持论文的简洁，除非特别需要，本书所有英文例句不再给出对应的汉语译文。

（44）这个地方很<u>乡村</u>。

例（44）中的"乡村"表示描述性意义，就句法功能而言相当于形容词。言语交际者之所以不直接用"落后"或"朴素"或"偏僻"或"愚昧"等形容词，在于其中任何一个形容词都无法表达"乡村"在例（44）中那么丰富的意义，即，概念内容与语言表达形式之间产生的空缺促使言语交际者在特定的语境中赋予"乡村"更多含义。这些含义是临时附加的，是借用转喻的方式扩展名词原有意义，以范畴隐喻实现范畴身份的改变的。而这种非范畴化成功实现的根源在于，上述意义都属于"乡村"这个概念域，它们在转喻的作用下，可以随时被激活而添加到言语中；这一过程强调了原有概念在认知发展过程中的作用以及人类知识的相互作用与联系。

刘正光（2006）利用非范畴化理论分析了现代汉语中 N+N 合成名词意义的创造性、"副词 + 名词"构式、V–V 构式中 V2 的完成体意义、"动宾结构 + 宾语"、Vi+NP、"同义反复"构式中的特征和态度意义、话语标记语。

彭赏、刘正光（2008）认为，名词之所以能够非范畴化，充当状语，其原因在于：概念结构的二元性提供语义基础，表征方式提供认知基础，经济原则提供语用理据。"名词"状语与所修饰的成分之间的语义关系是多种多样的，有的表示方式、工具、材料、依据，有的表示范围、角度，有的表示性质，还有的表示比况。"名词状语"的这种语义是通过转喻的视角化来提取的，通过视角化来突显要表达的意义。[①] 名词状语的功能是靠构式来实现的。构式有一个赋值（imposing）功能，即构式中的成分的语法功能由构式决定。如汉语中，位于主语后动词前的成分一般都是动词的修饰成分，即状语。那么，当名词出现在这个位置上时，就被构式赋予了修饰功能。名词做状语的可接受程度也是不一样的。这是因为名词的非范畴化程度是不一样的。而名词的非范畴化程度的差异是由该名词类概念中存储的信息的丰富程度决定的。从理论上讲，如果名词类概念中存储的信息足够丰富的话，任何名词都有充当状语的可能。彭赏、刘正光（2008）指出，"名词状语"在词汇层面还是名词，在句法层面上是副词充当状语。所以名词状语的词性应该还是名词，只是其功能发生了转移，担任副词或介词短语的功能充当状语，其范畴还没有发生

---

① 另见刘润清、刘正光（2004），刘正光、崔刚（2005）。

改变。根据非范畴化的观点，这是名词的功能多义性。

2.4.5 认知语法说

沈家煊（2009a）指出，汉语词类问题存在两个困境：(i) 做到"词有定类"就"类无定职"，做到"类有定职"就"词无定类"(ii) 满足"简约原则"就违背"扩展原则"，满足"扩展原则"就违背"简约原则"。所谓"简约原则"就是朱德熙（1985/2007：77）提出的，语法分析中不要增加不必要的名目；所谓"扩展原则"就是"中心扩展规约"（head feature convention）的简称，它是指，以一个成分为中心加以扩展，扩展后的结构的语法性质跟中心成分的语法性质一致。例如，遵照"简约原则"，不能说"这本书的出版"中的"出版"已经"名词化"，但是，如果说它仍是动词，以它为中心扩展而成的"这本书的<u>出版</u>"却是个名词性结构；反之，如果为了遵照"扩展原则"，说"这本书的<u>出版</u>"中的"出版"已经"名词化"，那么又在语法分析中增加了不必要的名目，从而违反了"简约原则"。沈家煊（2009a：3）指出，沈家煊（1997；1999）提出的词类和句法成分之间的关联标记模式已经使汉语词类研究走出了第一个困境。为了摆脱第二个困境，沈家煊（2009a）提出，汉语的实词类属于"包含模式"，跟印欧语的"分立模式"不一样。

沈家煊（1999/2009a）指出，无论是在印欧语里还是汉语里，词类和句法成分都不是完全对应的，只是有标记和无标记的对立在表现方式上有所不同，印欧语主要表现在形态标志上，汉语主要表现在分布范围和使用频率上。

沈家煊（2009a）根据"人们用本体隐喻来理解事件、动作、活动和状态。通过隐喻，事件和动作被理解为实体"（Lakoff&Johnson 1980：31），指出陈述语用作指称语就是将一个抽象的事件或动作当作一个具体的实体看待，因此这符合一般的认知规律。在此基础上，沈家煊（2009a）进一步证实：

(i) 英语 nouns 和 verbs 的表达功能是指称和陈述，二者之间是"实现关系"；汉语名词和动词的语法意义就是指称和陈述，二者之间是"构成关系"。例如：

（45）The book has been <u>published</u>. 这本书已经<u>出版</u>。

（46）the <u>publication</u> of the book 这本书的<u>出版</u>

在"the <u>publication</u> of the book"里，publish 是通过特定形态实现陈述向指称的转换的，所以 nouns 和 verbs 是"实现关系"；而汉语里抽象概念就是由具体概念构成的，对中国人来说，一个活动就是一个实体，所以，"这本书已经<u>出版</u>"中的"出版"和"这本书的<u>出版</u>"中的出版不需要改变词形。

（ⅱ）英语的 verbs 用作 nouns 是"实现关系"，nouns 和 verbs 是两个分立的类，汉语的动词用作名词是"构成关系"，动词是包含在名词内的一个次类①。

因此，沈家煊（2009a）提出，汉语的实词类属于"包含模式"，跟印欧语的"分立模式"不一样。如图5所示。

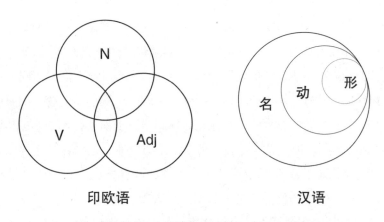

图 5　印欧语和汉语里的名词、动词、形容词

印欧语里名、动、形式三个独立的类，略有交叉。汉语里名、动、形三者之间是包含关系，形容词作为一个次类包含在动词类之中，动词作为一个次类包含在名词类之中。汉语的名、动、形都在一个大圈实词类中，三者缺乏印欧语那样的独立性，从这个角度看，"汉语的实词不能分类"的说法是不无道理的。从另一个角度看，虽然是包含关系，但是名、动、形仍然有一定的独立性，因此说汉语的实词也一样能分类。因此沈家煊（2009a）②指出"汉语的词类系统中实词属于'包含模式'而印欧语的属于'分立模式'"可以帮助走出第二困境（"满足'简约原则'就违背'扩展原则'，满足'扩展原则'就违背'简约原则'"）。

高航（2009）以认知语法中的四个核心思想——认知语义观、语法范畴

---

① 沈家煊（2009a：5）指出，汉语里形容词是动词的一个次类，这已成为大家的共识。

② 沈家煊（2009b）进一步解释了汉语实词是一个"包含模式"的思想。

的概念基础、语法象征观与构式、基于用法的模式——为研究现代汉语名词和动词互转的理论视角和总体框架，从概念物化（conceptual reification）、参照点能力（reference point abilities）、概念自主/依存（conceptual autonomy/dependence）、概念转喻（conceptual metonymy）、主观化（subjectification）、心理扫描这六种人类一般认知能力出发探讨了现代汉语名动互转现象。

人们在日常生活中出于各种原因把多个实体组聚（grouping）并物化，这一过程是一般认知能力的结果（高航2009：82）。组聚是一个心理过程，指在众多实体中把一部分实体挑选出来，在它们之间建立联系，把其他实体排除在外（同上）。概念物化指人们能够把抽象实体概念化为物理实体的能力，或者在不同实体之间建立联系并把它们概念化为一个完整实体的能力（同上：47），它是为了更高层面的认知目的把通过组聚产生的一组实体作为统一的整体操作（同上：82）。在名词化过程中，首先是总体扫描，组聚和物化进一步凸显总体扫描所产生的区域，把它看作是一个可以操作的整体；这样，在名词化的情况下，各个成分状态的潜在区域达到最大程度的凸显，成为一个语义结构的凸画；也就是说，概念物化能够把事件识解为事物。例如（同上：89）：

（47）a. 赛后，郭晶晶否认自己在第一<u>跳</u>中出现失误。

b. 共有八对选手参加了今晚的比赛，前两<u>跳</u>为规定动作，后四<u>跳</u>为自选动作。

c. 尽管，在臧长虹指导下，冯捷今天超过了姚伟丽，但只在最后一<u>跳</u>中发挥出色，前几<u>跳</u>是在6米30多。

d. 老将鲍威尔本以8米29的成绩眼看银牌到手，牙买加的贝克福德最后一<u>跳</u>却达到8米30，跃居第二。

"跳"是一个典型的单音节动词，而且是一个典型的动作动词，它在语义极上凸画一个具体的过程，指人双脚离开地面，身体向上或向前移动；但是概念物化的认知能力使我们能够在这一过程中的各个成分状态进行总体扫描，并把识解为一个可以操作的单一实体（同上）。所以，高航特别指出，概念物化作用的对象是构成一个过程的各个成分状态，是在概念层面上发生的作用，名词化并不局限于动词范畴内非典型成员，也可以发生在像"跳"这样的单音节典型动词上（同上）；在概念组织的各个层面上，从光杆动词到动词短语，再到限定小句，都可以名词化（同上：211）；动词名词化形式可以不变，但语义会发生变化（同上：79–80）。

参照点能力和概念自主是描写和解释"N 的 V"结构的主要因素。参照点能力指通过一个实体的概念化在心理上访问另外一个实体的概念化；概念自主/依存与概念的形成过程有关，指人们形成一个概念是在多大程度上依赖于另外一个概念（同上：47）。从参照点能力的角度分析，"N 的 V"结构与典型的领属结构存在相同之处，都属于参照点结构，只不过前者中的目标不是一个典型的名词，而是动词的名词化（同上：212）。不同的动词在"N 的 V"结构中的可接受程度存在差别，概念自主和概念依存是最重要的因素：一个动词的概念自主程度越高，它在该结构中出现的可能性就越大。例如（同上：124）：

（48）a. 1988 年，我意外地在冰心先生的寓所中又<u>遇见</u>了熊式一先生。

　　　b. *我的<u>遇见</u>、*熊式一先生的<u>遇见</u>、*我和熊式一先生的<u>遇见</u>

　　　c. 他们<u>相遇</u>在一个鸡尾酒会。

　　　d. 他们的<u>相遇</u>

　　　e. 为了他们的<u>相遇</u>而感到快乐的不只是塔玛拉一个人。

　　　f. 这种形容对我们还是不够，我们的<u>相遇</u>简直像两个流星在天空中相撞一样，你说呢？

从上面的例子可以看出，"遇见"表示一个概念依存的过程，而"相遇"表示一个概念自主的过程，正是概念自主程度上的差别导致了两者在参照点结构中的差别（同上）。

概念转喻本质上是一种参照点现象，人们通过一个实体在心理上访问另外一个实体，在语言编码上体现为用一个实体来指称另外一个实体（同上：47）。概念转喻是动词名化的根本机制；概念物化的作用在于把过程识解为事物，而转喻的作用在于使语言表达式的凸画从过程转移到与过程有关的语义角色（同上：212）。例如（同上：144）：

（49）a. 我们的<u>领导</u>这些天都很忙。

　　　b. 奥林匹克运动所推崇的和平、友谊、谅解、进步也正是中国人民的<u>追求</u>。

例（49a）中的"领导"表示的过程转喻为其中那个射体（trajector）；例（49b）中的"追求"表示的过程转喻为其中的路标（landmark）（同上）。高航（2009：212）指出，事件所转喻的各类语义角色中，出现频率最高的是移动者和产物，然后是施事、工具和数量，转喻其他角色的情况极为少见。

名词转类为动词同样是概念转喻作用的结果（同上）。名词动词化的本质是以一个事件中的参与者来转喻该事件，是一个以部分转喻整体的现象（同上：163）。例如（同上：163-164）：

（50）a. 我连忙背着灯光，又吞几口馋水。

b. 他把脸背过去，装着没看见。

c. 他背着手，在教室踱来踱去。

汉语中的"背"指人体部位，在例（50a）中转喻为背部对着，在例（50b）中转喻把身体转过去，在例（50c）中转喻把一个物体放在背后（同上）。高航（2009：212）特别指出："以往研究认为，音节因素是影响名词动化的重要的因素，双音节名词是名词范畴内的典型成员，因此很难发生转类，而单音节名词是名词范畴的边缘成员，容易发生转类。本研究发现，音节因素还不能充分解释这一差别，认知因素能够系统解释这一差别。"和名词化类似，动词化过程中，不同的语义角色在转喻过程中的频率和可接受程度上差别也很大，在各种语义角色中，工具、产物和移动者在转喻过程中出现的频率最高，而其他角色则较少发生转喻（同上）。

汉语中能够充当谓语的名词表现出动态性，它们背后隐含着不同的量级，这些名词做谓语是主观化和心理扫描的结果（同上）。主观化和心理扫描与视角有关，前者指从实体的客观识解转化为主观识解，后者指形成概念过程中认知活动的顺序（同上：47）。概念化主体在一个抽象路径（即量级）上进行心理扫描，而扫描的终点是主语名词短语所凸画的事物在该路径上的位置（同上：212）。名词谓语句可以分成两类：（i）小句中，谓语名词凸画量级上的一个点，小句描写或说明事物的时间、数量、性质等，凸画一个非完成性过程，如"今天星期三"；（ii）小句中，谓语名词出现在动态助词或语气助词"了"之前（如"今天已经星期五了，还没有一点消息。"），或者在"刚刚""刚""才""正好""恰巧"等副词之后（如"虽然刚刚黄昏，可是霓虹灯早早就亮了起来，到处张灯结彩，礼花不时地在空中绽放。"），或者作为谓语短语本身凸显心理扫描的终点，小句凸画一个完成性过程（如"今天夜里小雨。"）。小句的可接性程度与路径的凸显程度存在直接相关。如果一个名词没有量级义或者量级义的凸显程度很低，心理扫描就很难发生，小句的可接受程度就很低，所以能够充当谓语的名词都会呈现出某种量级（同上）。

第三节 对以往词类多功能性研究的思考

3.1 以往研究的内容、方法及主要成果

高航（2009：50）指出，从内容来说，以往词类多功能性研究主要关注两个问题：（ⅰ）如何判断一个语言形式的范畴地位发生变化；（ⅱ）词类范畴成员在地位上发生变化的动因和机制。此外，根据笔者所掌握的资料，目前国内已经出现对词类多功能性的定位研究，例如，苏宝荣（2009）明确指出："由于在'副 + 名'的特定组合中，组合双方在功能上为适应对方而使自身的特征受到一定程度的磨损，这种副名结构中的名词已非典型的名词，副词也已非典型的副词，但也不必认为其已经发生了词类的转化，而应视之为一种"临界现象"或"中间状态"，这样可能更符合汉语的事实。"对语言形式的范畴地位发生变化的判断，主要涉及相关实词在实现自己非主要功能时的性质的判断，侧重这方面的研究主要有：史有为（1996a）、石定栩（2009）的名物化说和性质化说；方光焘（1990）和胡明扬（2000a）的动名词说；朱德熙（1985/2007）名动说、名形说；胡裕树、范晓（1994）的三个平面说；程工（1999）和陆俭明（2003）在 DP 假说下对"N 的 V"构式中 V 的性质的探讨；莫彭羚、丹青（1985）的主要句法功能说；郭锐（2002）的表述功能说；沈家煊（1997；1999）的标记说。侧重对词类范畴成员在地位上发生变化的动因或机制探讨的研究有：刁晏斌（2006a）的综合说；苏宝荣（2009）的中间状态说；张伯江（1994）、张国宪（1993；1995；2000；2006）和李晋霞（2008）的连续统说；袁毓林（1995）的家族相似说；王冬梅（2001）的转喻说；刘正光（2000；2006）以及彭赏、刘正光（2008）的"非范畴化"说；沈家煊（2009a；2009b）和高航（2009）的认知语法说。

从研究方法来说，可以说词类多功能性问题是不同语言学范式关注的焦点，既有来自描写结构派、解释结构派的研究范式，又有来自语用学、语言类型学、认知语言学的研究范式。这都是值得我们进一步学习借鉴的。

应该说，无论是本论文综述到的还是没有综述到的关于词类多功能性的研究，只要是经过认真思索过的，都属于这个领域的成果，尽管围绕着相关研究可能存在争议，因为没有前人的思索，就没有后来者的进一步探讨。但是，从本书角度出发，对笔者最有帮助的有：李宇明（1986）从语言和言语关系角度提出的以语法单位和语法位共同作用来对名物化的解释，可以说是中国人自己的"构式说"，这与西方后来 Croft（1991；2001）和 Goldberg（1995；2000）提出的构式思想是一致的，邢福义（1997；2003）提出的"句管控"说也是这方面的精彩论述，这也是本书将二者的观点概括为"构式说"的根本原因所在；李晋霞（2008）实质上是把连续统和构式结合起来探讨了"双音节动词＋双音节名词"结构，这也是对本书很有启发的；刁晏斌（2006a）从语义、语法位置、古代汉语或外语对现代汉语的影响等角度对词类多功能性的探讨，是我们必须面对的语言事实；沈家煊（1997；1999）的为现代汉语性质形容词和状态形容词以及后来为名词、动词、形容词建立的关联标记模式，是对 Croft（1991）学说的最早运用；谭景春（1999）的"引申、修辞"说，从语言运用的角度，说明词类多功能性是言语交际的需要；刘正光（2000；2006）从非范畴化角度对词类多功能性的探讨，从不同侧面进一步证实了构式在词类多功能性中的作用；高航（2009）从认知语法的角度对名动互转的研究使我们不得不重新审视词类多功能性中连续统说。

3.2 以往研究中存在的问题

通过第二节各家对词类多功能现象的各家解释可以看出，词类多功能性的研究并非如沈家煊（2009）所说的那样"……已经走出了这两个困境[①]……"。

沈家煊（2009）认为，他提出的词类和句法成分的"关联标记模式"已经使词类研究走出了第一个困境，而"汉语的词类系统中实词属于'包含模式'，而印欧语的词类系统中的实词属于'分立模式'"可以帮助词类研究走出第二困境。他的"包含模式"意味着形容词源于动词，动词源于名词。但是，印欧系语言中名词和动词的关系在历史上是有争论的。根据金克

[①]　即，"做到'词有定类'就'类无定职'，做到'类有定职'就'词无定类'"和"满足'简约原则'就违背'扩展原则'，满足'扩展原则'就违背'简约原则'"这两个困境。

木（1981：241-242），在《波你尼经》①之前约100年的耶斯迦的《尼录多》在名词和述词关系问题上，意见有两派：一派是尼录多派即词源学家，他们认为一切名词出于述词，即名出于动。另一派语法学家，他们认为并非一切名词都出于述词，只有一部分名词出于述词。从双方论据来看，反对派以推理进行驳难而尼录多派就事实进行立论。可能是为了语法体系的完整和解说的方便，也可能有思想界斗争的一般趋势的影响，名出于动的理论终于取得了胜利。语法学家便以"名生于述"为根本原则，而《波你尼经》就是以1943个表示动词意义的词根作为梵语的构词基础，而以三千多条经文说明其变化。不论他同时或以后有多少不同派别和结构的语法，直到近代，都还是没有背离这条根本原则，即都承认词根，而词根都表示动词意义。从哲学观点来说，这种思想就是认为宇宙间万事万物根本都是行为、动作。动是根本，而静是表现。

如果这种争论不具备普通语言学意义的话，那么至少沈家煊提出印欧语的词类系统中实词属于"分立模式"这一论断有待进一步考证。如果"汉语的词类系统中实词属于'包含模式'而印欧语的属于'分立模式'"这一论断有待考证，那么在此基础上他得出的"一个具体范畴投射到一个对应的抽象范畴，印欧语是'实现关系'，而汉语是'构成关系'"这一结论也有待进一步论证。鉴于此，沈家煊（2009）的"已经走出了这两个困境"的论断也有待商榷。

与沈家煊（2009）的观点相反，司显柱（2009）认为词语转类的研究取得了不菲的成果，但是有待解决的问题仍然不少，主要表现以下几个方面：第一，从观察、描写、解释充分性的角度看，目前对词语转类研究，无论是在汉语界还是在英语界，都严重不足，缺乏对此类语言现象的全面观察、系统描写和充分阐述，研究东鳞西爪，成果不成体系；第二，从方法论审视，缺乏文本类型学视角，导致了对该类词语在不同文本类型里分布与出现频率方面描写的缺失，对英汉语转类词研究，总体而言缺乏对比语言学视角，各自为阵，缺乏比较与交叉；第三，主要局限于名词转类动词的研究，对其他词类之间的转类研究着力不够：虽有所涉及，如动→名（王冬梅2001）、名→形（司显柱1995；谭景春1998）、形→动、副→动（崔应贤2002）等，但大

---

① 关于金克木先生这里所谈的这种梵语语法体系，岑麒祥（2008：10-13）有简明的介绍。

都浅尝辄止，缺乏深度。周领顺、李速立（2006）对比了国内汉语界对汉语词语转类、国外语言学界对英语词语转类、国内外语界对英汉语词语转类的研究，他们指出"国内汉语界对基础理论出现徘徊局面，正在探索新的研究路子；国内外语界汉外结合的路子逐渐明晰，缺点是对汉语事实了解不够，对国外成果借鉴不及时；而国外语言学界视角不断更新，各种解释更趋理性化。"

虽然司显柱（2009）和周领顺、李速立（2006）对国内词类研究现状的述评某些方面有待商榷，但是他们的述评还是大致反映国内词类研究的事实。从本书综述情况来看，笔者认为相关研究存在以下几个方面的问题。

第一，目前几乎所有汉语词类多功能性的研究中的词类，不是分布标准下的词类就是意义标准下的词类。尽管许多学者都已经意识到意义和分布作为汉语词类划分标准存在的问题（见第三章第一节和第三章第二节），但是至今还没有人提出一个更适合汉语特点的标准取而代之。符合汉语特点的词类划分标准的确立是解决词类多功能性的前提条件。这个前提条件解决不好，不但不利于问题的最终解决，反而会使问题复杂化。例如，高航（2009）探讨的就是在意义标准动名互转研究，他（2009：89）提出"第一跳"中的"跳"是通过组聚和概念物化的作用而名词化。我想这对一个普通语言学习者来说是很难接受的。更为重要的，如果继续在这两个标准下探讨词类多功能性问题，会使我们的词类研究不具备跨语言的可比性。Croft（1991；2001）和Hengeveld（1992）之所以提出词类划分的语用标准，就是为了使不同语言的词类划分就有跨语言的可比性。正因为这些原因，笔者在第三章专门探讨汉语词类划分标准的确定。

第二，在词类多功能性研究中，过分强调汉语少有形态变化这一事实，对语言和言语的关系重视不够，更少有人提出过如何在语言和言语关系的框架内综合运用各种语言学理论解决词类多功能性问题，尽管相关学者（岑运强2006；周流溪2001）一直呼吁加强言语的研究。李宇明（1986）的研究已经充分证明，从语言和言语关系出发，在语言单位具体为言语单位的过程中，既重视语法单位的语法性质和语法位的性质对解释词类多功能性是十分重要的。事实上，无论是词类划分标准的确定还是词类多功能性的解决，都不能回避对语言和言语关系的正确认识。

第三，许多相关研究没有区分古代汉语和现代汉语，使得同一个理论框架既适合古代汉语又适合现代汉语，比如王冬梅（2001）、刘正光（2006）、高航（2009）的研究都存在这个问题。古代汉语和现代汉语有着很大的差别，相关的词类多功能现象不适合用同一个理论框架来解释，Bisang（2008）的研究已经充分说明了这一点。实际上，早在文法革新时期，文言语法和白话语法应该区分开来研究就已经是定论了。语言具有民族特点和时代特点，不同民族、不同时代的语言各有其系统，我们可以进行比较，但不能模仿，更不能替代（龚千炎1997：105）。本书专门探讨现代汉语的三大实词的多功能性问题就是出于这种考虑。

第四，对词类多功能现象的普遍性认识不够。这里词类多功能现象的普遍性有两方面的含义。（i）就汉语本身内部来说，词类多功能现象十分普遍。邢福义（1997）曾经指出，"很+X"是营造形容词的优化结构槽，这种构式的使用，一方面有语言背景，另一方面也有社会人文背景。换句话说，只要赋给某个名词以"类似形容词的含义"，任何名词都可以进入这个构式。（ii）从世界语言范围内来说，词类多功能性不是汉语独有的现象，它具有跨语言的普遍性，例如，像上文2.1.3中所说的汤加语根本不用区分任何名词、动词、形容词、副词，在这种语言里，词的语法功能和语义功能取决于它们所在的句法位置。Croft（1991）和Hengeveld（1992）的类型学研究更是充分证明了这一点。但是，汉语的词类研究者一直强调"词有定类，类有定词"，应尽量缩小兼类现象；吕叔湘（1954）、朱德熙（1982/2007）、陆俭明（1994）都持这种观点（转引自高航2009：75）。笔者认为，不必担心词类多功能性扩大化会导致"词无定类"，关键是要探讨词类多功能性的实现机制；对词类多功能性的探讨具有普通语言学意义，因此也应从普通语言学的视角探讨词类多功能性问题。

第五，尽管对词类多功能现象的解决方案不断更新，但还没有取得一致意见，甚至有相关研究的结论发生冲突。针对郭锐（2002）的表述功能说，袁毓林（2006：30）在质疑郭锐（2002）的"等价功能和词类划分标准"时指出，汉语词类划分的实践证明，对于词类划分来说，语法功能绝对性地压倒意义（包括语法意义）类别。事实上，离开了语法功能，词类划分工作必将寸步难行。因为从目的上看，词类划分本来就是为了说明语言的结构规律的；只有从语法功能上分出来的词语类别，才能对说明组词造句的各种抽象规则有直接的作用（同上）。沈家煊（2009b：18-19）则指出，郭锐（2002）为了弥合汉语词类和句子成分之间的缝隙提出的三层制（词汇层面的词性——句法层面的词性——句子成分）跟早年叶斯柏森提出"三品说"不仅没有什么本质区别："词汇层面的词性"相当于"三品说"的词类，"句法层面的词性"相当于"三品说"中的词品，甚至比"三品说"更加复杂。针对沈家煊（2009a）汉语实词的"包含模式"，袁毓林（2008/2010）"批评这是'夸大了汉语和英语之间的差异'"（转引自沈家煊2009b：3）；史有为（2010：122）则进一步指出，沈家煊（2009a）回避了（或没有考虑到）"出版"的一些用法[①]，扩大了能进入格式"指数量 N 的 _"动词范围，而且没有讲清抽象的句法范畴如何实现为具体的语用范畴。对 DP 假说，石定栩（2009：98-99）也有质疑。高航（2009）的研究表明，名词范畴的典型成员（如工具）是最容易发生转类的；在时间所转喻的各类语义角色中出现频率最高的是移动者和产物，这与王冬梅（2001：41）的"动词转指施事和受事的比例最高"这一结论产生了矛盾。当然，正如上文所指出的那样，尽管相关学者的研究存在争议，但这些都是有意义的探讨。争议说明有进一步探讨的必要。任何事情都是在否定之中发展的。

第四节　本书工作框架

　　笔者认为当前应该在承认词类多功能现象普遍性的基础上，加强词类多功能实现机制的研究，以促进适合汉语特点的词类划分标准的确立，而且这种研究应该在语言和言语关系的框架内综合各种理论建立的适合汉语特点而又具有跨语言可比性的模式下进行。司显柱（2009）指出"词语转类研究面临诸多难点，尤其是如何把握相关理论并将之与词语转类研究问题嫁接。"因此，在理论嫁接过程中既要特别注意汉语自身的特点又符合普通语言学的规律。同时，笔者还认为，在研究过程一定要继承以往研究的合理成果。

---

① （a）这本书的不出版，确实会造成一点影响；（b）这本书的迟迟不出版，的确伤害了作者；（c）这本书的出版还是不出版，不是你一个人说了算的；（d）这本书的出版与改编成剧本，对于文艺界都是一件大事；（*e）这本书的出版了……（*f）这本书的也出版……（*g）这本书的还不出版……

综合对词类多功能现象的认识，在借鉴以往词类多功能研究中的经验和不足的基础上，笔者形成了如图6所示的工作框架。

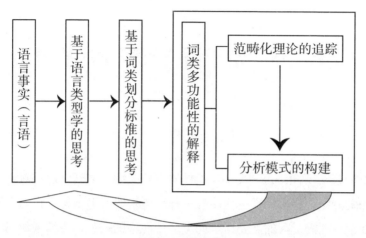

图6　工作框架

语言事实居于最左侧说明，无论从哪个视角对词类多功能现象的思考都必须以语言事实为依据，充分反映言语的特征。汉语固然具有不同于其他语言的区别性特征，但是只有将汉语中词类多功能现象进行语言类型学考察，才有可能把握其本质。词类划分标准是解释词类多功能现象的前提条件，没有词类划分也就没有词类多功能现象。词类的划分实际上是对言语的抽象，词类多功能现象是抽象出来的词类返回言语中所表现出来的特点。就本书而言，词类多功能现象的解释包括两个方面：一是，通过追踪范畴化发展来探讨对词类中各种中间状态进行范畴化的规律，从而确定词类多功能现象（亦称语言梯度）的形成原因及解决途径，这属于第四章基于范畴化研究思考的内容；二是，根据第四章探讨的结果，建立词类多功能性的分析模式，这是第五章的主要内容。

第二章 基于语言类型学的思考

本章通过对不同语言词类多功能性研究的介绍，尤其是通过对来自类型学研究成果的介绍，指出词类多功能是一种跨语言的普遍现象，它的实质是范畴的灵活性，是言语交际的需要，对词类多功能性的研究具有普通语言学意义。

第一节 词类多功能性作为一种跨语言现象

朱德熙（1985/2007）指出，"在印欧语里，词类和句法成分之间有一种简单的一一对应关系"，而"汉语的名词、动词、形容词都是'多功能'的，不像印欧语那样，一种词类只跟一种句法成分对应。"造成这种情况的"根源在于汉语语法特点是缺乏形态变化"。"英语的动词和形容词放到主宾语位置上去的时候要么在后头加上名词后缀 -ness，-ation，-ment，-ity 之类使它转化为名词，要么把动词变成不定式或者分词形式。汉语词类没有这种形式标记，不管放在什么位置上，形式都一样，这就造成了词类多功能现象。"

朱德熙这种观点很长一段时间没有人质疑[①]，而且这种观点一直引导许多学者根据汉语自身特点寻求对词类多功能性的解释，几乎无视英汉词类转用中的共性。"根据汉语自身特点寻求对词类多功能性的解释"本身没有任何错误，但是"无视英汉词类转用中的共性"欠妥。针对汉语词类划分问题，何容指出，"'由普通语言学方面来观察文法现象'，根据'语言自身表现出来的

---

① 对朱德熙这种观点质疑的详细介绍王庆（2010）。

类'归纳汉语的词类系统"。（转引自蒋同林1987：22）笔者认为在比较中寻找共性的过程就是寻找普通语言学规律的过程，所以，从理论上讲，探索不同语言中词类多功能性的共性是具有普通语言学意义的。

事实上正如全永百（1987）指出的：

（i）英语词类的功能并非各不相同，某些词类之间存在着一些相同的功能，如形容词可以修饰名词；但是，名词、副词等也可做名词的定语修饰语。可以充当主语的，除了名词以外，还有动词的子类（subclass）：动词不定式、动名词等。名词、形容词可作表语，副词、动词和其他词类也可以做表语。

（ii）英语词类的可变性极为突出。"所有形式的词类似乎都能转换，而且能转换成几乎任何形式的词类，特别是'开形词类'（open form classes），如：名词、动词、形容词、副词。"

（Bauser1983：226; 转引自全永百1987：38）

在实际应用中，英语中某些词类活用甚至不需要任何形态变化，例如：

（1）The second <u>round</u> was exciting.　　　　　　［名词］

（2）Any <u>round</u> plate will do.　　　　　　　　　　［形容词］

（3）Some drivers <u>round</u> the corners too rapidly.　［动词］

（4）The sound goes <u>round</u> and <u>round</u>.　　　　　　［副词］

（5）He lives <u>round</u> the corner.　　　　　　　　　［介词］

例（1–5）[①]中的"round"分别用作名词、形容词、动词、副词和介词，没有任何朱德熙所指出的形态上的区别。复合法、派生法和词类转化法构成了英语中最重要的三种构词法，其中通过词类转化法所形成的单词在二战后英语出现的新单词中所占的比例为10.5%（张斐然2004/2010：31）。这里所说的词类转化法构词就是本书所说的词类多功能现象。

另一方面，如果按照方光焘的广义形态说（张海涛2007），汉语的词类

-----

① 例（1–5）转引自张斐然（2004/2010：57–58）。

也是有一定形式标记的，例如，能进入"很–"这个结构槽的通常是形容词，如果名词进入这个结构槽，该名词受结构槽影响就会产生形容词意义，因此邢福义（1997）称"很 X"为营造形容词的优化结构槽。即便是俄语这种形态十分发达的语言，也有人认为它的词类转用现象很普遍[①]。

　　张韧（2009）指出，汉语语法中的词类问题可以概括为汉语词类的多功能性难题，也就是"类"与"职"之间的非对应性问题（袁毓林1995；沈家煊1999；陆俭明2005等）；这种现象非汉语独有，并在一定程度上成了近期不同理论框架中词类消亡论的一个依据（Harley & Noyer 2000；Barner & Bale 2002；Farrell 2001）。

　　Clark & Clark（1979）收集了1300多个名源动词，根据它们的语义特点把它们分成了九类：放置物动词（locatum verbs）、放置点动词（location verbs）、时间动词（duration verbs）、施动者动词（agent verbs）、经历者动词（experiencer verbs）、对象动词（goal verbs）、来源动词（source verbs）、工具动词（instrument verbs）和其他动词（miscellaneous verbs）。他们的研究表明，这些名源动词广泛存在于现代英语语言运用之中。Chan & Tai（1995）[②]的根据Clark & Clark（1979）研究了当代东亚语言中表示具体物体的名词用作及物动词的情况，他们研究表明，相比之下，在东亚语言中[汉语（汉语官话、广东话、台湾话）、日语、韩语]，这种名源动词却没有英语中那么多，但是不同类别的名源动词形成了一个等级（hierarchy），工具动词处于这一等级最高的一端，也就是说，如果一种语言中缺少表示工具的名源动词，那么该语言

①　见黑龙江省俄语研究所和黑龙江大学外语系编写的《现代俄语语法》上册，第38页，商务印书馆；转引自周领顺2001。

②　笔者认为，Chan & Tai（1995）的结论值得怀疑，因为他们在收集语料过程中汉语仅限于单音节名源动词（monosyllabic denominal verbs），日语和韩语分别排出了 suru 构式和 hata 构式。他们排除日语中 suru 构式和韩语中 hata 构式的理由是，这些构式不是该语言自有的（not indigenous to the language）；对汉语语料仅限于单音节名源动词（monosyllabic denominal verbs）的做法，他们没有解释。就笔者了解的汉语和日语来说，Chan & Tai 的做法是不合适的。因为受古代汉语到现代汉语发展过程中的双音节化趋势影响，双音节词在现代汉语中占很大比例，而且根据刁晏斌（2006a）之说，现代汉语非双音节名词动用现象是比较普遍的；尽管日语 suru 构式中的名词是外来语，但是这类名词在该语言中通过 suru 构式动用现象十分普遍。不过，虽然 Chan & Tai（1995）存在种种问题，笔者这里依然予以介绍，是因为他们的研究从跨语言研究的角度进一步说明词类多功能性不是汉语独有的现象，而是一种十分普遍的现象。
另外，Chan & Tai（1995）还指出，Clark & Clark（1979）所指出的各种名源动词在古代汉语中都存在，这是需要进一步深入研究的。

也一定缺少其他类别的名源动词。汉语中的名源动词只有放置物动词、放置点动词、对象动词、工具动词四类，在这四种名源动词中汉语最常见的是工具动词，其次是对象动词，最不常见的是放置物动词和放置点动词。在日语和韩语中，自源名源动词很少，只有个别工具动词例外。语言类型学的研究（Croft 1991; Croft 2001/2009; Croft 2003/2008; Hengeveld 1992; Rijkhoff 2008）更是早已证明词类多功能性是世界语言中普遍存在的语言现象。

世界是纷繁复杂的，而语言符号是有限的。词类多功能性是实现"有限手段，无限表达"的必然结果。既然词类多功能性是人类语言的共性，我们就应该从普通语言学的视角去探讨词类多功能性的内在规律。

第二节　词类多功能性的本质

词类划分的本质就是范畴的划分。从认知的观点来看，人们为了认识世界，必须对世界进行分类和范畴化，若没有对千差万别的现实加以范畴化的能力，人类便无法理解自己的生活环境，便无法对经验进行处理、构造和储存（赵艳芳2001：57）。给词语分类"主要是为了讲语句结构，不同类的词或短语在语句结构里有不同的活动方式"（吕叔湘 1979/2007：27）。给词语分类的一个重要方面就是词类划分。可以说没有词类划分就无法正确理解复杂多样的言语。

词类的多功能性也就是范畴的灵活性，范畴的灵活性使词类范畴在言语中呈现出中间状态。词类的灵活性所导致的两个范畴间的中间状态的实质就是范畴从言语进入到语言过程中的中间状态。由于中间状态的存在，各词类之间形成一个连续统，在这个连续统上是有等级的，也就是说，这种连续统实质上是一种语言梯度。范畴是稳态的、含动态的存在（王薇、孙毅2007：7）。从共时层面说，语言或方言接触的影响，语言的创造性，在外在功能压力下"经济性"和"象似性"之间的竞争，必然导致特定词语在运用中呈现许多中间状态；范畴从言语进入语言是个渐变过程，其间影响特定词语身份的因素在这一过程中所发挥的作用在不同阶段是不同的，这也必然导致该词语在特定的共时层面呈现许多中间状态，而且不同阶段的共时层面所体现的中间状态会有所不同。词类在共时层面的中间状态最终进入语言范畴，要经过历时的固化。

事实上这种中间状态广泛存在于语言的语音、语义、词汇、语法各个层面（参见伍铁平1999：249）。吕叔湘（1979/2007：10）特别指出：

……由于汉语缺少发达的形态，许多语法现象就是渐变而不是顿变，在语法分析上就容易遇到各种'中间状态'。词与非词（比词小的，比词大的）的界限，词类的界限，各种句子成分的界限，划分起来都难于'一刀切'。这是客观事实，无法排除，也不必掩盖。但是这不等于说一切都是浑然一体，前后左右全然不清，正如中高纬度地方不像赤道地方昼和夜的交替在顷刻之间，而是黎明和黄昏都比较长，但是不能就此说那里没有昼和夜的分别。积累多少个'大同小异'就会形成一个'大不一样'。这是讨论语法分析问题的时候需要记住的一件事。

与语音、词汇、语法相比，语义模糊是最早引起学术界注意而且研究得比较深入的领域，国外学者从 Lakoff（1972）、Channell（1994/2000）、Keefe & Smith（1999）、Smith（2008）至今著述丰硕。国内学者伍铁平最先关注语义模糊。词和某些表示概念的词组的模糊性以及模糊语言与词汇学、词典学、词源学、修辞学、语用学，是伍铁平（1999）的主要关注对象。继伍铁平之后，国内学者在汉语语义模糊的研究取得了丰硕成果的还有张乔（1998；2001；Zhang 1998）、陈维振、吴世雄（2003）。词汇层面，如基本词汇和非基本词汇的界限便是模糊的，二者中的某些词在历史进程中可能相互转化；再有，语素、词、短语的区分也不是非此即彼的，而是在彼此之间存在许多亦此亦彼、非此非彼的中间状态（伍铁平1999：249）。在语法层面，任何类别或构式之间也都存在中间状态，上文分析的词类多功能现象充分说明了这一点。关于语法的模糊性，莱昂斯（1968）、罗斯（1975）先后指出，一切语法结构都是模糊不清的（转引自陈新仁1992）；伍铁平、黄长著（1979：151）指出，"语言（特别是像汉语这类非屈折语）中的词类也是一个模糊概念"；Quirk et al（1985：90）进一步明确指出"语法在某种程度上是个不确定的体系。例如在类别和结构之间常常没有明确的界限"（夸克等1989：118；

对原文的翻译有所修改——笔者注）。即便是在语音层面，音位之间对立也不是绝对的。徐唐迪（1989：34）指出"……元音和辅音之间的差异绝不是绝对的。例如，英语中的 /r/, /l/, /h/ 等处于元音和辅音的边缘，他们的地位是模糊的……"。

由此可见，范畴从言语进入到语言过程中的所出现中间状态不是个别现象，而是一种普遍现象。那么我们该以什么样的态度对待这种现象呢？中间状态是范畴或构式之间的状态。当我们谈中间状态时，事实上已经预设了范畴的存在；同理，当我们说中间状态具有普遍性时，也就预设了范畴存在的普遍性。因此我们必须通过正确认识范畴的普遍性来认识中间状态的普遍性。语言范畴是怎么来的呢？

通过分析"自然（"natural"）"在语言学思想中的意义和功能，Joseph（2007）指出了语言学史上11个与"自然语言（"natural language"）"相关的特点，其中之一就是系统性（systematic）。他指出：

系统性作为语言的本质是古代类比论者和不规则论者争论的焦点。亚历山大派的类比论者给后人留下的是语法。在这种观念指导下，对语言进行系统分析这一形式比其他任何分析方法都使人们永远相信并传播这种信念，那就是语言从根本上说就是一个系统，也许甚至是一个有机体，这个系统一直是非常完善的。这种观念所造成的一个最主要的结果就是，从古至今人们就倾向于认为，任何把语言视为词汇的做法都不如把语言视为语法和功能的做法自然。（Joseph 2007：18）

与此相对，不规则论者强调的是语言的不规则性（Robins 1997：26; 罗宾斯1997：26; 岑运强2006：36）。Aarts（2007：3）总结说，在类比论和不规则论的争论影响下，历史上形成许多争论。规则论倾向的语言学家坚持认为，语言是基于规则的、有序的系统，与之对立的是另外一派的语言学家的观点，他们坚持认为语言天生就是灵活的实体，它们不能全都受制于盲目的、杂乱无章的运用规则（同上）。这种争论实质就是语言学史上的两线（"整齐论"和"参差论"）之争（岑运强2004a；2006）。

Ramat（2009）从跨语言比较的角度指出，像英语这种刚性语言区分动词、名词、形容词、副词四种词类，或者像荷兰语那样至少区分其中的三种；而像克丘亚语、土耳其语这种柔性语言只区分其中的两种词类，像汤加语这种柔性语言对上述四种词类根本不加任何区分。在这些语言里，词的句法功能和语义功能取决于它们所在构式的位置。但是他指出：尽管考虑到这些因素似乎导致范畴概念的相对性，但是我相信动词、名词、形容词等词类还是普遍的范畴，是分析语言的好工具……范畴化是将我们所经历和知道的事情加以系统化的认知过程。任何时候每当我们在我们的各种领域中遇到新的事物，我们总是把它纳入我们已知的某个物体或抽象概念的系列中。因此，即使对语言学而言，依据共有特征或相似性试着把一个语言要素纳入一类已知要素是合乎情理的。（Ramat 2009：7-8）

由此可见，范畴是语言学家为了满足语言描写的需要"强加给语言"的，其本身是一个相对概念。范畴的相对性在本质上就是我们所说的范畴的灵活性及由此导致的各种范畴间的中间状态。承认范畴对语言全面描写和系统解释作用的同时，绝不能再无视范畴灵活性所致大量中间状态而将其排除在语言描写和解释之外。然而，恰恰在如何对各种范畴或构式间的中间状态问题上语言学界却一直存在争议。在古代这种争论表现为围绕着"规则和不规则"而展开的对语言系统的争论。在当代，这种争论演变成了当代的如何对待语言梯度之争，尽管有迹象表明，最近几十年来，前面所讲的语言学中"类推论者"和"不规则论者"两大阵营已不再像从前那样水火不容了（Arts 2007：3）。在如何对待语言的离散性和连续性上，Langacker（2006：107）指出，大部分现象是很复杂的，强调语言的离散性和连续性都有一定道理；问题不再是非此即彼，而是要决定各自的作用是什么，它们彼此如何相互联系。所以说正确对待范畴或构式间中间状态的研究具有普通语言学意义。对这种中间状态进行全面的描写和充分的阐述，必然加深人们对语言的整体认识与把握，是由此及彼、由小见大的对语言全貌进行探索的路径。现在回到词类多功能性问题上，相关问题之所以一直没有统一的解决方案，不是对词类多功能性的探讨用力不够，也不是不应该分类，而是没有注意到从范畴言语到语言是个渐变过程，没有正确处理语法和用法的关系。岑运强一直提倡开展对言语的研究，"既研究语言内部的结构规律，又研究不同的人在不同的语境中对语言的运用，这才是唯一的正确的语言观，忽视任何一个方面都是片面的语言观"

（岑运强2006：11）；周流溪指出，"普通语言学的重要任务之一，仍然是要继续研究关于语言的性质和运作机制的理论，尤其是关于语言和话言（言语）的联系和转化的理论[①]……只有加上语言的动态研究，从言语活动状态中看到话言（言语）[②]和语言的联系和转化，才能全面认识人类言语的性质"（周流溪2001：312-313）。从这个角度说，两位学者的思考值得我们进一步深思。

通过上述分析不难看出，如何对待范畴或构式间的中间状态体现了语言学史上的两线之争，笔者认为对这种中间状态的研究应该在言语研究的范围内深入进行下去。黎锦熙（1992）在现代汉语语法体系建立之初提出的"依句辨品，离句无品"实质上就是没有认识到词类的多功能性问题。当前，注重中间状态的动态的言语研究是语言学家关注的焦点之一，而我国语言学界对这个方面的纵深研究还十分薄弱，甚至陷入徘徊。

---

① 话言和语言的联系及转化的机制，可以从语法化、隐喻和语言的动态运作中探求（周流溪2001：314）。

② 周流溪（2001：308）认为langage、lange、parole在汉语中应该分别译成言语、语言、话言；这样，言语、语言、话言分别对应传统的言语活动、语言、言语。而且周流溪（2001：311）还指出，实际上，言语～语言对langage~langue，语言～话言对langue~parole，言语～话言对langage~parole，汉语术语的全面互通式三角搭配甚至超过了法语中的原配。

第三章　基于词类划分标准的思考

　　没有词类，词类多功能性就无从谈起，所以，对词类多功能性的探讨首先必须明确的是，词类是根据什么标准划分出来的。只有这样，才有可能根据词类的形成特点对词类多功能现象进行合理的解释。研究表明，无论采用什么标准划分出来的词类都有多功能性，其是一种跨语言普遍现象，是范畴作为静态与动态辩证统一的具体体现。从这个角度说，能否对词类多功能性作出合理性解释才是检验所确立的词类划分标准合适与否的关键，所以，对词类划分标准的确立和对词类多功能性的解释必须统一起来协调解决。也就是说，所采用的词类划分标准必须同时能对该标准下产生的词类多功能现象作出全面系统的解释。基于这种认识，本书拟从对词类多功能性的解释出发，分析学界对词类划分标准的探索，从而提出笔者自己的思考。

　　综合国内外相关研究（Sasse 1993a：196–201，转引自 Bisang 2008：571；胡明扬1996d；石定栩2009：93；崔应贤 2003：99–100；邵敬敏 2006：103–111，173–174；陈昌来2002：83–86，375–383；龚千炎1997：107–109，199–211；林玉山1986：123–131，221–229；张海涛2007），目前有5种词类划分标准：

　　（ⅰ）语义标准

　　（ⅱ）形态标准 / 形式标准（形态句法标记）

　　（ⅲ）功能标准 / 语法功能标准 / 句法功能标准 / 分布标准

　　（ⅳ）语用标准 / 语篇功能标准

　　（ⅴ）综合标准

　　标准（ⅳ）是国外语言类型学者（Croft 1991，Hengenveld 1992）提出的词类划分标准，目前国内还少有学者提出以语用标准作为汉语词类划分的标准①。除了（iv）外，我国学界对其他4条标准都曾有过不同程度的争论。马建忠（1898）②以及早期的王力（1984）和吕叔湘（1982）基本上都主张语义标准；高名凯（1957）、陆宗达、俞敏（1954）是狭义形态的代表③；方光焘、陈望道提出的"广义形态""结合关系"（也称为"功能"说），并由陆志伟、赵元任、丁声树等人尝试过的"语法功能"并最终确立的分布标准（邵敬敏2006：105/173）；岑麒祥（1956）④以及后期的王力（1955）和吕叔湘（1979/2007）则主张综合标准。

经过20世纪30、50年代两次对汉语词类问题的大讨论，在汉语实词可以分类但不能以狭义形态作为划分标准方面达成了共识；分布/功能标准被确立为最适合汉语词类划分标准，尽管还有学者依然主张综合标准。2009年《语言学论丛》发起了"新视野下的汉语词类问题"系列研讨，有学者开始对分布标准提出质疑，主张以语义作为汉语词类划分的标准。高航（2009）也在接受了Langcker（1987a；1987b；1991）提出的以语义内容作为界定主要词类的标准的前提下，探讨了词语转类问题。那么单一的语义标准以及目前国内坚持的分布标准和综合标准是否可以做为词类划分标准呢？类型学者提出的语用标准是否适合汉语呢？问题十分复杂，需要更深入的探讨。

基于汉语词类划分标准争论的上述现状，本章拟逐一分析学界对汉语词类划分标准的探索。这些标准分别为语义标准、分布标准、语用标准和综合标准。

---

① 郭锐（2002）认为，词类从本质上是词的语法意义类型，而这种语法意义就是词的表述功能。郭锐的表述功能就是语用功能。但是郭锐的表述功能说存在着袁毓林（2006）和沈家煊（2009b）所指出的问题，见第一章3.2。

② 石定栩（2009：93）认为，马建忠（1989）是狭义的功能标准的鼻祖，主张"字无定类"，黎锦熙（1924/1992）的名言"凡词，依句辨品，离句无品"，则是这一标准的经典。邵敬敏（2006：57-58）指出，马建忠（1989）"给虚字分类时，实际上是从语法功能角度考虑的"，"给实字各类下定义时是根据类别意义"。

③ 高名凯（1957）认为汉语没有狭义形态，因此汉语实词不能分类；陆宗达、俞敏（1954）认为汉语有狭义形态，因此汉语实词可以分类。

④ 该书内容原在《俄语教学》1954年第10~12期上连载；以后分别收入《语言学学习与研究》（中州书画社，1983）和《岑麒祥论文选》（北京大学出版社，2010）

第一节　语义标准及其存在的问题

石定栩（2009）主张以语义作为词类划分的标准，他（2009：96）指出：

对词进行分类是为了句法分析的需要，但是分类的基础并不必然就是句法功能，可以是形态、语义也可以是其他标准。无论是哪一种标准，只要可以将所有词都分别归入一定的类别，严格意义上的同一个词都只归入一个类别，划入同一类别的词都具有相同的句法性质，而且类别不算太多，就是正确标准。当然，用任何一种标准恐怕都无法做到这一点，目前能够做到的是选择一种最接近这一目标而且具有可操作性的标准，然后设计一些补救办法，在不违反原则的情况下让选定的标准能够发挥最大的效用。

以句法功能或者分布作为标准划分词类，从理论上或者哲学上说完全没有问题，只不过还有相当多的实际问题不好解决，因而可操作性还不够理想。按照形态来划分词类，理论上也站得住脚，只是汉语形态标志很少，大多数实词在实际使用中并没有形态变化，所以可操作性更差一些。按照意义来划分词类，从理论上或哲学上也同样能够成立，虽然存在着灰色地带的问题，但却具有比较好的可操作性，而且灰色地带的问题也可以找到较为合理的解决办法。

笔者注意到，石定栩（2009）所坚持的语义标准中的"语义"不仅包括语言意义还包括语篇语义，他（2009：97）的理论出发点是："实词在句子里的意义不受结构位置的影响，严格意义上的同一个实词在不同的句子里不会有相异的意义"；"正常情况下同一个实词能够在实际交际中发挥的作用不会改变，词语化的结果也不会改变，按照篇章意义来划分词类因而同样不会出现'词无定类'情况。"

石定栩（2009）的理论出发点忽视了构式语法的相关成果。根据构式语法，构式具有独立于词汇的意义，具体词在使用中的意义是词汇意义和构式意义共同作用的结果（Goldberg 1995，2006）。所以根据使用中的词汇意义作为词类划分标准更不具彻底的可操作性。

根据高航（2009：16）对 Lanacker（1987a；1987b；1991）中语法范畴的概念基础的总结，名词和动词的分布特征不是界定这两类范畴的最终基础，而是这些范畴所具有的抽象意义作用的结果；每个词类范畴的语义典型中所体现的基本认知能力同样作用于范畴的非典型成员，所以语法范畴可以在一个高度抽象的层次上由它的语义基础来界定；一个表达式的语法范畴是由它的凸画（profile）而不是它的总体概念内容来确定的。

石定栩（2009）和高航（2009）坚持词类划分的语义标准，但是他们忽视了构式在实现词类多功能性中的作用。

针对把语义作为词类划分的标准，岑麒祥（1956：24）在谈实词划分时从普通语言学的视角指出：

……同一个意义在各种语言中也可能表现成不同的词类，例如汉语"我欠他钱"，英语 I owe him money，"欠"和"owe"都是动词，俄语 Я должен ему деньги，должен 却是形容词。若光就词义去区分它们，结果就会只分出一些概念上的范畴，而不是语法上的范畴，使所分出的词类成为超然于语法之上的东西。语法中所说的词类不是词的这样的分类。

朱德熙（1982/2007：37）用汉语的事实指出："实际上根据词的意义来划分词类是行不通的。因为表示同类概念的词，语法性质不一定相同。例如'战争'和'战斗'都表示行为，可是'战争'是名词，'战斗'是动词；'红'和'红色'都是表颜色，'红'是形容词，而'红色'是名词。"Croft（1991：38）也有类似的表述，英语中名词 motion 和动词 move 都表示动作，形容词 white 和名词 whiteness 都表示性质或品质，但它们却分属不同的词类，所以把语义作为词类划分标准直觉上很诱人，但是语义作为词类划分标准是不充分的。正因为如此，笔者同意吕叔湘（1979/2007：39）所说的"语义变化可以做为参考，不作为判断的标准"，而且坚信，随着认知语义学研究的深入，语义作为词类划分标准中的参考地位会越来越重要。由此可见，以语义为标准进行词类划分，对外所划分出来的词类不具跨语言可比性，对内所划分出来的词类存在同义不同类现象。

第二节 分布标准及其存在的问题

当前在我国无论是"功能"标准（也称为语法功能标准或句法功能标准）还是分布标准都来源于方光焘提出的"广义形态"说和陈望道补充修订后提出的'功能说'（邵敬敏2006：105；张海涛2007）。徐思益指出："'分布'指词与词的关系，'功能'指词与词的结合。而广义的形态可以说是'分布'和'功能'的完美结合。（张海涛2007：29）"

所谓的广义形态就是"词与词的相互关系，词与词的结合"（邵敬敏2006：106）。陈望道原则上赞同"广义形态"说，但提出用"表现关系"来代替"广义形态"，并获得了方光焘的首肯，但是二者是有区别的，对此邵敬敏（2006：106）指出：

......方氏强调的"广义形态"属于德·索绪尔所谓记号中的"能记"（significant）部分，而与"所记"（signifie）无关。而陈氏则认为"能记"和"所记"只是标记的"内部关系"，而"讨论文法时最有关系的是标记的外部关系，所谓外部关系就是一个标记的对于别个标记的关系。因此，陈氏的"表现关系"实际上包含"内部关系"和"外部关系"两个内容，统称"功能"。

胡附、文炼在《谈词的分类》中继承并发展了方光焘和陈望道的"广义形态说"，提出"单词形态变化不多的汉语，必须从结构上来区分，从词与词的相互关系、词与词的结合上来区分，即是说从形态学上来区分"，并且"承认句子成分功能也是广义形态的一部分。（张海涛2007：29；邵敬敏2006：174）"

朱德熙指出，"汉语不像印欧语那样有丰富的形态。因此给汉语的词分类不能根据形态，只能根据语法功能"（朱德熙1982/2007：37）；在谈到词类与意义的关系时，他指出，"词类是反映词的语法功能的类。但是根据语法功能分出的类，在意义上也有一些共同点。可见词的语法功能和意义之间有密切的联系。不过我们划分词类的时候，却只能根据功能，不能根据意义"（同上：38）。所谓的语法功能"指的是词和词之间的结合能力。例如通常说的形容词可以放在名词前头做修饰语，可以放在名词后头做谓语，可以受程度副词（"很、挺、太"之类）修饰的，等等。说得准确一点，一个词的语法功能指它所能占据的语法位置的总和。要是用现代语言学的术语来说，就是指词的（语法）分布（distribution）。（同上：14）"

陆俭明（1994：28）将语法功能进一步总结为：（1）词与词的结合功能；（2）词充当句法成分的功能；（3）词所具有的表示类别作用的功能，如是否具有指代功能，是否具有连接功能（参考陈昌来2002：718）。陈光磊（2004：80-84）在论述功能词类说时指出，功能表现为句法功能和结合功能；但是确立的词类划分标准不必要也不可能包括所有词的全部功能项目，而是要选择综合功能、经常功能、特征功能。

尽管经过几代语言学家的努力，分布/功能标准被视为最适合汉语词类划分标准，但是随着对汉语语法研究的深入，越来越多的学者意识到这一标准存在的问题。吕叔湘（1954：22）曾指出过，"结构关系指一个词的全面的、可能的结构关系，不是指它进入句子以后实现出来的一种结构关系，不是'依句辨品'。按句子成分定词类，也就是'依句辨品'，虽然有分类简便的优势，可是要走到词无定类的路上去，违背划分词类的目的"。袁毓林（1995：154）指出，"由于同一词类的词不一定共有一项/组为其他词类所无的分布特征，因而无法用几项分布特征之间的合取/析取关系作为标准来给所有的词分类和给不同的词下定义"。沈家煊（1999：247-250）在探讨词类和意义关系时指出，"纯粹按意义标准分类问题出在循环论证"，"但是，纯粹按词的语法功能或分布情况来划分词类也摆脱不了循环论证"，所以"我们选择什么样的分布标准时已经凭借意义"。

郭锐（2002：66-72）指出，"分布"有单项分布、总体分布、部分分布三种可能的情况，但是这三种分布都存在悖论。单项分布悖论是指："单项分布相同的词并不一定属于同一词类"；"属于同一词类的词不一定有相同的单项分布"；"语法位置的总数非常多……而每一个位置上能进入的词都不完全相同，若一个单项分布代表一个类，那么词类的总数也会多得多，而这些类的成员有很多又是重合的"。总体分布观问题在于，"语法位置的总数到底有多少，很难有确切的答案"；即使"可以找到一种语言中所有的语法位置，以此来划分词类，那么可以发现几乎不存在分布完全相同的词……"。正因为单项分布观和总体分布观存在上述问题，"多数学者采取的是选取部分分布特征划分词类而忽略其他分布特征的办法"。前面介绍的陈光磊（2004）的功能词类说就是这种情况，胡明扬（1996c）、王珏（2001）也采用的是这种办法。这就是部分分布观。部分分布观同样存在问题：找不到对内具有普遍性对外具有排他性的分布，"有些词具有完全不同的分布，但却属于同一类词"；无法"根据分布特征本身来回答为什么选取这些分布特征而不选取另一些分布特征作为划类标准"，"而选取不同的标准划类，得到的类也就不同"（郭锐2002：68-72）。

石定栩（2009：94）以例（1）中的例句指出，找出一个词的所有可能的结构关系最大的困难在于，如何确定在不同位置上出现的是同一个词。例（1a）和（1b）都包含了"大学生"，但是它们的句法性质并不相同。例（1a）中的"大学生"可以充当数量成分的补足语，但是例（1b）里的却不可以，所以例（1c）不能说。虽然例（1d）可以说，但是量词"个"的补足语以"目标"为中心。

（1）a. 那位<u>大学生</u>我已经见过了。

　　　 b. <u>大学生</u>培养目标

　　　 c. 那位<u>大学生</u>培养目标

　　　 d. 这个<u>大学生</u>培养目标

詹卫东（2009：70）在探讨"'词类'划分依据的是'意义'，还是'分布'"这一问题时指出，把"分布"定义为"语法成分所处的环境（位置）的总和"这种做法的实质是，"把困难转移到如何定义'环境'（句法结构）上了"；"环境"的定义和"环境范围的（尺度大小）"的确定是很难的；"如果结构的完整清单不容易定下来，那么，又如何去根据结构（分布）来定义一个完整的词类清单（满足完备性和排他性要求）呢？"

实际上分布标准的这种悖论还是源于 Bloomfield（1933）和 Harris（1946）。一方面，他们都意识到了分布标准存在的问题：

形式类（form classes）不是互相排斥的，而是彼此交叉、重合、相互包含的。（Bloomfield 1933：269；转引自 Croft 2001/2009：36）

……在许多情况下，彻底按照分布区分语素类别会相对形成大量不同的类。（Harris 1946：177；转引自 Croft 2001：36）

如果我们寻求构建一个特定类里的所有语素具有相同分布的语素类，通常我们很难获得成功。一般很少有这种情况：某些语素完全出现在其他语素出现的环境，而不出现在其他环境中。（Harris 1951：244；转引自 Croft 2001/2009：36）

另一方面，他们又分别建议：

因为这种原因，不可能为一种语言（如英语）建立完全满意的词类系统：我们的词类清单取决于那些被视为最重要的功能。（Bloomfield 1933：269；转引自 Croft 2001/2009：41）

这就意味着，我们把每个语素与它们所有出现的语境相关联，转变成了，把选定的环境（框架）与进入这些环境（框架）的语素相关了。（Harris 1946：177；转引自 Croft 2001/2009：41）

Croft（2001/2009；1991；2005；2007）将部分分布观称为方法论上的机会主义（methodological opportunism）。这种方法论上的机会主义表现在跨语言层面和同一语言内部两个方面。当出现这两种情况时：一种语言（如英语）中用来定义范畴的构式在其他语言中不存在，或者在不同语言之间存在相关构式，但是它们的分布差异很大，从而导致由它们所定义的范畴与在英语和其他欧洲语言的范畴差别很大，他们一般会选择某一种语言的分布作为标准（Croft 2001/2009：29-30）。这就是跨语言层面的方法论上的机会主义，它有两个相互联系的致命问题：没有先验的办法可以用来决定哪一个（如果有多个的话）标准更适合作为判断一个特定范畴是普遍范畴体现的依据；标准的选择看上去很像是在迎合某种先验的理论假设（Croft 2001/2009：31）。方法论上的机会主义在语言内部表现为，当多个标准不全都匹配时，只是简单的选择其中的部分（可能只是一个）标准来定义范畴，而其他不相匹配的分布要么被忽略了，要么被用来定义次类（subclasses）或复类的隶属度（multiple calss membership）（Croft2001：41）。Croft 指出，在方法论上，同一语言内部的机会主义和跨语言层面的机会主义一样，都是难以令人满意的；在同一语言内部，也没有先验的办法可以用来决定，哪些具有不相匹配分布的构式或者所有构式中的哪些构式应该被选作识别范畴的标准；这两种机会主义对标准的选用都是无原则的权宜之计，因而不是用来发现语法特征的严格的科学方法；尽管争议很大，但是语言内部方法论上的机会主义却是分析特定语言语法中广泛使用的形式（同上）。

"分布原则在汉语词类划分实践中"所"遇到"的上述"难题"，是"仍然需要在分布理论的框架下解决还是需要另起炉灶"（王洪君、汪锋 2009：1）我想现在应该对这个问题做出决定了。现在的事实是：无论是方光焘的"广义形态"说、陈望道的"功能"说，还是朱德熙坚持的"分布"观、陈光磊坚持的"词类功能"说，他们的出发点是，汉语缺乏严格意义上的形态变化。然而当前的相关研究表明，即使在有形态变化的语言中，分布标准也不能彻底解决相关问题。因为词类多功能性是部分分布观的必然结果，同时用来定义词类分布的选择具有一定的随意性，对词类多功能性进行解释的统一理论模式必然无法建立。这也是词类多功能性研究这么多年来依然难以达成共识的根源。所以相关问题有必要从普通语言学的角度予以探讨。

第三节 语用标准及其存在的问题

按照 Croft（2001/2009）对分布标准的质疑，分布标准存在两个致命问题：

（ⅰ）分布在不同语言里不是对等的，甚至有些语言有的分布在另一种语言中不存在，这些都导致分布定义的范畴不具有跨语言可比性；

（ⅱ）选择哪些分布作为词类划分标准主观性太强，没有理论基础。

Crift（2003/2008）指出，类型学上具有跨语言可比性的标准研究策略应该是（翻译参照克罗夫特2010：17，有所改动）：

（ⅰ）确定有兴趣研究的特定语义（语用）结构或情景类型；

（ⅱ）考察对这种情景类型进行**编码**（encode）的形态句法构式或**策略**（strategies）；

（ⅲ）搜寻这种情景使用的构式与其他语言因素之间的依存关系，即与其他结构特征、与该构式所表达的外在功能之间的依存关系，或者同时与这两者的依存关系。

　　根据 Searle（1969）的言语行为理论，Croft（1991：110；2007：421）提出指称构式（referring construction）和述谓构式（predication construction）是所有分布中最重要的构式。在 Austin（1962）的基础上，Searle（1969：23-24）把每次发话都执行的言语行为区分为三个层次：施事行为（illocutionary acts）、发话行为（utterance acts）和命题行为（propositional acts）。施事行为是最高层次的，就是说出这句话时，言语发出者头脑中希望它能起到的作用；发话行为是最低层次的，就是说出一系列词语或语素；命题行为处于中间层次，就是构成一个句子的两个组成部分——指称和述谓。命题行为的特性形式（characterisic form）构成了句子的组成部分：语法上的谓语对应着述谓行为；专有名词、代词和其他类型的名词词组对应着指称行为（Croft 1991：25）。

　　指称行为是用来识别实体（即言语发出者想谈论的对象）的（同上：85）；述谓行为是把某一属性归于被指称的实体的行为（同上：100）。Croft（1991：110）指出，事实上 Searle 认为把指称和述谓之间的区别视为行为可以避免许多哲学上的悖论，尤其是试图对"be wise"和"wisdom"做这样的区分：前者表示某个个体具有某一属性，后者也指同样的属性。

　　Croft（1991：111）指出，Searle 把言语行为理论应用于命题的构成成分有助于解释与名词 – 动词区分相关的一个主要词汇语义特点（primary lexical semantic features）。名词不同于动词的一个方面是，名词是零价，而动词是非零价；同样，指称行为也是零价，述谓行为也是非零价。指称关系是语言表达与其意指之间的关系，所以它本质上不涉及任何其他实体；而述谓是把某一"属性"（更广泛的哲学意义）归于某一被指实体（referred-to entity），所以它涉及被指实体。因此，述语性名词（predicate nominals）被概念化为关系（某一个体属于某一类的关系）或者具有属性特征。也就是说，述谓涉及述语和所指（referent）之间的关系：述谓必须有所指。

　　Croft（1991：111）指出，Searle 没有讨论修饰（modification），也许它是一种独特的命题行为；但是 Croft 认为，至少，修饰是仅次于指称和述谓的命题行为，或者它是介于二者之间的范畴。

　　所以指称构式、述谓构式、属性构式（attributive construction）具有分别表达指称行为、述谓行为和修饰行为的功能；通过它们各自所编码的语用功能，这三个构式形成了一个聚合体集（paradigmatic set），能够与编码其他功能的构式区别开来（Croft 2007：421）。但是，Croft（2007：421）指出，我们借助相关构式的语用功能，但是并没有放弃分布分析中的"纯形态句法"（purely morphosyntactic）标准，我们关注的依然是哪些语言单位（formatives①）出现在哪些构式中；我们所做的是，确定共享一致分布模式的那些构式和语言单位，并对这些模式进行解释。但是确定这些构式和语言单位的标准是象征的（symbolic），即这些构式和语言单位编码了什么样的意义或功能。这就是 Croft 提出的词类划分的语用标准。

Luuk（2009：2-3）也指出，既具有跨语言上的普遍性又具有科学上的严密性的名词和动词定义很少；尽管关于名词和动词定义的争论很多，但是学者们普遍认为，它们是编码了某种功能的词汇范畴。为此，Luuk 考察了有关名词和动词所编码的功能中比较具有代表性的意见（转引自 Luuk 2009：2）：

（i）主目/述语（argument/predicate）（Anward 2001; Helmbrecht 2001; Jacobsen 1979）

（ii）主目/述谓（argument/predication）（Broschart 1997）

（iii）主目/谓词（argument/predicator）（Anderson 2004）

（iv）"提名"/述谓（nomination/predication）（Ramat 1999）

（v）所指/述谓（referent/predication）（Alfieri 2007）

（vi）指称/述谓（reference/predication）（Bhat 2000; Croft 2005; Peterson 2007; Sasse 1993b）

（vii）语篇上可操作的（事件）参加者/陈述事件（discourse-manipulable participant/reported event）（Hopper and Thompson 1984）

（viii）时间上稳定的概念/时间上不稳定的概念（time-stable/non-time-stable concepts）（Givo'n 2001; Heine and Kuteva 2002, 2007）

（ix）指称事物/指称过程（designating a thing/designating a process）（Langacker 2004）

在此基础上，Luuk（2009：2）指出，上述所有功能都可以简单地归为述

---

① According to Aarts（2004b），the term 'formative' is used to describe any grammatical element, form a morpheme to a word to a larger syntactic unit. 说明：为了保证理解的准确性，本书脚注中的英文一律不予翻译。

语/主目这一基本区分；尽管后三种区分不能直接归为述语/主目区分，但是存在着这种可能性；Hopper and Thompson 描写的是语用功能（pragmatic functions），Langacker, Givo´n, Heine and Kuteva 描写的是外延功能（denotational functions），其余学者描写的是句法/命题功能（syntactic/propositional functions）。Luuk（2009：2）通过进一步考察证明，述语/主目区分这一区分在世界语言中具有普遍性，所以，他认为，应该把述语/主目区分作为区分名词/动词的标准，它们分别为动词和名词的句法/命题功能。

通过 Luuk（2009）对不同学者对名词和动词所编码的功能不同意见的比较以及它本人对名词和动词区分标准的确定，不难看出，词类划分的语用标准已为越来越多的语言学家采用。Hengeveld 和他的同事也早在1992年就提出以述谓短语中心语、述谓短语修饰语、指称短语中心语、指称短语修饰语四个句法槽位来定义动词、方式副词、名词、形容词，从而建立类型学上跨语言的词类理论[①]，但当时他们并没有说自己采用的词类划分标准是语用标准；在2010年 Hengeveld 与 Lier 合写《词类蕴涵图（An Implicational Map of Parts-of-Speech）》一文中，他们（2010：2）明确指出，Hengeveld（1992）和 Hengeveld et al（2004）划分词类所依据的实际上就是 Croft（2000, 2001/2009）所引进的术语"命题功能"。

正如 Croft（1991：109）所指出的那样，从言语行为理论区分出指称行为和述谓行为是有它自身的哲学传统的。杜加林诺夫从哲学角度也有类似的表述：世界万物可以区分三大基本类别：对象，这些对象的属性以及诸对象、诸属性之间的关系、联系（杜加林诺夫1959：30）。根据杜加林诺夫的这一观点，Croft（1991：111）提出的"至少，修饰是仅次于指称和述谓的命题行为，或者它是介于二者之间的范畴"也是有哲学根据的。杜加林诺夫（1959：31）还进一步指出，这种划分的客观性质也反映在世界上所有语言的结构中，它是语法上划分词类的基础：

……在所有的语言中，对象主要是用名词来表示的；属性是用形容词、数词和形动词来表示的；其余所有词类，其中也包括一部分动词，则表示关系。

---

① 详细内容，请参见第四章6.2.2。

大家知道，动词是表示人们的行为和对象状态的。但是要知道，人的行为也就是人与对象之间的关系，也就是人与人之间的关系（有一些表示对象状态的动词近于反映属性，这一点留待以后再讲 [①]）。（杜加林诺夫 1959：31）

程工（1998：17）指出，"词的分类远远不是语言学家的理论构造（artifact），而是人类心智特性的一种折射。"这都是笔者接受 Croft（1991）提出的词类划分的语用标准的原因。

同其他词类划分标准，语用标准主要有以下优点（Croft 2007：422）：

（i）它可以用来确定不同语言之间的对等的语言单位和构式；

（ii）功能对等，可以使我们建立适用不同语言的、有经验支持的词类理论；

（iii）功能对等为其他语言学家根据前理论直觉（pretheoretic intuitions）运用属性构式、述谓构式和指称构式来分析词类提供了理论基础。

但是坚持词类划分语用标准的学者内部也不是没有分歧。Croft（1991）所坚持的语用标准实质上是语义和语用相结合的标准（详见本章第5节）。Hengeveld 多年来也一直致力于类型学上的跨语言词类理论的建设，但是他单纯以语用标准（即命题行为功能）来界定词类，他们所建立的词类理论也被学界称为"阿姆斯特丹模型"。

Croft（2001/2009：65—67）认为，与其他词类分析模式相比，Hengeveld（1992）有明确的理论基础——功能语法，对词类系统分析的集总方法（lumping approach）[②] 进行了最详细、最系统的探讨。

Hengeveld（1992：58，另见 Croft 2001/2009：65）定义的名词、动词、形容词、副词为 [③]：

（i）动词述语是不采取其他手段只能用于述谓（predicative use）的词。

（ii）名词述语是不采取其他手段能用作指称语（term）中心语的述语。

（iii）形容词述语是不采取其他手段能用作名词性中心语（nominal head）

---

① 关于这一点，该书中没有详细的论述，而且受资料来源的限制，笔者也没有找到作者介绍这方面内容的其他著作。但是，"有一些表示对象状态的动词近于反映属性"这一观点，从另一个侧面证明词类多功能性的必然性。

② 按集总方法分析词类的学者被称为"集总派"，他们认为，名词、动词、形容词这些主要词类只在某些语言里存在，而某些语言里可能合并成一个或两个大类（Croft 2001：D17）。

③ 详细内容，请参见第四章6.2.2。

修饰语（modifier）的述语。

（iv）副词述语是不采取其他手段能用作非名词性中心语（non-nominal head）修饰语的述语。

Croft（2001/2009：65）指出，Hengeveld 定义中的述语、指称语、修饰语分别为命题行为功能中述谓功能、指称功能、修饰功能；定义中的"不采取其他手段"就是在句法和形态上不加任何标记，例如：

（2）a. the <u>intelligent</u> detective

　　　b. the <u>singing</u> detective

　　　c. the detective <u>who is singing</u>

　　　d. the detective <u>from London</u>

例（2b–c）中的修饰语或用了形态手段或用了句法手段，只有例（2a）中的 intelligent 没有使用任何其他手段，所以它是形容词。

但是 Croft（2001/2009：67–69）指出，Hengeveld（1992）的分析模式存在以下问题：

（i）在分析不同语言时，不能始终如一地贯彻既定的词类划分标准；

（ii）当同一个词位（lexeme）被用作多种功能时，没有考虑词义的变化，这是最根本的问题。

例如，Hengeveld 根据下面的语料[①] 将汤加语（Tongan）视为柔性极强的语言（Hengeveld 1992：66，Croft 2001/2009：68）：

（3）na'e 　　　si'i 　　　　'ae 　　　　akó

　　　PST 　　　small 　　　ABS 　　　school: DEF

　　　"The <u>school</u> was <u>small</u>."

（4）'i 　　　　'ene 　　　　si'i

　　　in 　　　POSS.3SG 　　　childhood:DEF

　　　"in his/her <u>childhood</u>"

（5）na'e 　　ako 　　'ae 　　tamasi'i 　　si'i 　　iate 　　au

　　　PST 　　study 　　ABS 　　child 　　little 　　LOG 　　1SG

　　　"The <u>little</u> child <u>studied</u> at my house."

---

① 本小节的缩略语如下：ABS= 通格，DEF= 限定性，LOC= 处所格，POSS= 领格，PST= 过去时，SG= 单数。

si'i 的各种用法——在例（3）中用作述谓，在例（4）中用作指称语中心语，在例（5）中用作名词性中心语修饰语——都没有形态或句法的变化，所以 Hengeveld 将其视为属于同一个词类范畴。在例（3）中用作指称语中心语和在例（5）用作述语的 ako 也没有形态或句法变化，所以也被 Hengeveld 视为同一词类范畴。这里，Hengeveld 没有考虑例（3-5）中，si'i 从 "small" 到 "little" 到 "childhood" 的语义变化，ako 从 "school" 到 "study" 的语义变化。

英语中也有类似情况，Hengeveld 却把它们视为不同的词类了，而且他还把英语词类系统视为分化型系统（Croft 2001/2009：69）：

（6）a. The school was very small.　　　[名词]

　　　b. We schooled him in proper manners.　[动词]

（7）a. The little child studied at my house.　[动词]

　　　b. I retired to my study.　　　　　[名词]

（8）a. The school was small.　　　　　[形容词]

　　　b. the small child　　　　　　　[形容词]

　　　c. There are a lot of smalls at this fair.　[名词]

所以说，尽管词类划分的语用标准具有跨语言可比性，而且还未有学者以语用标准探讨汉语的词类划分问题，但是，欲以语用标准探讨汉语词类划分问题也面临着结合汉语特点的选择问题。

第四节　综合标准及其存在的问题

根据笔者掌握的资料，最早对综合标准提出批评的是方光焘。方光焘（1997：284）在谈论词类划分标准时指出："现在一般区分词类常考虑意义、形态、功能三种标准，但三种标准是难以并重的，多标准等于无标准。由于意义不具有功能，功能只能由形态来承担，所以三种标准可以统一到广义理解的形态之中。"其实分布主义倡导者实践中所采用的"综合功能"（陈光磊 2004：82）或部分分布，也是一种微观层面的综合标准。

一般都认为《马氏文通》是依据意义来划分词类的。事实上，马建忠在给虚字分类时是从语法功能角度考虑的，在给实字分类采用的才是意义标准

（邵敬敏 2006：57–58）。实际上，黎锦熙（1992）也是既主张按意义分类又主张按成分分类。胡明扬（1996d：36）指出，黎锦熙是受当时苏联学者"词类是词汇·语法范畴"的意见的影响，但是他把"词汇"改成"词义"了。丁声树是方光焘、陈望道提出的"广义形态""结合关系"的实践者（邵敬敏 2006：173），但是在他主张词"按照性质和用法进行词类划分"（同上：163）。丁声树没有具体讲"性质"和"用法"是什么，林玉山（1986：206）指出，从他的具体分析中可以看出，"性质"指词汇意义、与其他词的组合能力；"用法"指与其他词的组合能力、词担任什么句子成分。尽管《暂拟汉语语法教学系统》在划分实词时以概念为主要标准，没有或很少运用词的结合关系等语法特点标准，但是它采用的是"词汇·语法范畴"标准，即根据词的意义和词的语法特点划分词类。

王力在旧版《中国语法理论》（1945）提出"实词的分类，当以概念的种类为根据，虚词的分类，当以其在句中的职务为根据"，但是在该书 1954 年《新版自序》中改为：首先看词和词的结合或词的附着成分结合的情况，其次在看词本身的意义来划分词类；把词类和词在句中功能直接联系起来，对词的这一活用提出区别"本用""兼类""x 词用作 xx 词"的处理方法（转引自邵敬敏 2006：118–119）。王力（1955）将他的观点进一步明确为：词义在汉语词类划分中是能起一定作用的，应该注意基本意义与形态、句法统一起来；应该尽可能先应用形态标准（如果有形态的话），形态包括构词形态和构形形态；句法标准（包括词的结合能力）应该是最重要的标准，在不能用形态的地方，句法标准是起决定作用的。

岑麒祥（1956：28）认为："汉语的词是可以划分词类的，而区分词类不能光靠一个标准"（岑麒祥 1956：28）；"目前有些人把词的次序和辅助词叫作广义形态是不恰当的"（5）；"汉语的实词虽然也有它们（欧洲的许多语言——笔者注）的形态标志，也有它们的语法范畴，但是无可否认，这些标志和范畴都有一定的限制性的……在这种情况下，我们就只能按照他们的基本意义和经常用法来确定它们的词性"（25–26）。最后岑麒祥进一步明确了他的观点，"我们同意贝尔塔盖也夫（Т. А. Бертагаев）博士在苏联关于词类问题讨论会中所说的：'区分词类的主要标准是语法的和词汇的。语法标准包括形态学和句法的标志……区分词类的最好方法是所有标志的交叉的、综合的、同时的使用（28）．'"岑麒祥（1956）经过作者修改后收入《语言学学习与研究》（中州书画社，1983），2010年又收入《岑麒祥文选》（北京大学出版社），岑麒祥将他所主张的现代汉语词类划分综合标准明确为：

　　我们认为汉语的词是可以分类的，但是不能单纯以语义为标准，因为语言学中的词类是词语法上的分类，而不是单纯一般语义上的分类。语法分形态学和句法两部分。汉语语法无论在形态上或句法上都有许多可供我们利用来做为划分词类的标准。划分词类虽然不能单纯以语义为标准，但是又不能完全不考虑以词义为分类的基础。若能把词义上的特点、形态学上的特点和句法上的特点各自的地位摆好了，使它们互相配合起来应用，那么关于汉语划分词类的问题就可以迎刃而解了。（岑麒祥2010b：49-50）

　　吕叔湘（1982）最早的时候主张把词"根据意义和作用相近的归为一类"，但实际上主要是凭借意义分类（邵敬敏2006：124）。后来，吕叔湘词类划分的观点有了很大改变：词类是根据词的语法特点来分的，因为汉语里不是所有的词或所有的实词语法特点都相同，所以汉语的词，包括实词，可以分类；词类划分要基本做到词有定类、类有定词，跨类现象会有但不应大量存在；结构关系、"鉴定字"、能否重叠以及用什么方式重叠，都可以用来划分词类，问题在于怎么配合；结构关系能照顾的面最大，应用来做主要的分类标准，但这里的结构关系不是指它进入句子以后实现出来的一种结构关系，不是"依句辨品"，因为"依句辨品"会走上词无定类的路上去（吕叔湘1954：21-22）。再后来，吕叔湘的观点又有所变化："汉语没有严格意义的形态变化，就不能不主要依靠句法功能（广义的，包括与特定词的接触）"；"用句法功能做划分词类的依据，有单一标准和多重标准的问题。单一标准当然最好，但是往往找不着理想的标准。理想的标准应该是对内有普遍性、对外有排他性（不开放性）……找不着这种理想的标准，就不得不采用多重标准，而多重标准的结果总是参差的，就有协调的问题"（吕叔湘1979/2007：28-29）。

　　Bisang（2008）通过结构概念标准（structral-conceptual criteria）证明，先秦汉语词库中的词项不能预先分类为句法范畴名词和动词，句法层面的词类的确定只能通过主目结构构式（argument structure construction），主目结构构式的特定位置使进入该位置的词项具备该位置所要求的语义解读，其中的规律是，生命度等级（animacy hierachy）高的具体词，倾向出现在名词位置，生命度等级低的抽象词既可以出现在名词位置又可以出现在动词位置，但是这一规律出于修辞需要时是可以违反的（flouting）。Bisang（2008）的结构概念标准，是综合了 Goldberg（1995，2005）的构式观、词汇层面分析和句法层面分析区别（distinction between lexical and syntactic levels of analysis）对待的观点（Sasse 1993a）、Croft 的概念空间和标记模式、Levinson（2000）的刻板印象推理含义（I[①]–implicatures）和 Evens & Osada（2005）的方法论制定的。笔者认为，综合标准探讨的出发点在于，既解决词类划分标准问题又解决词类多功能性问题。

通过前面的介绍可以看出，尽管分布标准被确立为最适合汉语的词类划分标准，但是相关学者从没有放弃过对综合标准在理论和实践中的探讨。综合各家观点，除了 Bisang（2008）外，学界所探讨的综合标准实质上是语义和广义形态相结合的各种变体，其中涉及的功能是句法功能，而且针对的是现代汉语。Bisang（2008）的综合标准涉及了语义、语用、构式、句法等方面，但是他分析的是古代汉语。古代汉语和现代汉语在词类划分上应该是有所区分的，这已是学界的共识，也是本书的出发点之一。尽管国内学者对词类划分的综合标准的探讨可能存在一定问题，甚至有着历史的烙印，但是其中的合理成分是不容忽视的：既要以功能为主，又不能忽视语义的作用。现在，问题的关键是，单一的形态标准、语义标准和分布标准都不适合作为词类划分的标准，综合标准该何去何从呢？笔者将在2.4.5进一步探讨。

第五节　本研究所采用的综合标准

需要特别指出的是，Croft（2001/2009）的"共性－类型词类理论（universal–typological theory of parts of speech）"是建立在词汇语义类和语篇功能互动（interaction of semantic class and discouse function）基础之上的（Croft

---

① I=Inference of stereotype

2001/2009：86），物体 / 指称、性质 / 修饰、动作 / 述谓这些词汇语义类和命题功能在类型学上无标记的结合体，即类型学上的原型，构成了名词、形容词、动词。Croft（2001/2009）之所以采用语义和语用相结合的标准作为类型学上词类划分的标准，是与他的构式思想分不开的。Croft（2001/2009：16，2007：422）认为构式具有象征性，编码了意义或功能。从这一点来说，Croft的词类确定标准与岑麒祥（1956：26）所指出的"按照他们的基本意义和经常用法来确定它们的词性"是一致的。

根据 Croft 的词类理论，指称构式、述谓构式、属性构式通过各自所编码的语用功能，与编码其他功能的构式区别开来，成为主要构式，用来定义词类（Croft 2007：421），词汇语义类与语用功能之间各种非自然关联（unnatural correlations）在类型学上的是有标记的（结构标记、行为标记、语篇标记）（详见第五章相关分析）（Croft1991，Croft（2001/2009）。笔者认为，非自然关联的标记除了包括结构标记、行为标记、语篇标记外，还应该把 Croft（1991：74–77，2001/2009：73）提出的非自然关联中语义变化视为语义标记（见第五章第三节）；通过结合汉语特点对 Croft（1991，2001/2009）的词类关联理论进行改造，并据此正确对待结构标记和行为标记在汉语中的表现，就可以形成解决现代汉语三大实词多功能性的理论模式；这种模式恰恰诠释了岑麒祥关于汉语词类划分综合标准——"若能把词义上的特点、形态学上的特点和句法上的特点各自的地位摆好了，使它们互相配合起来应用，那么关于汉语划分词类的问题就可以迎刃而解了。（岑麒祥2010b：50）"

笔者注意到 Rijhoff（2008）对 Hengeveld（1992）理论的补充，但是笔者认为，他考虑到了不同类型柔性词的语义特点和构式的作用，没有考虑到：

（i）语义差别达到什么程度，应该把它区分分属不同的词；

（ii）构式也是有意义的，而且它不是语义映射的附属物。

鉴于上述考虑，本书接受语义和语用相结合的综合标准[①]，作为解决现代汉语词类多功能性的出发点。为表述方便，笔者把这种标准称为 Croft 的语用标准。

---

① 汪锋（2010：62）曾提出汉语词类是一种语义 – 语用类，但是没有实践过。

第四章　基于范畴化研究的思考

对我们的思维、感知、行动和言语来说，再也没有比范畴划分更基本的了（Lakoff 1987：5）。从认知的观点来看，人们为了认识世界，必须对世界进行分类和范畴化，若没有对千差万别的现实加以范畴化的能力，人类便无法理解自己的生活环境，便无法对经验进行处理、构造和储存（赵艳芳2001：57）。范畴不仅是人类通过对客观世界进行分类所获得的各种范畴标记的意义，而且也是人类认知和思考的根本方式（陈维振、吴世雄2003：11）。

历史上我国没有形成自己的范畴理论（张岱年1989：1，谭鑫田1993：2）。但是，西方早在古希腊时期，亚里士多德就对哲学范畴进行了系统阐述，他虽然没有直接给范畴下过定义，但他在他的著作中反复阐释了他对范畴及范畴本质的认识（陈维振、吴世雄2003：8）。西方哲学的范畴学说是整个西方学术的重要基础，对当代东方的人文科学和自然科学都有极其重要的影响（同上）。两千年来，西方哲学一直承袭着亚里士多德以来的传统，然而自从20世纪维特根斯坦的"家族相似性"理论提出以来，不到一个世纪的时间里，人们对范畴化和范畴却有了巨大变化。本章将通过追踪这一变化，探讨相关研究在理论上对解释词类多功能性的启发。

第一节　范畴化、范畴及其与概念、意义、语义的关系

范畴化过程是主客观相互作用对事物进行分类的过程，其结果就是认知范畴（cognitive category）（赵艳芳2001：55）。Cohen & Lefebvre（2005）

是第一部对范畴化问题进行多角度探索的论文集，具体地说该论文集集聚了心理学、语言学、哲学、认知人类学、神经科学、认知科学等学科的成果，集中探讨了语义范畴（semantic categories）、句法范畴（syntactic categories）、范畴习得（acquisition of categories）、范畴化和范畴学习的神经科学（neuroscience of categorization and category learning）、知觉和推理过程中的范畴（categories in perception and inference）、范畴化中定景、识别及推理（grounding, recognition, and reasoning in categorization）、机器的范畴学习（machine category learning）、对范畴和本体的数据挖掘（data mining for categories and ontologies）和范畴的自然化（the natualizaion of categories）九个主题；在论文集开始，由 Henri Cohen 和 Claire Lefebvre 以"建立'范畴'分歧间的联系"（Bridging the Category Divide）为题对全书进行整体介绍。Cohen & Lefebvre（2005：7-9）指出，尽管来自不同领域的专家学者阐述范畴和范畴化的视角不同，但是大家基本上已在"视概念和范畴为对世界经验的抽象，概念和范畴是不断发展的"这一点上达成了共识。范畴是否具有普遍性和先天性一直是很有争议的话题，但是 Cohen & Lefebvre（2005：13）指出，除非极少数情况外，各方所表达的观点不再是彼此"竞争"以至于各不相同，而是各自观点大有互补的希望。关于范畴的本质，来自不同领域的专家学者认为，语法范畴可以是离散的（discrete）也可以是非离散的（nondiscrete）；语法范畴还具有多功能性（multifunctionality）（Cohen & Lefebvre2005：9-10）。范畴和概念是模糊的（vague），其表现为范畴的重合（overlap between categories）；特定范畴典型成员（exemplar）的渐变性或者说其分级的成员资格（graded membership）可能是模糊（vagueness）的一种有用形式（a useful form），因为它有助于更好地把握典型性这一思想，并可以通过标有属性值的连续统在语言范畴之间建立接口，从而不必再引入任意的非连续性（Cohen & Lefebvre2005：10）。

事物范畴化的结构直接反映在语言中，所以，认知语言学以人的经验、认知、范畴化为语言研究的出发点（赵艳芳2001：57）。关于范畴化的内涵，不同学者从不同角度给出了不同的阐释。Jackendoff（1985：78）指出：范畴化是将两个概念结构并置的结果，范畴化的能力必须要用先前的经验来解释新经验。Ungerer & Schmid（1996/2001：2）认为：范畴化是对事体进行分类的心智过程，是建构范畴的基础。Dirven & Verspoor（1998：108）认为：范畴化是从不同事体中发现相同范畴的样本的能力。（转引自王寅 2007：96-97）John Taylor 认为范畴化有两层含义：第一，人们利用语言对客观世界进行分类，这就是一个范畴化的过程，语言不仅仅是简单地映射世界，而是对世界实施范畴化时给世界强加了一个结构；第二，把语言本身当作对象，对语言进行范畴化，比如，将语言中的成分划分成元音、辅音、词素、词、句子、篇章，等等（高远、李福印 2007c：xi）。钱冠连（2001：7）认为：范畴化是人类一种高级的认知活动，人类在千差万别的世界中看到相似性，并据以对世界进行分类，进而形成概念，这样的过程就是范畴化。（转引自王寅 2007：96-97）梁丽（2007：5-6）指出，范畴化的过程包括识别或区分、概括和抽象：在识别或区分过程中，人们对属于不同类别的刺激进行区分；在概括过程中，将具有共同属性的事物归为一类；在抽象过程中，人们将某个范畴中的物体所有的共同属性提取出来。王寅（2007：96-97）将范畴化描写为：一种基于体验，以主客体互动为出发点，对外界事体（事物、事件、现象等）进行主观概括和类属划分的心智过程，是一种赋予世界以一定结构，并使其从无序转向有序的理性活动，也是人们认识世界的一个重要手段；对比和概括是范畴化过程中的两个主要手段，没有它们，一个感知就不可能成为一个范畴和概念；对比和概括这两种能力有一定的先天成分，但是体验哲学认为，它们主要是通过后天的身体经验逐步形成和完善的，因此，对比、概括、范畴化和概念化是基于体验的心智过程，人类的范畴可以依据原型进行范畴化，许多范畴主要是通过家族相似性建立起来的；既然范畴化和概念化是一种心智过程，它们像心智能力一样具有体验性、规则性、无意识性、创造力、想象力等特征（Jackendoff 1985：86）。

关于范畴化和语言的关系，除了上文 John Taylor 的论述外，Labov（1973：342）更明确地指出："如果用一句话来概括语言学研究的话，我们可以说语言学的研究就是关于范畴的研究：它研究语言如何通过将外部世界范畴化为离散的单元以及单元集合，来将意义转换为声音 [转引自蓝纯（2005：14）]。"

范畴化发展经历了从概念层面的范畴化到语言层面的范畴化的过程，二者既有区别又有联系。对此，陈忠（2006：83-89）指出，既不能将概念层面的范畴化与语言层面的范畴化断然分开，也不能将概念层面的范畴化与语言层面的范畴化完全等同起来。语言的范畴化包括两个层次的范畴化，一是语言符号所联结的"概念—语义"的范畴化，其形式大致对应于词语的意义；二是将语言符号自身作为客体对象进行的范畴化，其形式大致对应于语法范畴和语法关系。语言层面的范畴化往往是实现概念层面范畴化的途径和手段。一种语言当中范畴的总体规模总是随着认知和社会的发展而不断发展。新范畴的产生，一方面是新概念产生的结果，另一方面新概念必须按照该语言范畴化的模式和规则赋予与该语言匹配的相应语法形式。概念层面范畴化的大部分原理仍然适用于语言层面。在语言的所有层面，包括所有的语言单位，都存在原型效应，但是概念领域的范畴化原理适用于语言范畴，并不能进行逆推，在语言领域的范畴化并不一定完全等同于概念领域的范畴化原理。比如动物的属性人基本都具备，但是人的属性，动物却不一定都具备。因为人是比动物更高级的生命形式。同样，语言领域的范畴化更高级和复杂。

关于范畴化、范畴、概念、意义之间的关系，梁丽（2007：6）指出，概念系统是根据范畴组织起来的，范畴指事物在认知中的归类，概念指在范畴基础上形成的意义范围，是推理的基础。因此范畴化是范畴和概念形成的基础，范畴和概念是范畴化的结果。王寅（2007：95）进一步指出：

范畴侧重事体所划归的类属；概念主要是思维单位；范畴、概念和意义都是范畴化和概念化的结果，概念对应于范畴，概念（化）与意义（更为宽泛）基本相通；语义是概念和意义在语言层面上的反映。经典理论将范畴视为通过共同特征束来定义的固定模型，可以根据充分必要条件来描写，对意义就持客观主义观点，常采用二元对立的语义特征来描写词义。原型理论主张用"属性"这个术语，将范畴视为通过原型来定义的经验完形，范畴主要是通过成员之间的家族相似性来建构的，概念则是可用理想化认知模型，对意义来描写，对意义就持体验观和互动观，并认为语义与文化背景、百科知识密切相关。范畴、概念、意义、语义都与认知主体的主观因素密切相关。

王寅（2007：95）用图7表示了经典理论与原型理论关于范畴、概念、意义、语义的这种分歧：

范畴 ----	概念 ====	意义 ----	语义
经典范畴　用充条件	客观主义	客观主义	语义特征
原型范畴　用原型/ICM描写	体验、互动	体验、互动	属性、文化背景
		等于概念化	百科知识
指划归的类属、	思维单位		语符化
范畴化的结果			

图 7

第二节　从经典范畴理论到原型范畴理论

2.1 经典范畴理论

亚里士多德的范畴观源自他对事物本质属性和偶然特征的看法。在亚氏看来本质决定了一件事物的本身，即该事物之所以为该事物的内在原因，是决定范畴的根本属性的基本因素。偶然特征只是事物的补充说明，对事物的本质属性不起决定性作用（陈维振、吴世雄2003：19）。例如，亚里士多德在《形而上学》（李福印2008：93；亚里士多德1959：73-74；Aristotle 1960/1999）中关于"人"的论述：

　　假定"人"只有一个命意，我们称之为两足动物；限定一个命意以后：——假如"人"的命意是"X"，而A是一个人，则X就将是A之"所以为人的命意"。

　　……

　　所以任何事物凡称为人的必须是"两足动物"；因为这就是为"人"所拟定的命意。

亚里士多德提出的"人"拥有"两足"和"动物"两个必备的本质属性。如果某一个体缺乏其中任何一个属性都不可归为"人"的范畴之中；同时，它们也是"人"范畴成员的充分必要属性，若某一个体同时具备了这两个属性，那么他自然就属于"人"的范畴了（李福印2008：93）。按照这种范畴观所建立起来的范畴体系被称为经典范畴理论。现代语言哲学将其概括为（Taylor 1989：22-24；陈维振、吴世雄2003：19-20）：

（i）范畴由范畴成员共同拥有的一组充分必要特征来界定。

（ii）特征是二元对立的。一个实体如果具备了某一范畴成员的所有充分必要特征，那么它就是该范畴的成员，否则就不属于该范畴；不存在什么东西既属于又不属于某一范畴的情形。

（iii）不同范畴之间有清晰和明确的界限。

（iv）同一范畴内的成员之间的关系是平等的，不存在典型成员和不典型成员的差别，即不存在某一成员属于该范畴的程度的高低之分。

2.2 家族相似性理论

维特根斯坦的《哲学研究》是他后期思想的代表作，也是20世纪分析哲学的经典著作。"家族相似"理论是维特根斯坦在《哲学研究》中提出的语言"游戏"说的一个重要组成部分。语言"游戏"说是维特根斯坦后期哲学的重要内容，是一种反本质主义的语言哲学，被誉为20世纪语言哲学的"哥白尼革命"（陈维振、吴世雄2003：20），对当代认知语言学的产生具有革命性的影响。"家族相似性"理论就是维特根斯坦通过如何界定德语词"Spiel"的所指范围提出来的（维特根斯坦1964/2007：81-83）：

比如，让我们看一下称为"游戏"的过程。我指的是棋类游戏、牌类游戏、球类游戏、竞争游戏，等等。他们的共同特点是什么？—— 不要说："他们一定有某种共同的东西，否则它们就不会被称为'游戏'。"—— 而是睁开眼去看它们是否有共同的东西——因为，如果你去看这些游戏，你就不会看到对所有游戏来说都具有的共同的东西，而只会看到一些相似之处和一些关系，以及这些东西的系列。再说一遍：不要去想，而是去看！——比如，看看棋类游戏以及它们之间的各种关系。现在转过头来看牌类游戏，你可以在此找到许多与第一组游戏相对应的地方，但是许多相似点不见了，而其他相似点出现了。当我们再转过来看球类游戏时，许多共同点仍然存在，但也有许多共同点消失了—— 所有这些游戏都是"娱乐性的"吗？比较一下象棋和连珠棋。或者，是否在游戏者之间总是有输赢或者战争？想一想单人的纸牌游戏。球类游戏一般都有输赢，但当小孩对着墙扔球然后接住时，这个特点就消失了。看一看技巧和运气在游戏中扮演的角色；注意下棋的技巧和打网球的技巧之间的不同。现在想一想，像小孩跳圆圈舞这类游戏，这里有娱乐的成分，但是，又有多少其他的显著的特点消失不见了！我们还可以用同样的方式去考察许多其他种类的游戏，由此就能看出相似点是怎样出现又消失的。

这种考察的结果是：我们看见一个相互交叉重叠的相似关系网络；有时在总体上相似，有时在细节上相似。

我们想不出比"家族相似"更好的表达式来描绘这些相似的特征；因为家庭成员之间的各种相似之处，如身材、相貌、眼睛的颜色、步姿、性情，等等，也以同样的方式相互重叠交叉——而我想说的是：各种"游戏"形成一个家族。

维特根斯坦的语言游戏说的基本观点可以归纳为（陈维振、吴世雄2003：21）：

（i）语言是人的一种活动，它像"游戏"一样没有本质；语言"游戏"是一种简单的语言活动。

（ii）符号、词、语句有无数种不同的用途，每个语言"游戏"又只是对语言的一种使用。

（iii）语言使用的目的的多样性由语言"游戏"的多样性所决定；语言不必处处受到语法规则的限制。

Rosh & Mervis（1975：575；转引自李福印2008：95-96）进一步将家族相似性定义为：

一组形式为 AB，BC，CD，DE 的项，每一个项都同一个或几个其他项拥有至少一个或几个相同的要素，但是没有或几乎没有一个要素是所有项共有的。

维特根斯坦实际上解释了日常语词的语义范畴的下列属性（陈维振、吴世雄2003：24）：

（i）一个语义范畴的成员不是由一组共同的语义特征来决定的，而是由家族相似性所决定的，即语义范畴内的成员之间总是享有某些共同语义特征。

（ii）语义范畴的边界是开放的、模糊的、无法明确地加以界定。

（iii）语义范畴内的成员比其他成员享有更多的共同语义特征，各成员的地位是不平等的。

2.3 原型范畴理论

维特根斯坦首先在哲学领域对传统古典范畴理论提出了质疑和挑战，这种质疑和挑战同时引起了人类学家、心理学家和语言学家的兴趣和注意。Berlin & Kay（1969）的研究表明，颜色词的范畴化不是任意的，而是以"焦点色"为参照。心理学家 Rosch（1973a；1975b）和语言学家 W. Labov（1973；1978）对形状和其他物体的研究也得到了与 Berlin & Kay（1969）研究颜色词同样的结果。颜色词研究当中用来表示"典型"的焦点（focal），在术语上容易引起"中心位置"的联想，于是 Rosch（1973b）用"原型"（prototype）替代了 focal。这就是著名的原型理论[①]。（见陈忠 2006：62；赵艳芳 2001：60-63；王寅 2007：104-109；Ungerer & Schmid 2001/1996；9-10/16-17；Taylor 2003：45。）

[①] 笔者认为全面的认知语言学范畴理论不仅包括原型范畴理论和基本层次范畴理论，还包括理想化认知模型。关于原型范畴理论和基本层次范畴理论的关系，相关学者从不同角度都有论述：赵艳芳（2001：63）指出，基本等级范畴是典型的原型范畴，体现为范畴成员之间具有最大的家族相似性（完形、功能等方面），原型范畴也在基本等级范畴中得到最好的体现，即基本范畴具有明显的原型成员；蓝纯（2005）认为，原型是相对范畴内部结构而言的，而基本层次范畴是相对范畴之间的关系而言的；梁丽（2007：18）指出，原型范畴是一种横向范畴，而基本层次范畴是一种纵向范畴；李福印（2008：110）提出，原型理论是横向关系中的重要理论，而基本层次是纵向关系关注的焦点。关于理想化认知模式与范畴化之间的关系，不同学者也有深刻的论述：赵艳芳（2001：74）指出，范畴化、原型效应、语义结构都是由认知模式产生的；陈忠（2006）指出，"模式化心理（stereotype）和格式塔组织是范畴化的心理基础，而且模式化心理往往与范式模型相结合（97）……认知模式体现了范畴的组织方式以及范畴之间的关系。范畴是认知模式当中的构形（configurations）所勾勒出来的一个侧面（profile）。以特定的认知模式组织起来的认知经验的心理表征就形成范畴（105）……范畴化的途径包括隐喻、转喻、意象图式、命题模式等（131）"；王寅（2007：175）指出，"人类通过在现实世界中的互动性体验形成了基本的意象图式，也就形成了认知模型（即 cognitive model，简作 CM），多个 CM 之和就构成了理想化认知模型（idealized cognitive model，简作 ICM），CM 和 ICM 主要是意象图式。人类在此基础上进行范畴化，建立了范畴；概念对应于范畴，从而获得了概念，从而获得意义"；Ungerer & Schmid（1996/2001）将认知模式理解为大脑中储存的有关某一特定领域所有知识的表征，认为认知模式是形成概念的基础，概念及其之间的关系就构成某一认知模式（转引自赵艳芳 2001：75）；Lakoff（1987：68）指出，认知模式组织思维，并被用于范畴的构建和推理；这本书的核心内容是我们运用被称之为理想化认知模式的结构来组织我们的知识，范畴结构和原型效应则是这个结构的副产品。但是，笔者的论述根据本书需要，只介绍原型范畴理论。

对术语"原型"的理解有几种方式。我们可以将其解释为一个范畴的几个特例。这样，一个特定的人造物品可以被认为是"杯子"范畴的原型。这是原型的范例观。我们可以选择把"原型"理解为实体的一个特殊种类，这是原型的下位范畴观。这样，某种能够展示一系列范畴特性的杯子被视为范畴的原型。依据这种观点，我们可以说某个特定实体并不是原型，只是例示了原型。我们还可以把原型想象为一个更抽象的概念，即，原型是一个范畴的概念中心，它可能同任何一个特定的实例或下位范畴无关。这是范畴的抽象观。（Taylor 2003：63-64；李福印 2008：98）

结合上述定义，李福印（2008：98-99）指出，目前认知语言学界对原型范畴的阐释可以分为两大类：

第一，原型是范畴中的典型成员，是与同一范畴成员有最多共同特征的实例，具有最大的家族相似性。持这一观点的认知语言学家主要有 Rosch（1978），Brown（1990），Tversky（1990），Barsalou（1992）等学者。他们将范畴的原型视为范畴中的"最佳成员""凸显成员""中心典型成员"等；第二，原型是范畴成员的图式性表征（schematic representation），如 Ungerer & Schmid（1996/2001：39）认为"原型是范畴的心理表征，是一种认知参照点"。Taylor（2003：64）提出，"原型是一种抽象表征，是从各个实例和各种次范畴的特征抽象出来的（原文此处附有英文，引用过程将其省略——笔者注）。"同时，对于范畴划分模糊的实例，原型还可以起到认知参照点的作用（Taylor 2003：45）。另外，Lakoff（1987：68）还将原型视为理想化认知模式（ICM），这种原型正是存在于人们思维中的一种抽象表征。

Langacker（1987：371）对原型和图式（schema）进行了区分，认为原型是范畴中的典型实例，而图式是一种抽象的特征。对此，李福印（2008：99）指出，其实，Langacker 的原型观基本上属于上述第一类，而他所提出的"图式"反映了 Taylor 等人的第二类原型观，只是术语不同而已。

这样，人们可能用两种基本方法进行范畴化：依据原型代表进行范畴化，或依据图式表征进行范畴化（Taylor 2003：70-71；王寅2007：116）。通过原型代表范畴化和通过图式表征范畴化，实际上是同一现象的互补的两个方面，在前者，范畴成员以其与原型代表相似性为基础同范畴相联系；同时，两个范畴成员的相似性可以成为形成图式表征的基础，而图式表征使原型代表和范畴成员完全兼容。这样，原型代表和图示表征共存于范畴的心理表征之中。

综合 Rosch（1978），Lakoff（1987：56-57），Taylor（2003：63-69）以及 Ungerer & Schmid（1996/2001：29）的论述，李福印（2008：99-101）将原型理论的基本内容概括为：

（i）范畴内部的各个成员由"家族相似性"联系在一起，并非满足一组充分必要的条件。"家族相似性"意味着范畴中所有成员都是由一个相互交叉的相似网络联结在一起。如鸟中成员具有的特性包括：有羽、生蛋、有啄、会飞、短尾、体形小、重量轻等等，知更鸟完全满足这些特征，鸵鸟、企鹅虽然没有会飞、体形小等特征，但是它们仍是鸟的范畴成员，并具备了鸟类的其他特征，如，有羽、生蛋等。范畴成员之间的家族相似性使范畴内部构成一个连续体。

（ii）范畴边界具有模糊性，相邻范畴互相重叠、渗透。色彩范畴中，典型的红色、黄色、黑色容易被识别，但若让人们指出紫红是属于红色范畴还是紫色范畴，可能就不容易做出判断或者答案因人而异，原因在于各个颜色范畴的边界是模糊的、连续的，紫红色处于红色和紫色的交叉处。

（iii）范畴原型与该范畴成员共有的特性最多，与相邻范畴的成员共有特征最少；范畴边缘成员与该范畴成员相似的特征较少，而与其他范畴成员的共性更多（Ungerer & Schmid 1992001：29）。也就是说，不同范畴的原型之间特征差异最大。如，Rosch 实验中椅子与家具中的沙发、床、书柜、衣柜等成员共有特征最多，而与水果成员的共性最少；同时，椅子和水果的原型——苹果的差异最大。

（iv）范畴成员依据具有该范畴所具有特性的多寡，具有不同的典型性（prototypicality），因此范畴成员之间并不平等。原型是范畴内部最典型的成员，其他成员有的典型性显著，有的则处于范畴的边缘位置。例如，Rosch 的实验结果表明在鸟这个范畴中，知更鸟是最典型的成员，它具有鸟的所有特性。麻雀、鸽子、金丝雀等属于典型性较高的成员，它们与知更鸟的共同性相对较多，而鸵鸟、企鹅则处于鸟的边缘位置，它们和知更鸟共有的特性非常少。

（ⅴ）范畴成放射状结构，原型位于范畴结构的中心位置；多数范畴呈现的不是单一的中心结构（monocentric structure），而是多种中心结构（polycentric structure），即某些范畴通常具有多个原型，原型之间通过家族相似性获得联系。例如，汉语中水果范畴的成员梨、桃都是极具典型性的，都可以视为原型。

对原型理论的内容，李福印（2008：100-101）还指出，原型效应并非局限于名词范畴，动词、形容词等词类范畴同样体现出原型效应；我们通常用范畴原型的特征来定义范畴，但这种定义并不一定适用于范畴的所有成员；边界的模糊性并非范畴的决定性特征，一些范畴确实具有清晰的边界，尤其是自然范畴（Taylor 2003：69）；一些范畴确实具有一组所有成员都具备的充分必要特征，这种情况多见于某些命名范畴（nominal category）（同上）。

鉴于范畴原型不仅取决于语境，而且还受文化差异、个人因素影响等，李福印（2008：101-103）指出，范畴的原型是对范畴核心的一种动态的、实时（on-line）的心理表征，专家范畴（expert category）和民俗范畴（folk category）的区分正是对范畴不是一成不变的固定模式的体现。

王寅（2007：117-135）以表2框架对经典范畴理论与原型范畴理论进行了详细的区分：

表2

	经典范畴理论	原型范畴理论
1	特征	属性
2	特征具有客观性，范畴可由客观的充分必要条件来联合定义	不可能完全制定出充分必要条件的标准，属性具有互动性
3	特征的分析性	属性的综合性
4	特征具有二分性	属性具有多值性
5	范畴的边界是明确的，范畴具有闭合性	范畴的边界不明确，范畴具有开放性
6	范畴内所有成员地位相等	范畴成员之间的地位不相等，家族相似性、原型样本、隶属度

	经典范畴理论	原型范畴理论
7	特征是最基本元素，不可分解	不是最基本元素，部分特征还可再分解
8	特征具有普遍性	差异性，因人而异； 不同语言有不同的句法特征和语义特征
9	特征具有抽象性	不是抽象的，与物质世界有直接关系，可以是实体的、有形的、功能的、互动的
10	特征具有先天性，天赋论	属性是后天习得的，建构论

第三节　关于原型范畴理论的争论

本节主要通过对来自不同流派的语言学家对原型范畴理论所持不同观点的梳理，来探讨这种分歧的内在本质。笔者将以观点的不同展开介绍。

3.1 反对原型范畴理论的观点

Newmeyer 在《语言形式和语言功能》（*Language Form and Function*）一书用了一章的篇幅介绍了认知语言学范畴理论对句法范畴（syntactic categories）的分析。Newmeyer（1998：208）总结说：

在绝大多数生成语法模式下的关于句法范畴的经典观点面临三个主要挑战。第一个挑战认为，范畴具有原型结构，其中有最佳实例成员和系统地背离最佳实例的成员。在这种方法中，形态句法过程的最佳语法描写认为应参照范畴成员偏离最佳实例的程度。第二个挑战的假设是，范畴间的边界是不清晰的，一个范畴渐变为另一个范畴。第三个挑战认为范畴可以通过充分和必要的语义条件来定义。

但是，Newmeyer（1998：208）指出，范畴具有离散的边界，它既不是围绕着核心的最佳实例组织起来的，也不是可以用概念来定义的。经典范畴观的许多不足可以通过来自句法、语义、语用中的独自所需的原则之互动而得到最好解释。

此外，在该章附录部分，Newmeyer（1998：208–223）分析了原型构式（prototypes constructions）。他（1998：223）同样指出，句法构式与句法范畴一样是来自不同领域的独自所需的原则互动的结果，从而使原型效应失去了作用。

3.2 保留性接受原型范畴理论的观点

Aarts 属于结构语言学派。他（2007：2）认为语法是自足的，在建立语法范畴时，首先，也是最重要的是，要看分布事实；其次是语义和语用。但是他既不同意形式句法学家毫不妥协的范畴化观点，也不同意折中主义语言学家的"梯度无处不在"的观点（同上）。早在2004年，Aarts（2004：383）就提出，应该在亚里士多德范畴化和认知语言学范畴化观念中采取中间立场，这种立场允许类内梯度 [subsective gradience（SG）] 和类际梯度 [intersective gradience（IG）] 的存在，但是并不否认范畴边界是可以清晰界定的。

Aarts（2007）区分了范畴内梯度和范畴际梯度：

类内梯度涉及的是一类单一的特定语言要素或构式类型，而类际梯度涉及的是两类要素或构式类型。类内梯度允许来自范畴 a 的某一特定要素 x 比该范畴内的 y 更接近范畴 a 的原型，承认语言形式类内存在核心成员和边缘成员。与之相反，类际梯度涉及的是两个范畴：a 和 β，其中存在一组要素 γ 既呈现范畴 a 的特点又呈现范畴 β 的特点。只有当存在同时展示两个范畴特性的要素时，我们才能说，类别 a 和类别 β 有重合。但是，我仍坚持认为范畴 a 和 β 是严格界定的，不是重合的。不存在同时属于范畴 a 和 β 的要素。交叉存在于 γ 和类似 a 范畴的整套特点之间或 γ 和类似 β 范畴的整套特点之间。（Aarts 2007：79）

3.3 在质疑中发展的原型范畴理论

这里笔者将分别介绍认知语言学内部对原型范畴化的各种争议和观点。

3.3.1 理想化认知模型与原型范畴理论的再认识

I. 原型范畴理论存在的问题

Laurence & Margolis（1999：32–43）详细论述了原型理论存在的问题，

Evans & Green（2006）对其进行了简要的总结。根据 Laurence & Margolis（1999：32–43），原型理论存在四个方面的问题：

（i）素数的原型问题（the problem of prototypical primes）

典型性效应（typicality effects）不支持原型结构（prototype structure），因为即使是明确的概念也会呈现出典型效应。Armstrong et al.（1999）通过四个界定明确的概念（four well–defined concepts[①]）（偶数、技术、女人、平面几何图形）表明，根据相关成员隶属于相关概念的程度，人们仍然能自然地列出典型成员。此外，Armstrong et al 发现，根据一些标准典型性效应（standard typicality effects），界定明确的概念的典型等级（typicality rankings）与其他资料相关，尤其是与言语和范畴化的精确性相关。（详见 Margolis & Laurence1999：32）

（ii）"无知和错误"问题（the problem of ignorance and error）

原型理论无法解释在不了解或误解相关特点的情况下，我们是如何掌握某一概念的。对原型理论的这种批评的基础是，具有原型结构的概念可能错误地包括本不属于该范畴的成员，或者错误地把那些不呈现原型的特点却本该属于该范畴的成员排除在外。（详见 Evans & Green 2006：268）

（iii）原型"失踪"问题（the missing prototypes problem）

许多范畴，如"US MONARCH"（美国君主），和"OBJECTS THAT WEIGH MORE THAN A GRAM"（一克多重的物体）这样的杂质范畴，都缺少原型。我们能够描写并理解这些范畴，说明它们是有意义的，但是作为知识表征模型的原型理论无法对这种范畴予以解释。（详见 Evans & Green 2006：268）

（iv）组合性问题（the problem of compositionality）

原型理论不能对组合性予以充分解释，因为像观赏鱼（PET FISH）这种复合概念的原型通常并不是其组成概念的函数。（详见 Margolis & Laurence1999：32）

II. 理想化认知模式对原型范畴理论存在问题的处理

根据 Evans & Green（2006：278–279）的总结，理想化认知模式可以解决原型理论存在的上述问题。根据理想化认知模式，原型理论之所以存在上述

---

① The four concepts that Armstrong et al. investigated were EVEN NUMBER, ODD NUMBER, FEMALE, and PLANE GEOMETRY FIGURE. Though they didn't test the concept PRIME NUMBER, it is safe to say that this concept would exhibit the same effects（Margolis & Laurence1999：32）.

问题在于，把原型效应等同于认知表征（cognitive representation）。

（i）对于素数呈现出的原型效应问题，Lakoff 认为，这并不能说明，基于原型的认知模式理论（prototype-based theory of cognitive models）有问题，因为素数所呈现出来的这种原型效应可以通过其内在认知模式的本质来解释。整数0~9是"母数"（generators）：它们之所以在实际数字（real numbers）范畴中享有特殊地位，是因为它们是形成范畴的基础。在这个数字集合中，有能被2整除的偶数子集，有不能被2整除的奇数子集。因为一组"母数"可以以转喻的方式代表整个范畴或模型，所以包含在奇数中的"母数"可以用来代表整个奇数范畴，而在这种转喻模型中，其他奇数在该范畴中则显得不具有代表性，由此产生了典型效应，尽管奇数范畴依然是经典范畴，依然具有清晰的边界。这一事例在某种程度上说明了，不能将原型理论直接视为认知表征模式的原因。

（ii）之所以产生"无知和错误"问题，是因为把典型性效应等同于认知表征。把长有灰发、戴着眼镜、上了年纪的妇女视为 GRANDMOTHER（祖母）这一范畴的成员（也许她们不是）或者不把活泼的金发妇女视为 GRANDMOTHER（祖母）这一范畴的成员（也许她们是），源于人们对代表整个 GRANDMOTHER（祖母）这个范畴所形成社会刻板印象（social stereotype）。在 Lakoff 的模式里，这种社会刻板印象只是关于 GRANDMOTHER（祖母）这个范畴的一些认知模式中的一个理想化认知模式。根据理想化认知模式，在范畴化过程中，无论是属于该范畴的还是不属于该范畴的事例都可以得到解释。

（iii）原型"失踪"问题也是源于把典型效应等同于认知表征。根据理想化认知模式，"US MONARCH"（美国君主），和"OBJECTS THAT WEIGH MORE THAN A GRAM"（一克多重的物体）这样的杂质范畴是在已有的认知模式基础上在线构建的。理想化认知模式是相对稳定的基于反复体验的知识结构。预示这些不存在的、杂质的范畴不可能显示出典型性效应的是，其非规约性地位（non-conventional status）。

（iv）根据认知模式，像观赏鱼（PET FISH）这样复合范畴拥有独立于宠物（PET）和鱼（FISH）的范畴结构。因此，尽管观赏鱼是一种宠物、一种鱼，但是对观赏鱼（PET FISH）的体验使人们形成了"典型的观赏鱼是金鱼"这样的独立于观赏鱼（PET FISH）的认知模式。

3.3.2 范畴的动态性

I. 原型范畴理论的缺陷

在系统介绍范畴结构的经典模式（classical model of category structure）和范畴结构的原型模式（prototype model of category structure）的等级趋中性（graded centrality）、概念范畴的表征（representation of conceptual categories）和范畴化的层次（levels of categorization）的基础上，Croft & Cruse（2004：87–91）指出，原型理论存在五大缺陷——特征清单的简单化本质（simplistic nature of feature list）、"奇数悖论"（the odd number paradox）、特征问题（problems with fetures）、对比范畴（contrasting categories）、原型理论的边界（boundaries in prototype theory），其中的"奇数悖论"（the odd number paradox）实质上就是前文中所说的素数的原型问题，"对比范畴"可以和"原型理论的边界"合并。Cruse（2004：137–139）也指出了原型理论存在的五个问题——典范优度评价基础 [bases of GOE（goodness of exemplar）ratings]、范畴边界和边界效应（category boundaries and boundary effects）、成员的隶属度（degrees of membership）、复合范畴（compound categories）、语境敏感性（context sensitivity），其中的"典范优度评价基础"实质上是 Croft & Cruse（2004）指出的原型理论缺陷中的"特征清单的简单化本质"的进一步阐释，"范畴边界和边界效应"以及"成员的隶属度"与 Croft & Cruse（2004）"原型理论的边界"是同一个问题，"复合范畴"就是前文中所说的"组合性问题"，"语境敏感性"已经包含在 Croft & Cruse（2004）所说的"特征清单的简单化本质"之中。综合 Laurence & Margolis（1999：32–43），Croft & Cruse（2004：87–91），Cruse（2004：137–139）的论述，原型理论的缺陷可以概括如下几个方面：

1. 特征清单的简单化本质

尽管特定成员的归属不再依赖充分必要条件，但是凭借特征清单来判断某一范畴成员资格的做法把问题简单化了。这种过分简单化表现在三个方面（详见 Croft & Cruse 2004：87）：

（i）它不能处理语境敏感性这一现象。研究表明，成为某个范畴的最佳成员受语境参照下的判断影响（Barsalou 1987）。Labov（1973）的研究也表明，增加语境特征会影响相邻范畴的边界。

（ii）它认为典范优度（Goodness-of-Exemplar）与其所呈现的语境特征数量只是简单的相关。

（iii）它忽视了特征间的互动。事实上，某一成员所呈现出来的某一特征的作用（the effect of the presence of one feature）取决于其他特征的呈现和价值（the presence and values of other features）。

2. 特征问题（the problems with features）

特征是什么，它来自于哪里？在许多时候，特征似乎被简单地视为其他概念，而这种概念只不过是概念网络中的节点。要想使相关特征具有真正的解释力，这些特征就必须与来自非直觉、动作、目的等非语言特征系统联系起来。（详见 Croft & Cruse 2004：88）

3. 原型理论的边界

标准原型观的最大缺陷是不承认范畴边界的存在（如 Langacker），即使个别学者承认边界的存在，也很少对范畴边界感兴趣（如 Lakoff）。实际上，没有边界的范畴是没有意义的，因为范畴的基本功能是区分不同事物。经典范畴观通过充要特征为范畴确立了边界，但是它忽略了范畴的内在结构；而原型范畴观，注意到了范畴的内部结构，却忽略了范畴边界问题。对范畴的全面描写必须既重视范畴的内部结构，又重视范畴边界。（详见 Cruse 2004：138）

II. 概念范畴的动态识解

在通过 Smith & Samuelson（1997）对范畴动态本质的论述后，Croft & Cruse（2004）提出以范畴的动态识解来解决上文中所指出的原型理论存在的缺陷。

1. 范畴的稳定性、变异性及发展（Category Stability, Variability & Development）

表现为"相对永久性表征（relatively permanent representation）"的"知识（knowledge）"是不同于由"临时激活的表征（momentarily activated representation）"所构成的"知晓"（knowing）的。但是对范畴的许多研究关注的是，被认为居于"知晓"背后的"稳定表征"的结构（Smith & Samuelson 1997：161）。然而，许多实验结果表明，范畴虽然整体上是稳定（globally stable），但是在局部上存在变异（locally variable）；此外，不仅人们有能力临场创建范畴，而且范畴在个体生命的长河中是变化的（详见 Smith & Samuelson 1997：178）。所以，范畴仅仅作为精神活动（mental activity）的产物，在个体实际时间内的精神活动中，它是由人们一生的活动、刚刚过去的活动和即时输入共同作用的产物。这种作为知觉和记忆复杂过程中在线产品的范畴，具有动态稳定性、适应性和创造性。（详见 Smith & Samuelson1997：181）

2. 概念范畴的动态识解

Croft & Cruse（2004）把 Smith & Samuelson（1997）的研究成果称为"概念范畴的动态识解"，并通过这种概念的动态观（dynamic view of conepts）重新审视了范畴边界（category boundaries）、框架（frames）和范畴化层次（levels of categorization）问题。

1）范畴边界

范畴边界不是典型表征的自然结果（Croft & Cruse 2004：91）。存在模糊的范畴边界是基于这样的事实：不同被试对边界的位置会做出不同的判断，同一被试在不同情景条件下也会做出不同的判断。有关范畴边界模糊的证据是来自被试对孤立词项（isolated lexical items）的反应，而不是它们在具体语境中对这些词项的识解。根据对这些词项的反应而对范畴边界的识解，是随着语境的变化而变化的，因此没有理由认为不同的识解边界是模糊的。边界是区分不同成员是否属于某一范畴的截然分明的界限。根据范畴的动态识解，范畴边界原则上是清晰的。但是，用来识解范畴边界的知识具有程度性。我们只可能知道一系列可能的范畴边界。但是范畴边界的不确定性与范畴边界的清晰性是完全兼容的。比如，活（alive）和死（dead）的边界以及由于流产的争论引发的有关"人"的边界都只是一种不确定性，而不是模糊。这种争论实际上预设了确定性边界（determinate boundary）实质上是二分式识解。很多时候范畴边界的识解，只是用来确定某些个体是否属于某个范畴，也就是说，只是范畴的局部边界需要识解，而不是对范畴的彻底划分（complete delimitation of the category）。（详见 Croft & Cruse 2004：95）

至于成员的隶属度，标准原型观认为只有范畴的典型成员才具有100%的范畴成员资格，而其他成员则根据它们与典型成员的相似程度不同而具有不同的隶属度。但是，这种观点只有在不给范畴设定边界时才具有可能性。一旦给范畴设定了边界，某一项目（item）要么完全具有该范畴成员的资格，要么完全没有，要么属于边界成员（borderline example）。根据这种观点，隶属度概念只适用于边界成员（borderline cases）。比如，许多人认为自行车（BICYCLE）和滑板（SKATEBOARD）属于交通工具这一范畴的边界成

员。在这里，隶属度概念就具有了可操作性。自行车的隶属度高于滑板。（详见 Cruse2004：138–139）

2）框架

Croft & Cruse（2004：91）认为，相互联系的知识是一个复杂结构体；相对于简单的特征清单，框架对于作为这种复杂结构体的概念具有更强的解释力。它允许对等级趋中性这类现象进行灵活的描述。等级趋中性可以视为，一些个体成员的可感知性特征与某一范畴内理想个体成员的框架一个或多个侧面的吻合程度问题（a matter of the goodness of fit），通常有三种情况（Croft & Cruse 2004：91–92）：

（i）个体成员与框架凸显域（profiled region）融合（convergence）。比如，之所以轿车相对于拖拉机在交通工具中的隶属度高，是因为交通工具是用来在公路上行驶的，而不是用来在田间行驶的。所以轿车与交通工具的吻合程度高于拖拉机与交通工具的吻合程度。

（ii）等级趋中性涉及相关成员的传统定义，比如单身汉。在这种情况下，相关成员的理想背景域（ideal background domain）与其实际背景（actual background）之间的相似性就形成了等级趋中性。

（iii）当某一概念为一组理想化认知模式所定义时，也会导致等级趋中现象的产生，比如母亲。这里理想化认知模式表现为特征，某一成员所体现的理想化认知模式越多，它在该范畴内就越典型。

但是，在 Fillmore 和 Lakoff 那里，框架/理想化认知模式（有时为一组理想化认知模式）在某种程度上是不变的结构，与在识解中边界多变的词汇项（lexical items）具有稳定的联系。Croft & Cruse 认为，尽管与范畴边界相比，框架是相对稳定的，但是，范畴动态识解也允许对框架本身进行灵活识解。比如，对"狗"在"狗和其他宠物"中和在"狗是哺乳动物"中的不同，通过调整框架（modulation of the frame）来解释似乎比通过调整"狗"相对于框架的隶属度来解释更有说服力。（详见 Croft & Cruse 2004：95–96）

3）范畴化层次

假设范畴的层次地位是内容和内容间的关系的函数（a function of content and relations between contents），那么，不同说话人或特定说话人在不同时间不同语境下对范畴层次的识解就存在变异。范畴在范畴分类层级（taxonomic hierarchy）中的变化是对词项所指范畴不同识解的结果。（详见 Croft & Cruse 2004：95）

3.3.3 基于理论的范畴化模式

根据 Mompean-Gonzalez（2004：432），范畴化研究有两大转变：第一次是从经典范畴观转向概率范畴观（probabilistic view）、样本范畴观（exemplar view）和混合范畴观（mixed view），第二次转变是从基于相似的概念表征转向基于理论的概念表征[①]。

作为范畴化经典模式的替代理论，概率范畴观、样本范畴观和混合范畴观分别对应下文 3.3.4 中所介绍的原型范畴观、样本范畴观、混合范畴观。这三种范畴观被 Mompean-Gonzalez（2004）称之为基于相似的范畴化模式，它们共享下面三个假设（Mompean-Gonzalez 2004：432-433）：

（i）总体表征（summary representations）[②]或样本记忆（exemplar memories）可以被描写为独立的特征集（collections of features）。

（ii）概念的连贯性（conceptual coherence）是建立在相似性基础之上的。

（iii）分类是在相似性基础之上的分类。这种分类被认为是，在特征匹配的过程中对特征相似性的计算。对特征相似性的计算，是由认知系统在需要分类的实体和用来与之对比的概念表征 [总体抽象（summary abstraction）、样本记忆或两者兼而有之] 之间进行的。实体与业已储存的范畴表征所共享的属性多少是判断该实体是否属于该范畴的依据。把某实体归于某一个范畴的可能性大小，取决于该实体与该范畴表征之间的相似性阈值（threshold of similarity）。

但是范畴化研究者认为上述假设具有如下问题（Mompean-Gonzalez 2004：433）：

（i）概念表征似乎不能通过特征集得到满意的描写。

（ii）相似性这一概念似乎不具可操作性，以至不能利用它对概念连贯性进行满意描写。很难确定，一些成员究竟是因为它们相似而属于同一范畴，

---

① Radden & Driven（2007：4）提出，任何范畴都是整个范畴系统中的一部分；语言就像一个生态系统，在这个系统中，语言范畴就像生物的本质一样占据一定的生态位（linguistic categories occupy an "ecological niche" like living beings in nature）；语言范畴的特定含义是根据相邻的范畴和整个系统来确定的。新范畴的引进影响其他范畴。范畴在本质上是概念的（3）；概念域是范畴或框架在特定情形下所属的一般领域（11）；不同的范畴在框架和概念域可以形成概念化的连贯区域（9-11）。语言范畴的延伸就是概念转移，人类唤起框架和概念域的能力使得人类存储的概念范畴和语言范畴可以大大的延伸（12）；概念转移的最有效的方式是转喻和隐喻。由此可见，视范畴为语言整个生态系统中生态位的范畴观，与基于理论的范畴化模式在本质上是一致的。

② 之所以称之为总体表征在于，根据概率观，把一个新项（new item）归入指定范畴取决于它是否与对该范畴的总体概括（summary generalization of that category）足够相似。

还是由于它们属于同一范畴才相似。相似性似乎可能是概念连贯性的副产品（by-product），而不是它的决定因素（determinant）。

（iii）即使分类是基于相似性基础上的分类，但是问题在于，无法判断被确定的特点不适合概率范畴化模式、样本范畴化模式、混合模式下的特征匹配和特征相似性比较。这些模式无法解释，为什么某一概念的某些特征与概念表征相关，从而能被用于特征匹配加工，而其他特征却不能。如果没有约束机制对某些特征相关而其他特征不相关这一情况进行说明，那么相似性就成为一个毫无意义的结构体（construct）了。

作为范畴化研究的第二次转向，基于理论的范畴化模式（theory-based model of categorization）正是产生于对基于相似性范畴化模式（similarity-based models of categorization）的这种不满而提出的。它认为概念是基于"理论"而不是单纯地基于相似性组织起来（viewing concepts as being organized around "theories" instead of being exclusively based on similarity）。基于理论的模式中的"理论"是指人们对于概念特征之间和概念自身之间的相互关系和因果关系等问题所持的一套信念[①]。

与概念结构和范畴化的概率观、样本观和混合观相比，Mompean-Gonzalez（2004：434-435）认为"理论"观有三方面改进。第一，它放弃了视概念为独立的特征清单（lists of independent features）的观点。他解释了特征为什么、如何联系在一起形成连贯性概念的问题。基于理论的模式还放弃了视概念为独立的知识单元（independent units of knowledge）的观点。就像概念自身的特征一样，概念在丰富的知识结构中彼此相互联系。概念结构的理论观认为，理论不能独立于概念而存在，概念也是由其所在的理论所部分定义

---

① Mompean-Gonzalez（2004：433-434）further points out the other scholars' ideas on beliefs and "theory". According to Rips（1995），the beliefs in question may be sketchy, naïve, stereotyped, or incorrect. Therefore, theories are "any of a host of mental explanations rather than a complete, organized, scientific account"（Murphy and Medin 1985：312）. As the term "theory" is polysemous and some ambiguous in the sense being discussed, other terms like "background knowledge"（Lin and Murphy 1997），"complex knowledge structures"（Murphy 1993），"naïve theories"（Rips 1989），"intuitive theories"（Barsolou 1992），or even "mini-theories"（Rips 1995）have sometimes used to avoid possible confusions with other senses of the word "theory" in the now extensive literature on "theories". In addition, other, similar kinds of knowledge structures have been proposed by cognitive scientists, such as "frames"（e.g., Fillmore 1985），"scripts"（e.g., Schank and Abelson 1977），"mental models"（e.g., Barsalou 1992），"idealized cognitive models"（Lakoff 1987），etc.

（Murphy 1993；转引自 Mompean-Gonzalez 2004：434）的。这是与概念结构的传统理论直接对立的，概念结构的传统理论对概念的表征方式不能说明概念知识和理论知识之间的关系。Mompean-Gonzalez（2004）以"轿车"概念为例说明了这点。基于相似性的范畴化模式认为概念结构是由一组独立的特征所定义，因此轿车这一概念的特征包括"车轮""车门""车窗""铁质车体""引擎""用来运人或物"等。与之相反，基于理论的范畴化模式认为，这些特征是根据人们对轿车的背景知识（也就是说，轿车各种部件如何组合在一起形成它作为交通工具这种功能的潜在因果信念）而相互联系的（Lin and Murphy 1997：1153；转引自 Mompean-Gonzalez 2004：434）。这样，"引擎转动车轮使轿车能够行驶作为轿车的一个关键功能"以及其中的各种特征以不同的方式相互联系的这种信念就被视为与概念相关的知识的一部分，从而成为其概念表征的一部分。此外，这种知识还是更广泛背景知识结构或"理论"的一部分。根据这种观点，轿车这一概念内嵌于"旅行"（journey）理论之中。这种"旅行"理论涉及旅行要遵守的步骤这样的结构脚本（structured scenario），如"有可供使用的交通工具，坐进去，把车发动起来，开车、划船、飞行，等等，奔向目的地、停车、下车、到达目的地，等等。（Lakoff 1987：78；转引自 Mompean-Gonzalez 2004：434-435）此外，"旅行"理论还提供了概念间的适当相互关系，所以"轿车"概念就与"司机""货物""交通"等其他概念相互联系了。

第二，基于理论的模式注意到了相似性作为概念一致性的一般解释（general explanation）的不充足性。事实上，一些分类明显地与感觉到的相似性相矛盾（把海豚和蝙蝠归于哺乳动物，而不是分别归于鱼和鸟）。基于理论的模式认为，在缺少明显的相似来源的情况下，概念一致性也能实现。但是，范畴化的"理论"观不认为，相似性是概念一致性的无用决定物。关于范畴本质的潜在信念是实现概念一致性的唯一因素。范畴化的"理论"观所坚持的是，基于知识的决定物和基于相似性的决定物不是相互排斥的，而是对范畴结构和概念一致性进行彻底描写来说是同等必要的（Murphy 1993；转引自 Mompean-Gonzalez 2004：435）。

第三，基于理论的模式具体说明了概念表征的相关特点。该模式很容易地证明了为什么某些特点被选择、被表征在概念中，而其他特点却不能。一般，"理论"通过对范畴成员特征的选择、解释和整合来约束相似性（Murphy and Medin 1985；转引自 Mompean-Gonzalez 2004：435）。此外，"理论"观还承认，一旦知道了"域"的特点，定义了相似性的相关方面，特征匹配过程就可能对分类进行充分描写（Murphy 1993；Mompean-Gonzalez 2004：435）。决定某一实例是否属于某一范畴，可以归结为，决定与不同范畴相对应的哪个理论能对实例所显示出来的特征做出最好的解释（Rips 1995；转引自 Mompean-Gonzalez 2004：435）。

3.3.4 经典范畴理论与原型范畴理论的互补性

Roehr（2008）探讨了在第二语言学习（second language learning）中显性元语言知识（explicit linguistic knowledge）和隐性语言知识（implicit linguistic knowledge）的不同范畴结构（category structure）及其加工机制（processing mechanism）的问题。Roehr（2008）的研究实际上证明了经典范畴观和原型范畴观的互补性。

I. 显性语言知识和隐性语言知识及其范畴结构

1. 显性元语言知识及其范畴结构

Roehr（2008）认为显性元语言知识、显性语言知识、元语言知识是所指相同的概念。元语言知识指语言学习者有关第二语言句法、形态、词汇、语用和音位特点的显性或陈述性知识（explicit or declarative knowledge），具体包括有关范畴和范畴间关系的显性知识。元语言知识随着具体性（specificity）和复杂性（complexity）这两个变量的变化而变化（参见图7），但是它至少会涉及图式范畴或者涉及两个范畴（具体的或图式的）之间的关系。元语言知识依赖的是经典范畴化，它表现为稳定的、离散的、独立于语境的、具有清晰边界的范畴，也就是说，元语言知识具有稳定的、离散的、独立于语境的、边界清晰的范畴结构。（Roehr 2008：72/86/96）

2. 隐性语言知识① 及其范畴结构

隐性知识则指未纳入意识、不能用言辞表达的知识（ Roehr 2008：69 ）。
Roehr（2008：72）指出，基于用法模式对隐性知识的本质有四个基本假设
（ fundamental assumptions ）：

（ⅰ）人际沟通是语言的主要目标。

（ⅱ）语言为我们对现实世界的体验所塑造。

（ⅲ）语言是一般认知的组成部分。

（ⅳ）所有语言现象需要形态、句法、语义、语用来进行统一解释。

---

① Roehr（2008）主要研究显性语言知识和隐性语言知识的范畴结构及其加工机制的研究，对显性
语言知识和隐性语言知识的介绍得比较抽象，尤其是对隐性语言知识介绍的明显不足。关于显
性语言知识和隐性语言知识的定义及其特征的详细介绍可参见 Ellis（2009）有关论述。为了便
于读者理解，现择要介绍如下（ Ellis 2009：38 ）：

Explicit knowledge is conceptualized as involving primarily 'analyzed knowledge' (i.e. structured
knowledge of which learners are consciously aware) and secondarily as 'metalanguage' (i.e. knowledge of
technical terms such as 'verb complement' and semitechinical terms such as 'sentense' and 'clause') .
Implicit knowledge is characterized as subsymbolic, procedural and unconcious. These operational
definitions drew on the following seven criterial features:

（ⅰ）Degrees of awareness (i.e. the extent to which learners are aware of their own linguistic knowldege) .
This clearly represents a continuum, but it can be measured by asking learners to report retrospectively
whether they made use of 'feel' or 'rule' in responding to a task.

（ⅱ）Time available (i.e. whether learners are pressured to perform a task 'on-line' or whether they have an
opportunity to plan their response carefully before making it) . Operationally, this involves distinguishing
tasks that are demanding on learners' short-term memories and those that lie confortably within their L2
processing capacity.

（ⅲ）Focus of attention (i.e. whether the task prioritizes fluency or accuracy) . Fluecny entails a primary
focus on message creation in order to convery information or attitudes, as in an imformation or opinion gap
task. Accuracy entails a primary focus on form, as in a traditional grammar exercise.

（ⅳ）Systematicity (i.e. whether learners are consitent or variable in their response to a task) . It is predicted
that learners will be more consistent in a task that taps their implicit knowledge that in a task that elicits
explicit knowledge.

（ⅴ）Certainty (i.e. how certain learners are that the linguistic forms they have produced conform to target
language norms) . Given that leaners' explicit knowledge have been shown to be often anomalous, some
learners are likely to express more confidence in their responses to a task if they have drawn on their implicit
knowledge. However, other learners may place considerable confidence in their explicit rules. Thus, this
criterion of explicit knowledge needs to be treated with circumspection.

（ⅵ）Metalanguage (i.e. learners' knowledge of metalingual terms will be related to their explicit[analysed]
knowledge, not to their implicit knowledge) .

（ⅶ）Learnability (i.e. learners who began learning the L2 as a child are more likely to display high levels
of implicit knowledge, while those who began as adolescents or adults, especially if they were reliant on
instruction, are more likely display high levels of explicit knowledge) .

Roehr（2008：72-73）在将上述假设进一步总结为：在最一般的层面上，基于用法的模式视语言为功能的、输入驱动的现象（Bybee and McClelland 2005; Goldberg 2003; Tomasello 1998; 转引自 Roehr 2008：72 ）。

这些假设产生了两个具体的理论结果（Roehr 2008：72-73）：

（i）范畴是个过程，知识表征受语境影响并且具有原型效应；

（ii）语言构式是规约化的形式－意义结合体，这种形式－意义结合体随着具体性和复杂性这两个变量的变化而变化。

在基于用法的模式中，语言表征和加工可以通过范畴化和固化（entrenchment）这样的一般心理机制来理解，而范畴化是固化的基础。固化指通过重复激活（repeated activation）强化记忆痕迹（memory traces）；而范畴化可以定义为作为标准的结构单位（an established structural unit functioning as a standard）与初始新颖目标结构（an initially novel target structure）之间的类比。此外，Roehr（2008）指出，认知范畴具有原型效应，这种原型效应同等地适用于概念知识和语言知识。（见 Roehr 2008：73）

在此基础上，Roehr（2008：73-75）进一步指出了基于用法模式的三种范畴化方法：原型观（the prototype view）、样本观（the exemplar view）和混合观（the hybrid view）。原型观认为，概念由图式来表征，这种图式包括范畴属性和范畴属性间的关系两方面的信息。这种观念下范畴的典型成员拥有与本范畴其他成员共享的最大数量的属性和与邻近范畴成员共享最小数量的属性。

样本观认为，个人有关范畴的概念是他们所记忆的一些具体范畴成员，不存在总结性表征（summary representation）。在这种观念下，范畴化决定于样本出现频率以及样本出现的间隔时间和语境的影响。随着样本出现频率、间隔时间、语境的相互作用，有关具体样本的记忆痕迹在某种程度上被固化，从而在一定程度上变得显著（salient）、可检索（accessible for retrieval）。此外，输入过程中所遇到的样本与先前的样本可能在某种程度上相似。因此范畴成员资格经常是个程度问题，不能把它理解为界限分明的是 /非区分（clear-cut yes/no distinction），也就是说，范畴边界是模糊的，可能出现兼属不同范畴的现象。

混合观既包括基于图式的表征方式又包括基于样本的表征方式。混合观认为，所有学习开始都是基于样本的。随着输入经验的增加以及与已知样本重复相遇而造成的对这些样本的心理表征的改变，最后在实例之上产生了抽象。这些抽象实际上是图式的。构式的具体例示（specific instantiations of constructions）和不同抽象层级上的构式图式（constructional schema）并存，同一个语言模式可以具有多种潜在的表征方式。这样语言知识被表征于巨大的、具有冗余组织特点和等级结构特点的（vast, redundantly organized, hierachically structured）形式－意义联系的网络（network of form-meaning associations）中。

所以，传统的语言单位或构式在本质上是象征性的（symbolic）（Kemmer and Barlow 2000; Taylor 2002；转引自 Roehr 2008：75）。一个构式远远不是它组成部分的总和：除了它所象征的意义和它的构成成分之间的关系外，构式还具有自己的语义侧面（semantic profile）（Langacker 1991，2000；转引自 Roehr 2008：75）。例如，英语双及物图式（ditransitive schema）"[动词]-[名词短语]-[名词短语]（V）-（NP）-（NP）]"语义内涵是"转移和动作（transfer and motion）"（Goldberg 1995，1999，2003; 转引自 Roehr 2008：75）。句法、形态和词汇之间的区别是程度上的区别，而不是类型上的区别（differing in degree rather than in kind）。在具体性和复杂性这两个变量上，它们被视为如图8[①]所示的传统语言单位或构式的渐变连续统（graded continuum）（Roehr 2008：75）。

---

① As Figure 8 indicates, schematic and complex constructions such as the ditransitive [V]-[NP]-[NP] occupy the area traditionally referred to as syntax. Words such as send or above are both minimal and specific and occupy the area traditionally labeled lexicon. Morphemes such as English plural－s or regular past tense－ed are situated at the centre of the two clines, since instances of morphology are neither entirely specific nor entirely schematic; by the same token, they are neither truly minimal nor truly complex, but they are always bound. Lexical categories like [NOUN], [VERB], and [ADJECTIVE] are minmal but schematic, while idioms such as kick the bucket tend to be complex and specific in that they allow for little variation. The example kick the bucket only permits verb inflection for person and tense, for instance, and thus ranges high on the specificity scale. At the same time, the construction kick the bucket can be considered as more complex than the constructions send or above because the latter can not be broken down any furher.（Roehr 2008：75）

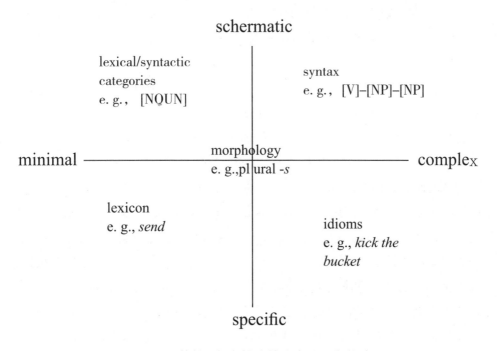

图 8 具体性 / 复杂性连续统中的语言构式

（说明：specific=具体，schematic=抽象，mininal=最小，complex=复杂，lexicon=词库，idoms= 习语，morphology= 形态，syntax= 句法，lexical/syntactic categories= 词汇 / 句法范畴）

　　如果我们把原型范畴观（the prototype view）、样本范畴观（the exemplar view）和混合范畴观（the hybrid view）统称为基于用法的范畴化，那么我们可以说隐性语言知识依赖的是基于用法的范畴化，它表现为灵活的、依赖于语境的、具有原型效应和模糊边界的范畴，也就是说，隐性知识具有灵活的、依赖于语境的、具有原型效应和模糊边界的范畴结构。（Roehr 2008：86/96）

　　II. 显性语言知识和隐性语言知识的不同加工机制及其与各自范畴结构的关系

　　显性元语言知识和隐性语言知识都随着同一对变量（具体性和复杂性）的变化而变化，但是它们在范畴内在结构和加工机制上有着质的区别（Roehr 2008：96）。根据认知心理学的研究，隐性知识按照相似性进行加工；相反，显性知识按照规则进行加工。它们各自表征的范畴结构影响各自的加工机制。这种加工机制在语言学习和运用中又反作用于这些表征。（Roehr 2008：88–89/96）

实证研究表明，基于规则的加工具有组合性（compositionality）、能产性（productivity）、系统性（systematicity）、专注性（commitment）、一致性（drive for consistency）。当较复杂的表征由较简单的成分（components）组成而意义又没有改变时，那么这套操作（operations）就具备了组合性。能产性是指这些新表征没有数量限制。当·个操作能以相同的方式应用于一整类物体时，它就具有了系统性。基于规则的加工意味着加工专注于特定类型的信息，而语境变异被忽略了。这是因为，基于规则的操作只涉及物体特征的一小部分，而物体的所有其他维度都被抑制了。基于规则的加工要求，物体特征要与适用规则所需特征严格匹配。正因为如此，基于规则的判断比基于相似的判断更具一致性和稳定性。所有这些基于规则的加工的特点与亚里士多德范畴结构的特点和元语言知识的特点是一致的，即，稳定性、离散性、缺乏灵活性、选择性（selective）和决定中的明确性（categorial in decision-making）。

相比之下，基于相似的加工涉及大量物体特征，这些特征只需与现有表征特点部分匹配就可以使范畴化成功实现。此外，与基于规则的加工相反，基于相似的加工是灵活的、动态的、开放的、依赖语境的。基于相似加工的属性是与基于用法模式下隐性语言范畴的特点完全一致的。（详见 Roehr 2008：89）

III. 显性语言知识和隐性语言知识及各自加工机制间的关系

1. 显性语言知识和隐性语言知识的关系

Roehr（2008）从实证研究和理论研究的角度探讨了显性语言知识在语言习得尤其是第二语言学习中的作用。Roehr（2008：83-84）指出，关于显性语言知识在语言学习和运用中作用的实证研究证实，元语言知识既有优点又有缺点；尽管显性知识和隐性知识是各自独立和相互区别的，但是它们又是相互作用的：语言的显性知识可以间接地促进语言隐性知识的发展，反之亦然。

Roehr（2008）以名词这一词类为例说明了两种不同语言知识之间的关系。既然所有基于用法模式下的语言构式都是形式－意义结合体，语言构式"名词"[（NOUN）]也不缺少语义内容。尽管没有具体的音位例示（phonological instantiation），但它却是在实际运用中的大量样本基础上进行抽象的结果。语言构式"名词"与现实世界中实体这样的高频例示的语义密切相关。对一般英语使用者来说，相对于较少使用的构式"沉思"（rumination）和"矛盾形容法"（oxymoron）、兼类词（dual-class words）"刷子"（brush）和"吻"（kiss），高频率的典型构式"男人""妇女"和"房子"与图式"名词"的关系更密切。凭借基于各种例示所形成的联想（association with various instantiations）、它们各自的概念所指以及运用的语境，语言图式"名词"所表现出来的范畴结构就具有了灵活性、语境依赖性，呈现出原型效应。（详见 Roehr 2008：86-87）

　　与之相对，对名词的元语言描写，依赖的是亚里士多德范畴化，它通过离散的表述（discrete statement）来定义，如，"可与冠词一起用的词"，或者"可以用来指人、地点、物、品质、动作的内容词（content word）"。元语言范畴化是基于界限分明的是／非区分的范畴化，其不考虑频率分布（语境信息）和原型效应，这一原则适用于所有元语言范畴的内部结构和构成元语言描写的范畴关系命题，不管它们是词汇语义现象、形态句法现象、音位现象，还是语用现象。（详见 Roehr 2008：87-88）

　　尽管亚里士多德范畴化在运用中有其潜在的缺点，但是，如果我们对成员资格不能做出明确的判断，我们的元语言知识在实践中几乎毫无意义。例如，为了使元语言知识信息充足（for metalinguistic knowledge to be informative），语言使用者需要果断地决定具体语言构式是否属于名词；否则，"动词需要与它前面的名词或代词在数上保持一致"这样的元语言描写就无效了。（详见 Roehr2008：87）

　　2. 显性语言知识和隐性语言知识的不同加工机制间的相互关系

　　显性元语言知识和隐性语言知识在范畴的内在结构和加工机制上是有质的不同的（Roehr 2008：96）。但是，如同显性语言知识和隐性语言知识可以相互促进一样，基于相似的加工和基于规则的加工在语言学习和运用中本质上也是互补的，它们各有自己发挥作用的领域。正如 Roehr（2008）所比喻的那样，它们只是同一问题的两个不同侧面。

　　意识性是基于规则加工的本质特点（Roehr 2008：89），但是，显性语言知识和隐性语言知识在意识性加工（conscious processing）中是相互作用的。一方面，意识性加工涉及分析推理的这种高水平的心智机能（higher-level mental faculty of analytic reasoning），允许认知成熟的个体在语言学习中使用解决问题的方法（problem-solving approach），这就意味着对显性语言知识的运用；另一方面，受工作记忆容量的限制，意识性加工在任何时候都只能考虑有限的信息。（详见 Roehr 2008：83-84）随着物体特征数量的增加和用来使显性元语言知识能够应用于不同语境的命题的潜在增长（potential growth of propositions），人们便不得不求助于基于相似的加工，因为这种加工是灵活的、动态的、开放的、适于语境变异的。具体地说，在隐性层面，信息表征于可进行并行分布加工（parallel distributed processing）的巨大联系网络之中（vast network of associations）。并行分布加工是无意识操作，它不受工作记忆限制以及显性知识表征与加工的命题复杂本质（cumbersome propositional nature）的限制，所以，基于相似的加工允许物体特征和现有表征特点部分一致就可以成功实现范畴化。此外，在更为图式的范畴层面（more schematic categories），高水平语言使用者的隐性知识不仅包括图式，还包括这种图式的例示（instantiations of this schema），所有这些都是与大量的语言和概念语境信息相联系的。相比之下，只有在被用于独立于语境的、可以用有限范畴关系描写的、高频率、完全系统的模式时，基于规则的加工才能充分发挥它的作用。（详见 Roehr 2008：90-92）

第四节　梯度范畴化的提出

对原型范畴化的种种争论激生了梯度范畴化。根据我们所掌握的资料，"梯度范畴化"这一术语最早见于 David Denison 2006 年的《限定词系统中的范畴变化和梯度》一文，原文是这样说的，"关于'梯度范畴化'在限定词（形成）史上的作用，我将给出四条不同证据（I will give four separate pieces of evidence that gradient categorization has played a part in the history of determiners.）"。该文探讨的是英语中形容词和限定词之间的梯度。

Ralf Vogel 2008 年在对 Bas Aarts 的《句法梯度：语法不确定性的本质》（2007）一书进行述评时指出，"不过 Bas Aarts 关注的却是'梯度范畴化'——一个自从 20 世纪 70 年代在理论语言学几个领域都很流行的话题（Bas Aarts focuses instead on gradient CATEGORIZATION —— a topic that has been popular since the 1970s in several branches of theoretical linguistics.）"。Aarts（2007）是一本第一次对句法中的梯度现象（也被认为是语法的不确定性）进行了全面考

察著作，它涉及了英语词类、短语、小句、构式定义和区分问题。

　　"梯度范畴化"不是抛弃既有的理论另起炉灶，而是为了更好地解释语言中的梯度现象充分吸收相关理论成果。尽管语言梯度的研究具有悠久的历史，但"梯度范畴化"仅仅是最近的事情，因此它还没有一个明确的内涵。在3.7部分，笔者将根据各家对"梯度范畴化"的理解和运用对它进行明确的界定。

第五节　梯度与相关概念的关系

5.1 梯度的含义

　　Aarts（2004b：1）指出，"盛行于描写语言学和认识语言学中另一种观点认为，语法中范畴模糊（categorial vagueness）无处不在，这种范畴模糊在更多的时候被称为'梯度（gradience）'。如果按照模糊追溯梯度的研究，最早可以追溯到古希腊的亚里士多德和梅加拉学派的尤布利德斯（Eubulides of Megara School）。针对亚氏的非此即彼的二值逻辑，尤布利德斯提出了著名的连锁推理悖论（Sorites Paradox）。Aarts（2004a：345）指出，尽管亚里士多德的范畴化系统是严格的基于"是或非"的，但是他似乎的确考虑到了梯度，甚至原型概念（具有事物的更多本质）的可能性。这一点可以下面这段来自《形而上学》的论述中看出来：

　　又，一切事物尽可以"如是与不如是"，在事物的性质上，仍有过与不及的差别存在，我们绝不该说二与三同样地是偶数，也不能说一个误四为五的人，与一个误八为千的人，其误相等。若说他们所误不等，则那个误差较小的，应是离真实也稍近些。假如一事物于某一事物的性质多具备一些，这总该是较接近于那事物。若说这类差别未足为真理之征，可是认清这些差别，我们总找到了较肯定而更接近真理的事物，我们毋宁抛弃那拖泥带水的教义，免得妨碍大家思想上常有的判断能力。（亚里士多德：80-81）

　　Fanselow et al（2006：1）指出，尽管对梯度研究的兴趣的增加可能是新近现象，但是对梯度的思考甚至见于生成语法的第一部专著——Chomsky（1955）：

对句法原则不同类型的违背并不总是导致对不合语法性（ill-formedness）的相同认识。违反短语结构基本规律的句子（如：Man the saw cat a, Geese live in happily）看起来比只违反选择限制的句子（如：John frightens sincerity）更糟糕。这种主观的判断已在对照实验中得到确认（见 Marks 1965）。这说明是否合乎语法确实存在程度问题。（转引自 Fanselow et al 2006：1）

而且，Chomsky（1955）在其早期的语法模式中包括了对语法性的程度的分析（同上）。

梯度这个术语是由 Bolinger（1961a; 1961b）首先提出的，Bolinger（1961a; 1961b）是关于这个话题的最早的详细著作 / 文章（Fanselow et al 2006：1）的撰写者。Bolinger 认为，与传统的结构主义所论断的以及其方法论所暗示的相反，语言范畴往往存在模糊边界，而且界定明晰的范畴也经常不得不为非离散等级所取代（同上）。根据 Bolinger（1961a: 13），有两种连续统：无区别性的（undifferentiated）和区别性的（differentiated）。无区别性连续统指连续空间的现象是均质的（homogeneous）；区别性连续统指连续空间的现象是非均质的，但具有某种比率函数（some function of RATE），例如：一端的密度（density）为1，另一端的密度为10，在55% 节点上的密度为11 / 2。无区别性连续统在语言上体现为音长（length）和音调（intonation）；Bolinger 给出的区别性连续统的例子是 Put them away yet? 梯度在语言学文献中经常被默认为无区别性别现象（Aarts 2004b：6）。Bolinger 确认了语法不同领域梯度现象，如语义歧义，句法混合，以及语音实体中的梯度现象，包括音强、音长等（Fanselow et al 2006：1–2）。

在20世纪70年代早期 Lakoff（1972; 1973）发展了模糊语法，在 Lakoff（1987）中相关研究达到了顶峰（Aarts 2004a：364; Aarts 2007：58），Lakoff（1987：71）认为，梯度是"一种简单的原型效应（a simple kind of prototype effects）"。梯度在 Quirk 学派中起了重要作用，尽管它主要体现在 Quirk et al（1972）和 Quirk et al（1985）这两部著作中（Aarts 2004a：371–372）。Quirk et al（1985：90）认为"梯度是描写两个范畴（如两种词类）之间异同程度的一个级差。在级差两端是清楚地属于不同类别的项目；在级差的中间位置则是一些"中间"项目——即一些程度不等地不能满足一类或另一类标准的项目（夸克等1989：118）。Aarts（2004a：372；2007：66）指出：

对 Quirk 等人来说，梯度在语法中普遍存在，不仅存在于形式范畴与功能范畴中，如：主动词和助动词（main and auxiliary verbs）、介词和连词（prepositions and conjunctions）、主动句和被动句（active and passive sentences）、附加成分和修饰成分（subjuncts and adjuncts）、主语补足语和限制性修饰语（subject complements and restrictive adjuncts），同时也存在于语义范畴中，如：外在情态和内在情态（extrinsic and intrinsic modality）、静态意义和动态意义（stative and dynamic meaning）等。通常范畴间的梯度只是通过带有semi-，quasi-，pseudo- 等前缀予以暗示。

尽管上述学者的研究都直接或间接涉及了梯度现象，但是他们对"梯度"的界定还不明确，而且研究范围也十分有限。例如，梯度在 Quirk 学派中固然起了重要作用，但是他们不仅没有给梯度概念确定准确的定义，而且也没有给出对梯度的原则性描写（principled account）（Aarts 2004b：2-3）。针对梯度当前研究现状，Aarts（2004b：2-3）指出，尽管语言中的连续现象（continuous phenomena）在许多领域受到越来越多的关注，但是大多求助于"原型"这一概念，而且对更狭义句法领域的梯度现象关注不够；尽管，Taylor（1995；1998）[①] 对语法现象有所涉猎，但事实上，他对模糊的研究只限于一个维度，即，范畴内的模糊。

Aarts（2004a：343）认为，梯度是"语言中连续现象的统称，从语法层面的语法范畴到语音学层面的声音都存在这种连续现象"。Aarts（2007：34）将梯度定义为"两种语言形式范畴 α 和 β 之间边界模糊的现象，其中某些元素清楚的属于 α，另一些毫无争议的属于 β，而第三组元素处于两种范畴之间的中间位置"，而且他还把梯度区分为类内梯度和类际梯度（79）。此外，

---

① Taylor（2003）涉及的也只是范畴内模糊。

Aarts 还将之称为"范畴的不确定性"（categorial indeterminacy）（4）、"某种程度上的范畴灵活性"（a certain degree of categorial flexibility）（34）、"（察觉到的）范畴和语言系统间的交叉 [the（perceived）interlacing of the categories and language system]（Aarts 2004b：5）"。Vogel（2008：505）将梯度归纳为"来自实验或语料研究的梯度资料以及开发反映这种实证梯度模式的任务（gradient DATA from experimental or corpus studies and the task of developing models that reflect this empirical gradience.）"。尽管各位学者对梯度定义的角度不尽相同，但是实质相同：梯度就是吕叔湘（1979/2007）所说的语言中的"中间状态"，或者说"中间环节"（严戎庚 1987；宋玉柱 1988）、临界现象（邹韶华 1995）、范畴的不确定性、范畴的灵活性；而且根据 Bolinger（1961a），我们可以清楚地看到：梯度是连续统的一种。此外，还有一种可接受性或语法性判断的不确定性（indeterminacy in the area of acceptability/grammaticality judgements），Aarts（2007：4）称之为"梯度的一种完全不同的表现"，Fanselow et al（2006）关注的主要是这方面的语法梯度情况。本书主要探讨在词类中体现"范畴灵活性"这种狭义的梯度，只是在必要时涉及表示"可接受性或语法性判断的不确定性"这种广义的梯度。

5.2 梯度与模糊（fuzziness/vagueness）

Aarts（2004a：365–366）指出，"vagueness"这个术语可以用来指"中心部分（core）""边缘部分（periphery）""概括（generality）"和"梯度（gradience）"等概念，所以他说"'categorial vagueness'经常被称为梯度（2004b：1）"。由此可见，"vagueness"是梯度的上位概念。

伍铁平（1999：118）指出，"札德用了 fuzzy 一词修饰他所提出的模糊集合、模糊逻辑和模糊数学。也许他是故意用这个词，而不用哲学家早已用开了的、含有多重意义的 vague，以便赋予 fuzzy 一词更强的术语性"，"模糊具有梯变（gradience，有人译为"渐变"）的特点（103）"。由此可见，"vagueness"的内涵要大于"fuzziness"；"fuzziness"的内涵要大于梯度。

Zhang（1998）指出，应该严格区分英语里的"vagueness"和"fuzziness"："fuzziness"应该指指称边界的不确定性，而"vagueness"应该指某一表达具有不止一种"相互有联系的解释"这种属性。刘江（2003）曾经在 Zhang（1998）

和伍铁平（1999：122-124）基础上提出，应该把 fuzziness 翻译成"模糊"，把 vagueness 翻译成"含糊"。但是从国外有关文献对"vagueness"的实际使用来看，它既可以指梯度也可以指"fuzziness"；而对"fuzziness"的使用，确实像伍铁平（1999：118）所说的那样，为了表达"更强的术语性"而做出的一种选择。所以本书对"vagueness"和"fuziness"在翻译上不再做区分。但是，我们必须清楚，当我们说梯度是指"范畴的模糊性"，这里的"模糊"严格地说应该指"fuzzy"。例如，Aarts（2007：90）指出："从句法这个角度看，他们（梯度模式的支持者）既关注类内模糊（intracategorial fuzziness）和类际模糊（intercategorial fuzziness）。"

5.3 梯度与范畴化

无论是在语法研究中的描写方法、理论方法，还是认知方法中，范畴化都是居于核心位置的一个概念。所有语言学家都接受的是，不假定语法范畴表现为某种形式，语言学是无法研究的；语言学家有争议的问题是范畴的本质：它们是像经典的亚里士多德传统所认为的那样离散的呢，还是像最近所争论的（尤其是认知语言学家）那样，范畴边界是模糊的呢？（Aarts et al 2004：1）

上文笔者已经提到，梯度是两种语言形式范畴 α 和 β 之间边界模糊的现象，其中某些元素清楚地属于 α，另一些毫无争议地属于 β，而第三组元素处于两种范畴之间的中间位置 Aarts（2007：34）。由此可见，范畴化和语言梯度研究是紧密相关的。而且，到20世纪末，原型这一概念越来越多地应用于语言范畴和实体（Aarts2004a：374）。但是从二者研究的历时发展来说，范畴化研究和语言梯度研究又是相对独立的，这一点可以从 Aarts（2004a；2006）的研究中清楚地看出来，当 Bolinger（1961a）把梯度引入语言领域进行研究时，认知语言学的范畴化理论还没有正式提出来。

从研究内容上来说，语言梯度的研究与原型范畴化理论的研究具有不可分割的联系，但是二者依然存在重要区别。这里笔者围绕着 Aarts（2007：87-90）对二者关系的探讨，介绍一下它们的关系。

I. 梯度主要是一种语法现象，可以仅从语言成分及其配置（linguistic elements and their configurations）的角度对其进行研究。与此相反，原型理论则更多关注概念和现实世界物体的范畴化，因此，原型理论还有语言学之外的含义。这里 Aarts 进一步指出了现实世界物体范畴与语法范畴间三个方面的区别：

（i）现实世界物体是外在的客观存在，而语法则不然。如果被问及椅子的典型特征，被试很容易根据他印象中典型的椅子形象，列举出椅子的诸多特征。但是，被试对语法范畴的心智表征（mental representations）不同于对三维物体（three-dimensional objects）的表征。这一点可以通过这样的事实阐述清楚：在实验中让被试对诸如 "英语形容词的典型特征是什么，happy（幸福的）、ill（有病的）、和 ultimate（最后的）三个形容词中哪一个是最典型的形容词" 的问题做出判断是没有意义的，因为大多数人不知道什么是形容词，更谈不上形容词中的典型成员是什么样的、如何使用了。对于现实世界的物体，我们可以证明原型所起到的作用，但不能用这种办法确定原型语法概念的存在。与语法实体不同，现实世界的物体不以它们造成的原型效应为存在前提。

（ii）现实世界范畴与语法范畴之间的第二个区别与用来定义原型的属性的本质有关。用来描述语法范畴的属性是相互关联的，而用来描述椅子的属性则是它本身所固有的。以语法形式类（grammatical from classes）为例：根据它所属的抽象句法框架的本质（nature of the abstract syntactic framework），我们可以说某一项（a particular item）属于某一类或是其他类；我们把特定要素（a particular element）归于某一类 [比如形容词（定语 / 谓语位置、等级性等）]所依据的属性本身是句法框架的一部分。然而，使椅子成为椅子的具体属性并不取决于其所属的任何高层次系统，相反，它只是物体自身本质（nature of the object itself）的一部分。

（iii）在实验中被试对三维容器（如：茶杯，酒杯）的典型性所做出的判断可能会受到语外环境的影响，但语外环境对语言要素归类不起任何作用。

尽管概念范畴和语法范畴之间存在着上述区别，但就不同语法要素所表现出来的更多或更少的其所属类的特点而言，语法原型这种提法还是有意义的。（Aarts 2004b：26-27）正如 Aarts 所指出的那样，这里他接受了 Taylor 的观点：

概念范畴结构与语法范畴结构之间存在着明显的平行关系。就像概念范畴 "鸟" 中既有核心成员，也有边缘成员一样，语言范畴 "名词" 中也有代表性

成员与边缘成员。(Taylor 2003：202)

II. 就所谈及的语法成分而言，提倡原型理论的语言学家认为应主要从两个角度对其进行范畴化：句法视角和语义视角，且后者更受重视。梯度模式的支持者承认句法与语义之间存在依存关系，但是，句法应该是主要的起点。

III. 原型理论主要研究范畴成员的内部模糊，而梯度模式的支持者则既关注范畴内的模糊又关注范畴间的模糊。

可见，正如 Aarts 所言，梯度涉及的范围远大于原型理论。而且 Aarts（2007：90）认为，语言范畴，以及语言范畴内部及其相互间可观察到的原型效应，不过是语言理论化的人为描述的产物（descriptive artifacts of linguistic theorizing），不能无条件地把原型概念简单地从认知范畴领域转用于语法领域，所以，他在自己所有的著作或文章中坚持使用梯度。下面的引文充分反映了 Aarts 这种观点：

用 Taylor 的术语，尽管现实世界物体与语言范畴之间存在平行关系，但是，在语言现象中观察到的原型效应，就像范畴本身一样是人们强加给材料的……据我所知，语法范畴中的原型效应还没有像 Rosch 那样通过对现实世界中的范畴进行的实验予以证明。因此，我们必须慎重，不能无条件地把原型概念简单地从认知范畴领域转用于语法领域。在讨论语言范畴化的著述中，这一点常常被忽略。这也正是谈论语法模糊时使用这一术语的主要动因。(Aarts 2007：90)

第六节 梯度范畴化的争论与应用

6.1 关于梯度范畴化的争论

对梯度范畴化的争论是 Croft（2007）针对 Aarts（2004b）提出的质疑。当然，这种争论是围绕着梯度范畴化的实际应用进行的，也就是说，这种争论是建立在应用基础之上的争论。

6.1.1 亚氏范畴观和"梯度无处不在"观之间的妥协立场

由于既不满意于激进主义范畴化者（radcial categorisationists①）的观点又不满意于"梯度无处不在"的语言学家（"gradience-is-everywhere" linguists）的观点，所以，Aarts（2004b：3）采取了妥协的立场，既承认梯度，又承认范畴具有明晰的边界。Aarts（2004b：3）认为，如果把语法描写视为语法组成方式的系统化、理想化的表征，那么，梯度是任何范畴系统（categorial system）不可否认的特征，语法描写当然也不能回避语言梯度的存在。它存在于语言分析的各个层面——从语音学、形态学和词汇层到句法学和语义学层（同上：6）。但是，在承认语法形式类（grammatical form classes）之间存在交叉的同时，语法形式类应该被严格界定（同上：3）。如在本章第三节所指出的那样，Aarts 认为存在两种梯度：类内梯度和类际梯度。他对这两种梯度提出了直觉上简单而优美的形式化方法（intuitively simple and elegant formalization），即，用形态句法标准（morphosyntactic criteria）：通过估量（weighing up）它们自身所具有形式类特点（form class features）来确定某一形式项（an item）是属于某一特定的类别（class），还是属于相邻的类别（neigbouring one）。例如：

（1）a. <u>Brown's deft painting of his daughter</u> is a delight to watch.

b. <u>Brown's deftly painting of his daughter</u> is a delight to watch.

c. I dislike <u>Brown's painting of his daughter</u>.

例（1a）中的 painting 具有五个名词特征：带有限定词所有格、带有形容词修饰语、以 painting 为核心的短语占据典型的名词位置、带有介词短语构成的补语、能够被限定性关系从句修饰（如，Brown's deft <u>painting</u> of his daughter that I bought is a delight to watch）和一个动词特征（即带 ing 词尾）。例（1a）中 painting 具有的名词特征的数量和动词特征的数量对比决定它是具有动词特征的名词。例（1b）中的 painting 具有两个名词特征：带有限定词所有格、以 painting 为核心的短语占据典型的名词位置（主语位置），和六个动词特征：带有动词词尾 ing、有名词短语作宾语、被方式副词修饰、能被 not 修饰、斜体部分能够转化为被动态（<u>His daughter's being deftly painted by</u>

---

① They refer to most linguists working in formal syntactic frameworks（Aarts 2007：2）. They hold unyielding views about categorization（同上：2），i.e. Aristotelian theory of categorization（同上：11）.

Brown is a delight to watch.)、可加助动词 have（Brown's having deftly painted his daughter is a true feat. ）。例（1b）中 painting 具有的名词特征的数量和动词特征的数量这种对比决定了它是具有名词特征的动词。例（1c）中的 painting 只有一个名词特征，即以 painting 为核心的短语占据典型的名词位置，却有七个动词特征：带有逻辑主语（如果把 Brown 替换为代词，该代词必须是宾格形式）、带有动词词尾 ing、有名词短语作宾语、能够被方式副词 deftly 和否定副词 not 修饰 [其既不能被 deft 修饰（*Brown deft painting of his daughter）也不能带有介词短语补语（*Brown painting of his daughter）]、可以转化为被动态（I dislike his daughter being painted by Brown. ）、可加助动词（I dislike Brown having painted his daughter. or I dislike Brown having been painting his daughter. ）。同理，例（1c）中 painting 动词特征数量与名词特征数量对比说明，它是动词。（Aarts 2004b：17–18; Aarts 2007：210–211）

Aarts（2004b）主要分析了词类（名词、形容词）、名词短语和相关构式中的类内梯度以及词类（副词、介词、连词）、相关短语和构式中的类际梯度。通过对具体实例研究表明，Aarts（2004b）认为，类内梯度是语法中普遍存在但对语法无害的特征，类际梯度则不常见，而且纯粹的混杂（true hybridity）不为任何语言系统所容忍（Aarts 2004b：3）。

6.1.2 超越亚氏和梯度

I. Croft（2007）对 Aarts（2004b）的批评

Aarts（2004b）认为范畴是有边界的，属于同一范畴的语法单位（formatives[①]）在语法行为上存在变异。尽管同意 Aarts 这一观点，但是 Croft（2007：411）指出，对于语法范畴为什么是界限分明的，Aarts（2004b）没有提供证据。根据 Aarts（2004b：7; 18），例（2）和（3）中的 thin 和 utter 毫无争议是形容词，（4）中的 painting 明显是名词。

（2）a. a thin man

b. he is thin

c. very thin

d. thin /thinner/thinnest

---

① Arts uses the term "formatives" to describe any grammatical element, from moepheme to a word to larger syntactic unit.（Croft 2007：428）

（3）a. an <u>utter</u> disgrace

  b. *the problem is <u>utter</u>

  c. *very <u>utter</u>

  d.* <u>utter/utterer/utterest</u>

（4）a. some <u>paintings</u> of Brown's

  b. Brown's <u>painting</u> of his daughters

  c. The<u>painting</u> of Brown is as skilful as that of Gainborough.

  d. Brown's deft <u>painting</u> of his daughter is a delight to watch.

但是，这些成员资格的判断对"梯度无处不在"的理论家来说，不是"明显的"和"毫无争议的"，需要说服他们的是，清晰的边界范畴是存在的。要说服他们，就要为他们提供论据。但是，Aarts（2004b：42）只是在脚注中指出："'utter'出现在定语位置上的这一事实是将它归于形容词类的充足理由。也就是说，定位位置是确定形容词成员资格的充分条件。Painting 明显是名词的理由在于：在例（4a）和（4b）中，它有复数词尾；在例（4c）中有介词补语；在例（4d）中，有前置形容词（premodifying adjective）。也就是说，特定的句法特征在此被当成了判断范畴成员资格的充分条件。

Croft（2007）指出，Aarts 的论证模式是：找到范畴判定所需的分布特征，或者提供你所寻找的范畴边界。但是，这种论证方法存在一个深层次的问题。Aarts 把梯度纳入其语法范畴模式的理由是，形式类的成员不具有相同的分布潜能（distributional potential）。分布潜能是语法单位所出现的不同分布语境。这些分布语境就是用来定义形式类（语法范畴）的标准。其实，这些形态句法标准就是构式语法（construction grammar）中所谓的构式（Croft 2007：412-413）。按照 Aarts 的逻辑，词类的数量取决于哪一个构式被当作判断词类的标准。语法单位的分布存在很大变异（great variation），但是 Aarts 选择一个特定的构式作为词类的判断标准，而与其他构式分布（constructional distributions）不符的就用类内梯度和类际梯度来处理。Aarts 的选择在本质上是任意的，这是方法论上的机会主义（methodological opportunism）的论证形式。从跨语言角度来说，问题就更严重了。跨语言中存在更多的变异，因此更难把同一标准应用于不同语言中。如果在不同语言中使用不同的构式，我们就没有理由说：在不同语言中确定的范畴具有同一性，同一语法范畴跨语言有效，因此，它对句法理论也有效。Aarts 坚持认为亚里士多德范畴有存在必要的原因是：为了使语言描写成为可能，一定程度上的理想化是必要的，这样可以对我们在特定语言和跨语言中所面临的丰富的语言事实进行解释。但是，Croft 指出，亚里士多德范畴的理想化与分布事实中大量变异是不相容的，引入梯度只不过是为拟补错误的语法范畴模式所存在的缺陷（Croft 2007：418）。

Aarts 的语法梯度模式被 Croft 视为关于语法范畴的定量方法。Croft（2007：419-420）指出，关于语法范畴的定量方法和语法范畴的亚里士多德模式的真正问题是，它们既没有注意到用来判断范畴成员资格的实际构式（actual constructions）[对亚里士多德范畴来说（for Aristotelian categories）]，也没有注意到成员资格的好坏（goodness of membership）[对梯度来说（for gradience）]。在语法梯度的定量模式中，最重要的是语法单位可以进入多少构式中，而不是它们是哪些构式或者为什么会是这些构式；在语法范畴的亚里士多德模式中，最重要的是，存在一个构式支持范畴，而不是它是哪个构式或者为什么是这个构式。

Croft（2007：420）指出，语法学家的真正工作（the real work for the grammarian）和探索语法本质的真正关键（the genuine key to the nature of grammar）在于，描写语法单位与其所出现的构式间的实际关系，弄清楚为什么它们以其表现出来的方式变化。关于语法范畴的正确观点不是"梯度无处不在"，而是"变异无处不在"（variation-is-everywhere）：语言内部相同和不同构式中不同语法单位的分布格局的变异和不同语言中对等的语法单位和对等的构式分布格局的变异。Croft（2007：420）进一步明确指出：

说话者实际掌握的她所操语言的语法模式是，这种模式规定每个语法单位具有什么句法特点，也就是，每个语法单位能出现在哪些构式中，不能出现在哪些构式中。一旦具备这种语言知识，梯度就没有必要了，因为它是（语言运用中）副现象。对于亚里士多德范畴同样如此：说话者实际上掌握的她所操语言的语法模式规定，每个语法单位能出现在哪些构式中，不能出现在哪些构式中；一旦具备这种语言知识，亚里士多德范畴也不需要了；你所设定的任何亚里士多德范畴（无论是基于引发的一般构式还是基于你所选择的任何其他构式）仅仅是（语言运用中）副现象。

Croft（1999; 2001; 2004）在激进构式语法（Radical Construction Grammar）中所提倡的就是这种方法。在激进构式语法中，用来定义范畴的构式可以简单归结为：它们是语法表征（grammatical representation）的基本单位，它们界定出现在构式中的语法单位的范畴类型。因此，特定的构式和构式中担当具体角色的语法单位之间复杂变异的分布关系应该是关注的焦点（Croft 2007: 420）。

II. 激进构式方法下的语法范畴

在激进构式语法对词类的分析中没有 Aarts 为特定语言语法所设想的那种亚里士多德式语法范畴，有的只是语言中每个构式和构式角色（constructional role）的范畴。这些属于特定构式的范畴的边界是清晰的，也就是说，什么能或者不能充当相关构式角色，可以进行明确的判断。但是，这并不能导致一小部分不相容的词类的存在；相反，存在的只是表示各种不同分布行为的语法单位的范畴的交叉。（Croft 2007: 421）

在 Aarts（2004b）那里，属性构式和指称构式分别是界定英语中形容词和名词的首要构式（同上）。在激进构式语法中，因为指称构式、属性构式与述谓构式分别编码了指称、修饰、述谓这三种语用功能，而一起被视为界定语法范畴的标准（同上：421–422）。但是，语法单位的不同语义类能执行不同的功能（同上：423），例如，例（1a）或（1b）中，动作能用于指称，在例（5）中，性质词用于述谓：

（5）He is <u>thin</u>.

在例（6）中，物体词能用作修饰语：

（6）a <u>jewelry</u> box

所以，Croft（2007: 423）指出，语法单位的语义类（semantic class of formative）与它在不同命题行为构式中的角色（role in different propositional act constructions）之间的关系，从跨语言角度说呈现为系统的不对称。他认为，下面的语义类和命题行为功能的组配具有特殊地位。

（7）a. 指称 / 物体（reference to an object）

　　b. 修饰 / 性质（modification by a property）

　　c. 述谓 / 动作（predication of an action）

Croft（2007）认为，语义类和命题行为（propositional act）间的这三种组配和（7）中没有列出来的组配同样都需要形态语素对其进行语法编码（类型学无标记的结构编码标准），他们至少具有同样多的屈折区别（类型学无标记的行为潜在标准）。实际上，这些组配是类型学上的原型（typological prototypes），也就是说，它们不是属于特定语言的范畴（language-specific categories），而是对语义范畴和功能范畴的语法表达形式的概括，而正是这些范畴限制了跨语言分布模式变异。对于（7a-c）中语法单位的语义类与相关构式命题行为功能的类型学无标记组配和名词、形容词、动词以前作为词类的定义（the previous definitions of noun, adjective and verb as word classes）之间的关系，Croft 指出，语义类对应着传统的概念定义，命题行为是结构主义/生成主义传统中最为普遍地用来界定词类的构式功能，而激进构式语法把具有特殊地位的组配称为名词、形容词、动词。（详见 Croft 2007：424）但是，Croft 提醒道：

　　问题是，我们不能用（7）中的组配来说明，在像英语这样特定语言里存在亚里士多德式的形式类。我们甚至不能把（7）作为用来识别界定词类（就像界定亚里士多德形式类）的特定构式或一组构式的手段，因为与词类理论相关的构式是以各种形式交义的。（Croft 2007：424）

　　介绍完激进构式语法对词类的界定之后，Croft（2007）用他的理论分析了 Aarts（2004b）的例子，并在分析中对他的理论进行了进一步阐释。

　　Croft（2007）指出，afraid 只能用于述谓,utter 不能出现在程度构式（degree constructions）中 [如例（3c）和（3d）]、不能用于述谓 [如例（3b）], 而 thin 具备了所有这些句法特征 [如例（2a-d）], 这些语言事实可以通过激进构式语法做出如下解释：thin 是严格意义上的性质词，它是形容词核心成员，因此它可以出现在属性构式、程度构式中，可以用于述谓，而且程度表达（the expression of degree）代表了用于修饰的行为潜能；afraid 和 utter 不是性质词，因此它们缺少性质词的行为潜能，甚至不能出现在属性构式中（如 afraid）。所以，Croft（2007：424-425）提出：

具体语言的范畴具有清晰的边界（笔者加黑用来强调），它们是由出现在英语中的编码修饰、述谓和程度的构式来界定的。但是边界有交叉，没有哪个特定构式的分布边界享有特殊的地位。**在这个模式中也存在梯度**（笔者加黑用来强调），但是梯度与（7）中词汇语义类和命题行为功能之间的关系相关，与具体形式类无关。

因为语义类和命题行为间的这三种组配和（7）中没有列出来的组配同样都需要形态语素对其进行语法编码，所以，英语中物体词（object words）和性质词（property words）一样可以出现在属性构式中 [如例（6）] 的语言事实，并不是类型学普遍性的反例（同上：424–425）。

真正的反例是在一种语言中定语位置上的性质词需要显性编码，而物体词却不需要；或者述谓构式中的动作词需要"系动词"，而用来述谓的性质词却不需要。（Croft2007：425）

Croft 没有假设词类范畴间存在清晰边界的理由是：如果那样做，跨边界的语言普遍现象（language universals that cut across the boundaries）就会被漏掉，这种词类跨边界的语言普遍现象既适用于亚里士多德范畴中的子类（Aarts 的类内梯度）又适用于词类中的子类（Aarts 的类际梯度）。例如，英语中有三个等级性构式：（a）一对异干互补等级集（a pair of suppletive gradability sets），good/ better/ best 和 bad/worse/worst;（b） - ø/-er/-est 式屈折构式（inflectional constructions with - ø/-er/-est）（如，thin/thinner/thinnest）;（c）一套迂回等级性构式（a periphrastic set of gradability constructions），ø Adj/more Adj /most Adj（如，intelligent/more intelligent/most intelligent）。（Croft2007：425）

Croft（2007）指出，这三种构式界定了三种语法范畴：一个是包括 good 和 bad 的语法范畴；一个是包括屈折等级形容词（inflectionally gradable "adjectives"）的语法范畴；一个是包括剩余形容词的语法范畴。但是这三种语法范畴可以依次排列为：行为潜能的无标记性范畴、弱标记性的异干互补（suppletive category least marked）范畴、强标记性的迂回范畴（periphrastic most marked）。范畴成员资格是不能预测的，但是它们能够通过（7b）意义上的形容词的标记性而成为表达不同等级性质概念的成员。"Good"和"bad"——

价值的表达方式（value expressions）——属于表性质概念的核心形容词；其他表示核心形容词概念的英语词语——维度（dimension）词（big，small，wide，narrow，thick，thin，tall，short，high，low），年龄（age）词（old，young，ripe），速度（speed）词——在屈折等级性范畴（inflectional gradability category）内。这样，取决于英语中的等级性构式的形容词再分类（"subclassification" of "adjectives"）（类内梯度）实际上是符合（7）所总结的词类的类型学普遍性的。如果我们把（7）中的归纳解释为对亚里士多德形式类的界定，从而简单地把它们都称为形容词，我们就会漏掉这种概括。（Croft2007：425）

词类的普遍性跨越亚里士多德式词类这一事实范畴行为（behavior of categories）可以表征（7）中所没有的"非特权组配（non-priviledged combinations）"，如动名词（gerunds）用于指称和分词（participles）用于修饰。因为 Aarts 致力于构建亚里士多德式语法范畴模式，所以他为每一种动名词构式（gerund construction）确定具体的动名词形式（gerund form）是真正的名词还是真正的动词。如果我们放弃亚里士多德假设（Aristotelian assumption），承认构式和语法单位都具有功能，那么动名词（和分词）的中间状态地位就自然得以解释了：动名词是在语义上接近"动词"组配（"verb" combination）[（7c）] 而又可以用于具有"名词"组配特征的命题行为角色（used in a propositional act role that is characteristic of the "noun" combination）[7a]）。此外，还有蕴涵等级（implicational scales）可以用来判断指称动作的表达方式的哪些特征像名词、哪些像动词（Comrie 1976; Croft 1991：83-85，1995：82，2001：355-357; Koptjevskajia-Tamm 1993：257; Cristofaro 2003 ch. 10; 转引自 Croft 2007：426）。这种蕴涵等级制约着动名词的"名词"特征和"动词"特征的可能组配。例如，（1a）用了一个既编码 painting 的主语又编码 painting 的宾语的"名词"（a "nominal" encoding of both the subject and object arguments of "painting"），而（1b）用了一个编码主语的"名词"和编码宾语的"动词"（a "nominal" encoding of the subject and a "verbal" encoding of the object）。这种普遍性正确预测了不存在既编码主语的"动词"又编码宾语的"名词"的动名词构式（absence of a gerund construction with a "verbal" encoding of the subject and a "nominal" encoding of the object）。所以，如果在"名词"动名词和"动词"动名词之间划出一条截然分明的界限，我们就会漏掉那些对用于指称动作的不同构式的概括；如果简单计算"名词"特征和"动词"特征的数量，我们就会漏掉约束编码主语和编码宾语的蕴涵普遍性（implicational universal）。（同上：426–427）

由此可见，用来识别可能分享分布行为一致模式的语法单位和构式的子集，并寻求对这些模式进行解释的标准是象征性的，即，语法单位和构式编码了什么意义或功能（421–422）。而且，对于确定跨语的对等的语法单位和构式来说，功能标准的运用也是必要的，对此 Croft（2007：422）明确指出：

功能对等使我们能够建立跨语言的有效的、有实证支持的词类理论，而这一点是纯形态句法方法做不到的。功能对等还可以为使我们能为前理论直觉提供理论基础，也就是说，这种理论前直觉引导了 Aarts 和其他语言学家用属性构式、述谓构式和指称构式来分析词类。

6.2 梯度范畴化的应用

6.2.1 历时演变与梯度

I. 形容词和名词之间的梯度

Denison（2001）[①] 认为：

（i）在共时层面，通常语言中的范畴边界是渐变的；

（ii）语言变化以渐变的方式进行，或者说渐变导致语言变化。但是，这种渐变不一定要持续很长时间。

（iii）梯度的确像 Aarts 那样区分类内梯度和类际梯度；类内梯度是学界比较熟悉的[②]，而学界对语言中类际梯度关注较少。

在此基础上，Denison（2001）从历时的角度分析了形容词和名词之间的边界在英语中最近的变化（recent change in English）。

---

① 该文下载于 David Denison 个人网站，原文没有页码。

② 虽然作者没有明确说明，但是通过上下文可知，所谓的"比较熟悉"的类内梯度就是指，原型理论视角下对语言范畴的研究。

1. 名词转用为形容词（以"fun"为例）

（8）Painting is more <u>fun</u> and less soul-work than writing.（1927[OED①]）

（9）It was such <u>fun</u> .

很明显，例（8）和（9）中的"fun"是名词。如其他名词一样，"fun"还可以用作修饰语，如例（10）中的"fun"。但是，名词和形容词的区别在这里已经被"fun"的这种用法弱化了。

（10）I wan remembering Marianne and the <u>fun</u> times we have had.[1968（OED）]

而例（11）中的"fun"与形容词"lovely""joyful"并列，就有点像形容词了（但是，它与形容词并列不能是其成为形容词的理由，因为名词可以和形容词并列做表语，如"It's lovely but a <u>mess</u>."）。

（11）She's so completely lovely and <u>fun</u> and joyful. [W1B-003#73：1（ICE-GB②）]

例（12）-（15）中的"fun"在句法上明显地表现出了形容词的特点：

（12）We have the Osborns, the Beals, the Hartungs, the Falmers, and us. Now let's think of someone <u>fun</u>. [1971（OED）]

（13）…perhaps send for that book you never bought earlier and have a really <u>fun</u> time with the wealth of designs from Iris Bishop or Wendy Phillips or whoever you like. [CA2 553（BNC③）]

（14）It may not be as <u>fun</u> to watch it up close. [A17-113（Frown④）]

（15）It was so <u>fun</u>.（1999 att. DD）

"fun"在例（12）中做不定代词的后置修饰语；在例（13）-（15）中，它受前置副词或连词修饰，而这些副词或连词的典型用法是用来修饰形容词的。

最高级是具有完全形容词的资格的形态标记，但是，例（16）中的"fun"也可以这么用。

---

① OED=Simpson, J. A. & Weiner, E. S. C. The Oxford English Dictionary: CD_Rom Version（2nd ed.）[M]. Oxford: Oxford University Press, 1992.

② ICE-GB=International Corpus of English（Great Britain）; published by the Survey of English Usage.

③ BNC=British National Corpus; published on the web by Oxford University Computing Services.

④ Frown=The Freiburg-Brown Corpus of British English; published on The New ICAME Corpus Collection on CD-Rom.

（16）Valspeak is …the funniest, most totally radical language, I guess, like in the whole mega gnarly city of Los Angeles. [1982（OED Online^①）]

"fun"在例（8）-（16）中用法清楚的显示了，它从"名词"到"形容词"的历时转变过程。Leech & Li（1995：187）也指出，"fun"既可以用于述谓（The event was fun.）又可用于修饰（It was a fun event.）的这种"形容词"用法表明，名词短语补足语（noun phrase complements）具有形容词化的倾向（转引自 Denison 2001）。

2. 形容词转用为名词

Denison（2001）指出，形容词向名词用法的历时转变在英语中很少，已经不是梯度问题了，或者梯度表现不明显。Quirk et al（1985：1560; 转引自 Denison 2001）也指出，"形容词向名词转变"不是一种能产的模式（productive pattern），他们所给的例子仅限于"bitter""daily""final"这种省略名词中心语的派生。Denison（2001）仅以《牛津英语词典》中的"elastic"从形容词到名词的历时演变对这种情况进行了说明：

（17）Elastic Bitumen…is of a Brown color, has no luster, and is very elastic. （1794）

（18）Cavallo in Phil. Tand. LXXI. 519 Common vitriolic ether…could not affect elastic gum.（1781）

（19）With the elastic supplied by the ladies, for a halter…the young dog passed from the shores of time.（1847）

（20）Adele had been enquiring for a piece of elastic for her hat.（1863）

很明显（17）-（18）中的"elastic"是形容词，而（19）-（20）中的"elastic"是名词。Denison（2001）认为，"elastic"从形容词到名词的转变是突变（abrupt change）。

3. 伴随名词用作形容词的语法变化

在详细分析了形容词和名词之间这种梯度之后，Denison（2001）指出，名词可以带复数标记（plural marking），而形容词不可以，这本是二者的根本区别，但是，当二者作为名词短语中心语时，用于修饰的名词不能再有复数

---

① OED Online=The Oxford English Dictionary, 2nd edn. And 3rd edn. in progress; published on the web by Oxford University Press. [Searched Sept 2000]

标记了：

（21）a. <u>trouser</u>-press，<u>child</u> support

b. *<u>trousers</u>-press，*<u>children</u> support

由此可见，既然名词占据了类似形容词的位置（adjective-like position），它在形态变化上也会倾向于形容词的形态变化的特点；除此之外，用于修饰的名词，也不能有自己的限定词了，甚至在别处用作中心语时，也只能做不可数名词（比如"fun"），自然就不能用限定词修饰了。本来可以被限定词修饰也是名词区别形容词的重要手段，现在用于修饰的名词也不能再带限定词了，所以名词和形容词之间的区别进一步模糊了。Denison（2001）还指出，语料表明，像"fun"这种"名转形"词在语义上具有主观性（subjective）和评价性（evaluative），所以它具有转用为形容词的潜力。最后，Denison（2001）指出，共时分析需要来自历时的解释。

Denison（2001）的分析表明，尽管他所使用"类际梯度"这个术语来自Aarts（Aarts 认为，尽管存在类际梯度，但是范畴之间的界限是清楚的），但是他的语料表明名词和形容词之间的界限是模糊的。

II. 限定词系统的梯度分析

具有结构主义传统的学者认为限定词（determiner）属于词汇范畴（lexical category）。根据剑桥英语语法[①]（Cambridge Grammar of the English Language）（Huddleston and Pullum 2002：538-540；转引自 Denison 2006：282）：

（i）跟形容词一样，冠词"a"和"the"能做名词前置修饰语（pre-modifiers）；

（ii）但是，把冠词视为一个独立的范畴[布龙菲尔德将限定词视为一种限制性形容词（limiting adjective）]，他们又与典型的形容词有很大区别[②]。例如，冠词不能单独出现在表语位置（predicative position），而代词和形容词可以；

（iii）"this""that""my""each"等词与冠词具有相似的分布，而且它们彼此之间以及它们与冠词之间在分布上没有交叉；

（iv）同形容词相比，大体上"this""that""my""each"等词与冠词更相似；

（v）这些事实说明，"this""that""my""each"等词与冠词都应该归于

---

① 该书将限定词称为"determinative"

② Bloomfield（1933）将限定词定义为一种限制性形容词（limiting adjectives）。

限定词这个范畴。

而具有生成主义传统的学者则认为，限定词属于功能范畴（functional category），或者既属于功能范畴又属于词汇范畴，因为限定词在语义上，与限定性（definiteness）和指称性（referentiality）有关（同上）。

名词短语包括限定词（D）、形容词（A）、名词（N）以及名词短语的构成成分代词（Prn）。Denison（2006：283）把当前英语（Present-day English）中限定词置于名词短语这个范围内，对限定词的特征与形容词、名词、代词的特征进行了一一比较（表3）指出，限定词的确应该作为一个独立的范畴。

表3

特征（property）	D	A	N	Prn	特征类型（kind of property）
词汇的而不是语法的	-	+	+	-	开放/封闭类，语义的
能够重复（iterate）	-	+	(-	-)	句法的
能做述语	-	+	-	?	句法的
数的标记	(-	-	+	+)	形态的
主格标记~宾格标记	-	-	-	+	形态的
比较级	-	+	-	-	形态的，语义的

但是，Denison（283-284）又指出，即使在当前英语中，这种对立背后却存在着这样的事实：

（i）词汇和语法的对立不是明确的；

（ii）限定词内部存在着可以重复使用的情况，例如，某些用在形容词前的词，无论在句法上还是在语义上，与其说它是形容词还不如说它是限定词，但是它却可以和其他限定词同现（co-occurrence），如 "both the other movements" "all its many aspects" "She was not alone for there were three other such children in the big city's special nursey." "The stock market leaps and tumbles at Peking's every smile or frown."；

（iii）不是所有的形容词都可以做述语；

（iv）限定词偶尔也有数的标记，有的名词或代词却缺少数的标记；

（vi）某些代词也没有格的标记；

（vii）不是每一个形容词都具有比较级，相反，有些限定词具有量性特征和程度特征。

（viii）限定词和代词区分应该是明确的，但是，"This being seduced continually is kind of fun." 中的 "this"，说它是限定词，它却做了动名词的逻辑主语；说它是代词，它更多时候用作限定词。

所以，Denison 认为，如果保留限定词、形容词、名词、代词这四个范畴的话，那么它们内部成员的成员资格是渐变的，范畴间的边界是模糊的。

Denison（2006）还从历时层面分析了限定词的地位问题。例如，他（2006：288）指出，冠词本来是当前英语限定词中的核心成员，它们的分布不同于代词，这是十分明显的，但是对于冠词的前身（precursor）来说，情况就不同了，定冠词 "the" 的前身在古英语里却具有完全代词功能（full pronominal function）；尽管不定冠词 "a" 的前身有不定冠词的用法，但是它在许多用法中是数词（Mitachel 1985：95–101；Traugott 1992：176）；限定词、形容词、名词和代词的前身普遍具有屈折变异（inflectional variation），既具有数的标记又具有格的标记；限定词的核心成员的前身也是允许重复的，只是在当代英语（Modern English）中不允许重复了。Denison（2006：297–299）认为，限定词和形容词的区别也是个语义问题。例如，根据牛津英语词典，（The Oxford English Dictionary）"various" 的义项 8 "各不相同（different from one another）；不同种类的（of different kinds or sorts）" 出现在 17 世纪早期到中期，义项 9 "弱化义，用来列举：不同的，（不同的）好几个，几个，许多，不止一个（in weakened sense, as an enumerative term: different, divers, several, many, more than one）" 出现在 17 世纪末，而且词典指出 "对义项 9 和义项 8 做出绝对区分经常是不可能的，这两个义项经常合并为'许多不同的'（many different）"；义项 8 产生于历史义 "各种各样的，变化的（varied, variable）"，主要是形容词，而义项 9 具有比较典型的数量词含义，所以是比较典型的限定词；所以，"various" 的两个完全不同的义项是其分属不同范畴的基础。如果接受语义变化在本质上是渐变性的，那么句法变化本质上也应该是渐变的（同上：299）。

Denison（2006：297）还指出，限定词式构式也存在梯度情况。例如，"SKT（sort of, kind of, type of）构式"：

（22）three <u>kinds of cheese</u>[双名词 SKT 构式（binominal SKT）]

（23）He made a <u>sort of</u> geature of appeasement.[限定性 SKT 构式（qualifying SKT）]

（24）<u>those sort of</u> people[后置限定词构式（postdeterminer SKT）]

上述三种模式（pattern）可以概括为 "D1N1of（D2）N2"。（24）和（22）具有如下共性：主重音在 "D1" 或 "N2"；N2 可以省略；SKT 与所有 SKT 构式的名词出现在一起；（24）和（23）具有以下共性："of" 和 "N1" 不在同一个构成成分结构中；"N1" 不能是复数形式，也很难定性为名词；从文体上说，属于非正式文体。所以，（24）既有（22）的特征，又有（23）的特征。在（22）中，"sort/kind" 是名词，在（23）中，很难说是名词，在（24）中则可以说是限定词的组成部分（同上）。

Denison（2006：299–300）指出，上述现象可以通过重新分析（reanalysis）或语法化（grammaticalization）来分析。例如，在重新分析模式下，"various" 在早期的语法中完全是个形容词，在后期的语法中，它在语义上发展出了具有 "限定词" 特征的语义，使得它能在某些结构用作限定词，但是，分析的结果总是是和非的问题，"various" 要么是形容词，要么是限定词（同上：299）。在语法化模式下，某些语法化论者认为，语法化不同阶段共存意味着，特定的语串（a given string）在同一时代不同的话语（utterance）中可以有不同的分析，而不是对特定语串进行渐变分析；最重要的是，语法化只能用来分析导致语言表达项从词汇（lexicon）转向语法转化的句法、语义、形态变化（同上：300）。所以，重新分析和语法化都不适合用来分析限定词这种边界不确定现象。在此基础上，Denison（2006：300）提出了梯度范畴化分析法：在共时层面范畴边界是模糊的，范畴可能是集群概念（cluster concept），特定语词可能拥有与某范畴相关的一部分特征；在历时层面，范畴变化由它逐步获得某些特征构成，而不是大规模地同时获得新范畴的 '所有唯一' 定义性特征（wholesale, simultaneous acquisition of "all–and–only" definitional properties of the new category），例如，当 "various" 还是形容词时，逐步获得了限定词的典型特征，所以，对这种模棱两可的情况，不必坚持它是否依然是形容词还是已经转变成限定词了。Denison（2006：279–280）特别指出：

（i）允许范畴内部和范畴间梯度的存在，既不会妨碍范畴在语言使用者心理呈现（mental representations）中的运用，也不影响范畴在语言学家语法中的运用。范畴间梯度（inter-category gradience）是语言系统中有标记的选择。当然，处于中间状态的语言形式经常在历时层面上也不是稳定的。

（ii）梯度（分析）不必恪守原型概念[①]（prototype concepts）。基于图式的原型（schema-based prototypes）、集群概念（cluster concept）以及家族相似性等都不要求每一个范畴至少拥有一个完全的典型成员（at least one wholly prototypical member），因为，某种情况下，不同的条件组合对于确定某一成员的隶属度已经足够了，不需要一套特定的必要条件。

（iii）范畴梯度给句法所带来的结果还不确定，但如果个体单词的范畴标识（category labels for individual words）不再总是界限明晰的，那么，放弃那种既需要一个独有的范畴标识（a unique category label）又需要为句中每个单独的单词设定一个单独的母节点（a single mother node for every single word in the sentence）的句法模式，不失为一种可行的途径。某种形式的构式语法可能是更合适的模式。

6.2.2 柔性词的梯度分析

l. 柔性词的提出

Kees Hengeveld 现为荷兰阿姆斯特丹大学理论语言学系教授，师从著名功能语言学家 Simon Dik，自1992年起，他提出并与自己的同事逐步完善了一套独特的跨语言词类理论，已为 Dik 一派的功能主义学者普遍接受，经常被其他学派成为"阿姆斯特丹模型"（完权、沈家煊2010：4）。

Dik（1989：162）把词类范畴间的差别定义为它们在实际出现的短语结构中所实现的原型功能（转引自完权、沈家煊2010：4）。Hengeveld（1992）提出以原型功能为述谓、指称、修饰的句法槽位来定义词类：

表4 词位和句法槽 [Hengeveld et al.（2004：530）]

	中心语（head）	修饰语（modifier）
述谓短语（predicate phrase）	动词	方式副词[②]（manner adverb）
指称短语（referential phrase）	名词	形容词

---

① 这种观念实质就是基于样本的原型观。

② Note that within the class of adverbs, they restrict themselves to manner adverbs. They exclude other classes of adverbs, such as temporal and spatial ones, which do not modify the head of the predicate phrase, but rather modify the sentence as a whole. (Hengeveld & Rijkhoff 2004：530)

表4中有纵横两组参项：述谓和指称的对立；中心语和修饰语的对立（Hengeveld & Lier 2010：3）。述谓和指称是整个短语在句子中的功能，中心语和修饰语是词位在短语内的功能。在述谓和指称对立中，述谓是享有特殊地位（privileged），因为用来表示指称的表达（referring expressions）只能通过对实体属性进行述谓才能产生；在中心语和修饰语的对立中，中心语是主要的（primary），因为中心语是不可或缺的（obligatory），而修饰语是可选择的（optional）（Hengeveld & Lier 2010：14）。表4中的方式副词仅限于修饰述谓短语中心语的副词，排除了对整个句子进行修饰的时间、空间等副词（Hengeveld et al. 2004：530）。

为了保证对原型功能的判定，Hengeveld（1992：57）（Hengeveld et al 2004：546）提出了专门化（specilization）概念：在一种语言中，如果有一类词的成员和某一句法槽位相捆绑，使得这种语言不太有必要给这个槽位中的语词做出句法或形态上的标记，那么就可以说这种语言中存在一个专门化的词类；如果某种句法功能没有无标记形式可以承担，那么就应该认为，在这种语言中缺少相应的词类，也就是这种功能没有专门化（完权、沈家煊2010：4–5）。英语是四个功能槽位专门化程度比较高的语言，例如：

（25）The little $_A$ girl$_N$ danced$_V$ beautifully$_{MAdv}$.

名词、动词、形容词、方式副词不仅分工明确，而且它们不经过形态句法调整很难直接用于其他功能（Hengeveld et al. 2004：531）。像英语这种类型的词类系统叫作分化（differentiated）词类系统。

在实际语言表达中，如果一些或所有功能由同一组词位充当，那么这种语言的词类系统叫作柔性词类系统（flexible parts-of-speech sysyem），这种语言叫作柔性语言（flexible language）（Rijkhoff 2008：728）。Hengeveld et al.（2004：531）特别强调，只有当一种语言中某一完整词位类（an entire class of lexemes）在语义和句法上呈现出系统的柔性（SYSTEMATIC flexibility）时，它才能定性为柔性语言。例如：

（26）瓦罗语（Romero-Figeora 1997：49f.，转引自 Hengeveld et al. 2004：531）

　a. yakera

　　beauty

　　"beauty"

b. Hiaka　　　yakera auka　　　saba　　tai　　　nisa-n-a-e.

garment　　　beauty daughter　　for　　she　　buy-SG-PUNCT-PAST[①]

"She bought a beautiful dress for her daughter."

在瓦罗语中，词位 yakera "beauty" 在（26a）中用作指称短语中心语，而在（26b）中被用作指称短语的修饰语，但是二者在形式上是一致的。所以，瓦罗语属于一种柔性语言。

在实际语言表达中，如果一些或所有功能分布于不同的、没有交叉的不同组词位（distinct, non-overlapping groups of lexemes）中，那么这种语言的词类系统叫作刚性词类系统（rigid parts-of-speech system），这种语言叫作刚性语言（rigid language）（Rijkhoff 2008：728）。例如：

（27）加罗语（Burling1961：27/33，转引自 Hengeveld et al. 2004：531）

a. Da'r-a-gen

big-IT-FUT

"It will get big."

b. Da'r-gipa mande

big-REL man

"the big man"

在加罗语中，词位 da' r "big" 在（27a）中用作述词短语中心语，而在（27b）中用作指称短语修饰语，但是二者在形式上是不同的：在（27b）中指称短语的修饰功能是通过关系从句（relative clause）来实现的，也就是说占据修饰语句法槽的不是词汇单位（lexical unit），而是句法单位（syntactic unit）。

经过对他所收集的语言样本的分析，Hengeveld（1992）把语言词类系统分成7类：

表5　（Hengeveld et al. [2004：537]）

词类		述词短语中心语	指称短语中心语	指称短语修饰语	述词短语修饰语
柔性词类	1	内容词（Contentive）			
	2	动词	非动词（Non-verb）		
	3	动词	名词	修饰词（Modifer）	

---

① 本小节的缩略语如下：CLF=类别词，FUT=将来时，PUNCT=瞬时体，SG=单数，REL=关系化。

续表

词类		述词短语中心语	指称短语中心语	指称短语修饰语	述词短语修饰语
分化词类	4	动词	名词	形容词	方式副词
刚性词类	5	动词	名词	形容词	—
	6	动词	名词	—	—
	7	动词	—	—	—

Hengeveld(1992：69)意识到了词类系统在语言运用中处于不断变化之中，所以他把有些语言放在表5中相邻语言类型的中间位置，这样所有语言样本被归为如表6所示的13类。在此表中，语言样本按照极为柔性的语言（类型1）到极为刚性的语言（类型7）的顺序排列（Hengeveld et al 2004：539）。

表6　语言样本的词类系统

词类系统	语言
1	萨摩亚语（Samoan），塔加路语（Tagalog）
1/2	曼德琳语①（Mundarin）
2	胡利安语（Hurrian），盖丘亚语（Quechua），瓦罗语（Warao）
2/3	土耳其语（Turkish）
3	凯特语（Ket），苗语（Miao），恩格提语（Ngiti），蒂多雷语（Tidore）
3/4	兰戈语（Lango）
4	阿伯卡茨语（Abkhaz），阿拉佩斯（Arapesh），巴邦勾语（Babungo），班巴拉（Bambara），巴斯克（Basque），布鲁沙斯基语（Burushaski），乔治亚语（Georgian），希泰语（Hittite），匈牙利语（Hungarian），伊捷尔缅语（Itelmen），日语（Japanese），那马语（Nama），恩噶拉坎语（Ngalakan），波兰语（Polish）
4/5	寇斯泰语（Koastai），内斯奥义语（Nasioi），排湾语（Paiwan），匹普语（Pipil），闪族语（Sumerian）
5	阿拉姆布莱克语（Alamblak），伯比斯荷兰语（Berbice Dutch），瓜拉尼语（Guarani），卡亚迪欧德语（Kayardild），基西（Kisi），奥罗莫（Oromo），哇木本语（Wambon）
5/6	加罗语（Garo），古德语（Gude），汉语官话（Madarin Chinese），侬语（Nung），泰米尔语（Tamil），西格陵兰语（West Greenlandic）

---

① 凡是有下划线"语言"的翻译均为笔者自己音译而成，字典无此词。

词类系统	语言
6	希克斯卡拉亚娜语（Hixkaryana），克劳勾语（Krongo），纳瓦霍（Navaho），尼夫赫语（Nivkh），南沽步宇语（Nunggubuyu）
6/7	塔斯卡洛拉语（Tuscarora）
7	—

　　Hengeveld et al（2004）指出，这些处于两种语言类型中间位置的语言具有中间词类系统（intermediate parts-of-speech systems）。但是，对柔性语言和刚性语言来说，确定它们具有中间词类系统的标准是不同的（Hengeveld et al 2004：538）。要确立一种柔性语言具有中间词类系统，其词位类（lexeme classes）需要同时和词类等级中两个相邻的词类系统兼容。例如，当派生词位相对基本词位具有较少的功能时，就出现了中间词类系统。这样，如果只考虑基本词位，曼德琳语（Mundarin）完全属于柔性语言类型1，但是它可以通过派生方式生成能用在除了述谓槽位之外的所有句法槽位，从而具有了柔性语言类型2的特征，因此曼德琳语应算作1/2型柔性语。确定刚性语言具有中间词类系统的条件是，在词类系统等级中与该语言相关的最后一类词位（last class of lexemes）数量较少而且是封闭的一类项目（a small closed class of items）。比如，泰米尔语（Tamil）是一种刚性很强的语言（a language with a higher degree of rigidity），没有方式副词；有形容词，但是数量十分有限，而且是封闭类。所以，泰米尔语属于5/6型的刚性语言。（Hengeveld et al 2004：538-539）

　　如表5所示，在 Hengeveld（1992）词类系统划分中，有内容词、非动词、修饰词三种柔性词。Rijkhoff（2008：727）指出，除了 Hengeveld（1992）词类系统划分中的三种柔性词外，在刚性名词（rigid lexical category noun）内也能区分出柔性词[集合名词（Set Noun）、类别名词（Sort Noun）、一般名词（General Noun）]，这种名词的语义特征——形状性（Shape）和均质性（Homogeneity）——值（values）具有不确定性（undetermined），或者说，它们的这两个语义特征值与其所指外在世界的实体特征不符。为了叙述方便，本书将内容词、非动词、修饰词称为柔性词$_1$，将集合名词、类别名词、一般名词称为柔性词$_2$。

II. 柔性词₁和柔性词₂的语义特点

1. 柔性词₁的语义特点

柔性词₁的成员在语义上是模糊的。通过 Mosel & Hovdhaugen（1992：73–77）对萨摩亚语（Samoan）这种只有内容词的语言样本的分析，Rijkhoff（2008：731）指出，一定语境下对模糊词位的运用凸显了这些词位的部分语义，赋予了这种范畴中立项（category neutral item）以动词、名词等特性（verbal, nominal, etc. flavour）。柔性词位的模糊语义（vague meaning of a flexible lexeme）由语义成分（meaning components）A、B、C、D、E 等组成 [A、B、C等，可能是特征（features）、定义（definitions）、描写（descriptions）、知识结构（knowledge structures）]。通过将其置于特定的句法槽中，说话者可以凸显（highlight）与特定词汇（动词的、名词的，等）功能相关的那些语义成分，同时抑制（downplaying）其他语义成分。例如，萨摩亚语 lā 的语义成分（A B C D E）的变化过程可以简单表示如图9：

	A	B	C	D	E ···	lā 的凸显特征
槽：从句中心语 （head of clause）	+	+		+		A C E => 动词义 （lā 'be_sunny'）
槽："名词短语"中心语 （head of "NP"）	+	+		+		B D E => 名词义 （lā 'sun'）
槽："名词"修饰语 （modifier of "noun"）	+	+		+		B C D => 形容词义 （lā 'sunny'）

图9

Rijkhoff（2008：731）明确指出，在整个过程中，没有语义增加；确切的说，是语境凸显了已经存在于词位语义中的语义成分，给了具体柔性词项（flexible item）以动词、名词或形容词的特性。

2. 柔性词₂的语义特点

除了柔性语言具有像内容词、非动词这样语义模糊的柔性词外，Rijkhoff（2008：731）指出，在刚性语言的刚性名词内部还可以区分出语义模糊的柔性名词。柔性名词的语义模糊主要表现在"形状性"和"均质性"这两个语义特征值的标示上：这些名词的语义特征值要么在均质性上未予标示（unspecified），要么在形状性上与现实世界中的具体物体的特点不是很一致（Rijkhoff 2008：732）。这种语义模糊的柔性名词也被 Rijkhoff（2008）称为具有宽泛语义内容的名词 [nouns with a wide semantic content（Noun$_W$）]；而那些语义特征值（values）与物理世界的单一物体（a single object in the physical world）一致、表示单一具体物体的名词，则被称为具有有限的语义内容 [narrow semantic content（Noun$_N$）]。各种词类系统中的柔性名词分布情况如表 7[①] 所示（同上：732）

表 7 具有刚性名词和柔性名词的词类系统

柔性词类系统	1	内容词		
	2	动词		非动词
刚性词类系统	3	Verb	语义有限的名词（Noun$_N$）	形容词
	3/4	Verb	语义宽泛的名词（Noun$_W$）	形容词
	4	Verb		语义有限的名词（Noun$_N$）
	4/5	Verb		语义宽泛的名词（Noun$_W$）
	5	Verb		

以形状性和均质性为变量，Rijkhoff（2008：732–736）区分了单数物体名词、集合名词、类别名词、一般名词、集体名词和物质名词（Singular Object Noun, Set Noun, Sort Noun, General Noun, Collective Noun, Mass Noun）。具体物体具有清晰的空间轮廓（即形状）和由组成部分构成的内部结构（即不是均质性实体）。因为具有清晰轮廓的实体能够列数，所以能被直接量化的名词被认为具有形状性正值（positive value）；而需要某种类别词（classifier）才能量化的名词则被认为具有形状性负值（Rijkhoff 2008：733）。荷兰语和奥罗莫语（Oromo）使用的都是具有形状性正值的名词，但是荷兰语使用的名词是单数物体名词，而罗莫语使用的名词是集合名词，具有超数目性（transnumeral）

---

① Rijkhoff（2008）没有分析 Hengeveld 的词类系统划分中的副词，所以他所考虑的词类系统数目就减少到了 5 种；但是他的分析却包括了 3/4 和 4/5 两种类型的中间状态的词类系统，因此他实际考虑的词类系统就是 7 种。

（同上）。例如：

（28）奥罗莫语（Stroomer 1987：59；转引自 Rijkhoff 2008：733）：集合名词

　　　Gaala　　　　lamaani[noun+numeral; no plural]

　　　camel（s）　　two

　　　"two camels"

奥罗莫语中的名词之所以被称为集合名词在于，这种名词指的是集合而不是个体，修饰它的数词说明的也是集合的大小（size of the set）。而荷兰语中的名词之所以被称为单数物体名词在于，修饰它的数词说明的是个别物体数量（number of individual objects），例如：

（29）荷兰语：单数物体名词

　　　twee　　　　boek-en [numeral+noun+plural]

　　　two　　　　book-pl

　　　"two　　　books"

因为泰国语的名词表达的是纯粹的概念（Hundius & Kölver 1983：166，181-182；转引自 Rijkhoff 2008：734），泰国语名词需要借助分类词（sortal classifiers）或数量类别词（numeral classifiers）才能被量化。例如：

（30）泰国语（Hundius & Kölver 1983：172；转引自 Rijkhoff 2008：734）：类别名词

　　　rôm　　　　　sǎm khan[noun+numeral=sortal_classifier]

　　　umbrella（s）　three CLF：long hangdle object

　　　"three umbrellas"

因为这种名词要与分类词或数量类别词一起用，所以它才被称它为类别名词。但是泰国语中的类别名词不同于物质名词，因为与物质名词通过度量类别词（mensural classifer）量化（Rijkhoff 2008：734）。例如：

（31）泰国语（Lucy 1992：43，74，83；转引自 Rijkhoff 2008：734）：物质名词

　　　náamtaan　　sǎm thûaj[noun+numeral+mensual_classifier]

　　　sugar　　　　three cup

　　　"three cup of sugar"

与泰国语一样，尤卡坦语（Yucatec）的名词也需要类别词来量化，但是，

在这种语言中，分类词和度量类别词没有根本区别，所以该语言中的名词被称为一般名词（Rijkhoff 2008：734）。例如：

（32）尤卡坦语（Lucy 1992：74；转引自 Rijkhoff 2008：734）：一般名词

　　　a/one-CLF　　banana（s）[numeral+general_classifer+noun]

　　a. 'un-tz' íit　　<u>há'as</u>　　"one/a 1-dimensional banana（i.e. the fruit）"

　　b. 'un-wáal　　<u>há'as</u>　　"one/a 2-dimensional banana（i.e. the leaf）"

　　c. 'un-kúul　　　<u>há'as</u>　"one/a planted banana（i.e. the plant/tree）"

　　d. 'un-kúuch　　<u>há'as</u>　　"one/a load banana（i.e. the bunch）"

　　e. ' um-p 'íit　　<u>há'as</u>　　"one bit banana（i.e. a bit of the fruit）"

从均质性角度来说，物质名词和集体名词表现出很大的"均质"共性，物质实体由部分（portion）组成，集体实体由成员组成，例如：物质实体"水"的一部分还是水，把"水"加入"水"中得到的还是水；与物质实体类似，像"家庭"这种集体实体只要成员数目超过1，就是"家庭"，当新的成员加入这个集体，还是"家庭"（Rijkhoff 2008：734–735）。与物质名词和集体名词不同，单数物体名词和类别名词，只适用于整个物体，比如，荷兰语中的名词 fiets "bicycle（自行车）"不能用来指自行车的任何组成部分（同上：735）。集合名词和一般名词则在均质性这一特征上表现出"中性（neutral）"，集合名词可以指单一具体物体，也可以指许多具体物体，同样，一般名词可以指单一具体物体，也可以指物质实体（同上）。

单数物体名词、集合名词、类别名词、一般名词、集体名词和物质名词这6种名词在形状性和均质性上的语义特征表现如图10所示（同上）：

	– 均质性	+ 均质性
– 形状性	一般名词	
	类别名词	物质名词
+ 形状性	集合名词	
	单数物体名词	集体名词

图 10

Rijkhoff（2008：736）对语言样本的研究表明：一种语言可以用不止一种类型的名词指称单一具体物体；除了单数物体名词这种刚性范畴外，许多语言都还有其他类型的柔性名词；类别名词似乎只存在于只有刚性名词和刚性动词语言里。

Rijkhoff（2008：738）指出，尽管集体名词、类别名词和一般名词在语义上模糊 [形状性和均质性这两个语义特征值要么未予标示（unspecified），要么标示得与现实世界中具体物体的特点不是很一致]，但是，从跨语言的角度来说，与单数物体名词一样，它们在名词这个范畴中，都是同等的典型成员（equally good exemplars）。对那些倾向名词的内涵和外延紧密对应（close correspondence between the intension and the extension of noun）的人来说，单数物体名词有限的语义内容也许很具吸引力，但是有限的语义内容使它在实现指称目标（referential purposes）时很不灵活（inflexible）；与之相对，组名词、类名词和一般名词这些名词具有宽泛的意义，它们模糊的语义使那些不考虑语言或非语言语境因素的语法理论很难对之进行处理的，但是这使得它们在实现指称目标具有多功能性（即灵活性）（versatile "flexible"）（同上）。

3. 柔性词$_1$和柔性词$_2$的语义制约机制

如上文所示，柔性词$_1$通过句法槽位（句法制约）（syntactic slot "syntactic coercion"）或特殊的形态标记（形态制约）（morphological marker "morphological coercion"）获得它的词类范畴属性，但是对于语义模糊的柔性词$_2$来说，它们的语义只能由形态标记来制约（同上）。因为柔性词$_2$与其他刚性名词一样都是名词这个范畴的成员，所以通过句法槽位就不能确定它们的语义了。制约柔性词$_2$的形态标记具体表现为（同上）：

名词范畴　　　　　　　　具体语义受制于

组名词：　　　　　　　　单数（singluative）或集体（collective）标记

类名词：　　　　　　　　分类词

普通名词：　　　　　　　普通类别词

例如，在有集合名词的奥罗莫语中，单数和集体标记明确了说话者所指的集合类型（kind of set）：单数集合或集体集合（a singleton set or a collective set）。

奥罗莫语（Stroomer 1987: 76–77, 84–85; 转引自 Rijkhoff 2008: 739）

（33）无标记组：<u>nama</u> 'man/men'　　　　单数集合：<u>namica</u> 'a/the man'

（34）无标记组：<u>saree</u> 'dog/dogs'　　　　集体结合：<u>sareellee</u> 'dogs'

在下面来自汉语官话的例子中，类别词"朵"指的是植物或花的'花蕾'

（'bud' of a plant or flower），而"株"指的是植物本身（Huang and Ahrens 2003：360；转引自 Rijkhoff 2008：739）。无论哪一种情况，都是类别词决定了对该名词的解读：

汉语官话（Huang and Ahrens 2003：361 —— 原文没有语调；转引 Rijkhoff 2008：739）

（35）a. yi duo hua   b. yi zhu hua

one CL flower/plant   one CL flower/plant

'one flower'   'one plant'

4. 柔性词与梯度

Rijkhoff（2008：740）指出，柔性词（功能）不是刚性词（功能）的某种合并的结果（result of some kind of merger of rigid word classes），而是构成了一个真正的范畴（a true category）。像刚性词类一样，它们的范畴资格可以用 Aarts（2004b）提出的类内梯度和类际梯度来描写（Rijkhoff 2008：740-741）。类内梯度可以通过原型理论来探讨，例如：

类内梯度：如，名词性的程度（原型理论）

（36）chair, spoon…   vs. sheep, water, linguistics…

比较典型   vs. 比较不典型

英语中典型的名词一般指具体实体（如"chair"），具有复数的屈折变化（如'chair-s'）。根据这种观点，名词"sheep"在英语名词中就不很典型，因为它没有屈折变化。柔性词同样也存在类内梯度。柔性词的典型性可以通过该词内部成员在功能槽位上的使用频率（frequency）来确定。例如，在萨摩亚语（Samoan）中，内容词的成员可以根据它们在某个功能槽上的出现频率而分级（ranked），一般内容词中的比较典型成员在动词和名词这两个功能槽上出现的频率相同，而不很典型的成员经常只出现在其中一个功能槽上（Mosel & Hovdhaugen 1992：77；转引自 Rijkhoff 2008：741）。

类际梯度涉及的是范畴的重合，可以用来解释范畴跨界模糊（vagueness across category boundaries）。例如：.

类际梯度：如，动名词的名词特征和动词特征（重合）

（37）a. Brown's painting of his daughter

强名词性：动词性名词

　　b. Brown's <u>painting</u> his daughter

　　　强动词性：名词性动词

　　（37a）和（37b）'painting'都既有动词特征又有名词特征。这种类际梯度也出现在柔性词中。例如，对许多语言来说，集体标记（collective markers）是复数标记（plural markers）的一种常见来源。从集体标记到复数标记的历时演变可见于卡尔特维里语（Kartvelian）、中美洲语言（Mesoameri- can langauges）、闪米特民族语言（Semitic languages）（Rijkhoff 2004：117；转引自Rijkhoff 2008：741）。既然集体标记用于集体名词，复数标记是单数物体名词的特征，那么我们就可以假设，集体名词和从集体标记向复数标记的演变一起，在该语言中也变成了单数物体名词；既然演变不是一夜之间完成的，我们就有理由认为，在某个时期、在发生这种变化的过程中，集合名词的旧范畴会与单数物体名词中新出现的范畴部分重合（Rijkhoff 2008：741）。

第七节　梯度范畴化的内涵和特点

　　本节将通过在梯度范畴化的争论与应用基础上探讨梯度范畴化的内涵，通过梯度范畴化与原型范畴理论的比较探讨梯度范畴化的特点。

7.1 梯度范畴化的内涵

　　笔者认为，梯度范畴化应该包括两个方面，一个是，梯度在语言中的地位和成因。梯度在语言中的地位和成因，决定了对语言现象进行梯度范畴化的必要性和工作方式，所以笔者把对梯度在语言中的地位和成因的探讨作为梯度范畴化内涵的一部分。笔者认为梯度是语言的本质属性，但是为什么梯度是语言的本质属性？这主要是7.1.1探讨的内容。另一个就是，梯度范畴化的具体内容，因为还没有人专门对梯度范畴化具体内容进行过界定，而且在某些方面还存在争议，所以本书称之为梯度范畴化的工作假设，这主要是7.1.2探讨的内容。

7.1.1 梯度是语言的本质属性

　　这里笔者以词类多功能性为例探讨语言梯度的成因和地位。笔者认为，梯度是语言的本质属性，这是因为：语言对言语的抽象是词类梯度形成的内在机制，语言的创造性是词类梯度形成的哲学依据，语言性/可接受性梯度的存在为词类梯度的形成提供了更高层次上的事实依据，隐性知识和显性知识迥异而又互补的表征特点及其加工机制的不同是词类梯度存在的认知依据。而词类的多功能性只不过是语言的创造性的客观需求，隐性知识和显性知识迥异而又互补的呈现特点及其加工机制的不同使这种客观需求成为可能，范畴从语言到言语的还原使这种可能成为现实。

I. 梯度是语言对言语抽象的产物

在第四章第一节部分已经指出，"范畴化的过程包括识别或区分、概括和抽象：在识别或区分过程中，人们对属于不同类别的刺激进行区分；在概括过程中，将具有共同属性的事物归为一类；在抽象过程中，人们将某个范畴中物体所有的共同属性提取出来"（梁丽2007：5-6），"对比和概括是范畴化过程中的两个主要手段"（王寅2007：96）。由此我们不难看出，语言范畴化就是对言语中的各种现象进行"对比、概括、抽象"的过程。例如，如前文所述，词类产生于对个体词的抽象概括（这种抽象过程是舍弃每个个体词的语法个性，提取个体词的语法共性的过程）、依据概括词之间的语法性质同异度对概括词的再抽象（李宇明1986：118）；在这种抽象过程中，言语单位的位置也被抽象掉了，因而语法位的性质也就被抽象掉了（同上：120）。我们认为，语词语法特点抽象过程中被舍弃掉的还有语词在言语的具体语义。从语言单位到言语单位，是一个具体化过程（同上：118），在这个过程具体词被舍弃的某种具体语法性质、语义以及其所在的语法位的性质就有可能再表现出来，从而为词类多功能性的实现提供了可能。由此可见，梯度只能存在于语言层面的范畴中是必然的，因为尽管具体词的语法个性、语义个性及其语法位的性质已经被抽象掉了，但是，只要条件成熟，这些被抽象掉的语法个性、语义个性及语法位的性质在语言运用中随时都可能被还原，从而使语词的个性得到充分体现。正如前文Croft（2007：424-425）所指出的那样：

具体语言的范畴具有清晰的边界（笔者加黑用来强调），它们是由出现在英语中编码修饰、述谓和程度的构式来界定的。但是边界有交叉，没有哪个特定构式的分布边界享有特殊的地位。**在这个模式中也存在梯度**（笔者加黑用来强调），但是梯度与（7）中词汇语义类和命题行为功能之间的关系相关，与具体形式类无关。

　　Croft 这里所说的"具体语言的范畴具有清晰的边界……梯度与'具体形式类无关'"就是指，言语中的范畴在构式作用下不存在边界模糊的现象；"梯度与（7）中词汇语义类和命题行为功能之间的关系相关"，即与"物体 / 指称、性质 / 修饰、动作 / 述谓"之间的组配关系有关，实质就是梯度只存在语言层面，因为，"物体、性质、动作"是分别用来表示"指称、修饰、述谓"的，但是用来表示"指称、修饰、述谓"的不一定都分别是"物体、性质、动作"，再有"物体、性质、动作、指称、修饰、述谓"各自也是一种抽象的结果。

　　从历时角度说，今天的词法是昨天的句法。岑麒祥（2010a）的研究表明，古代汉语中词类"变性"使用十分普遍；Bisang（2008）甚至提出，古代汉语词库中的词项是不能预先分类为句法范畴名词和动词的。古代汉语的这一特征必然对现代汉语产生深刻的影响。岑麒祥（1956：3）指出，"对于语言的语法构造做分析研究，必须同时采用历史的方法，忽视了它的历史发展，那么现存语法体系中的某些现象就无法加以适当的估量。"本书认为，现代汉语保留下来的古代汉语特征也是词类梯度形成的一个重要因素。例如现代汉语中，名词因为保留了古代汉语名词的使动用法、意动用法，使得"游戏人生""恩泽后人"这样的表达得以常见；形容词因为保留了古代汉语形容词带宾语的各种用法，也使得"刻薄自己的爸爸""紧张着十分期待的心弦""舒畅我的郁积""别再傻我""羞愧自己没有志气""身边放着几个鲜着绿叶的桃子"这类表达在现代并不陌生（刁晏斌 2006a）。汉语是形态不发达而词义又比较宽泛的语言，但是这些特殊用法之所以有很强的生命力，就在于汉语的历史从未中断过，悠久的语言文化使得以汉语为第一语言的人具备足够的相关隐性知识对保留在现代汉语中的古代用法进行有效解读和灵活运用。

　　共时层面词类的多功能性还受语言接触的影响。例如，刁晏斌（2006a：312）指出，在"程度副词（包括其他与程度相关的词语）＋名词"这种构式中，"名词"用作"形容词"（如，很逻辑）的这种用法在古代汉语和近代汉语几乎没有，所以他倾向认为，这种用法是外语引进或受外语的影响而产生的。词类的有些多功能性现象，则可能既有古代汉语的影响又有语言接触的影响。例如，刁晏斌（2006a：327/339）指出形容词和动词的指称性用法在古代汉语中就比较多见，它们这种用法在现代汉语中的大量使用，除了秉承古代和近代的传统外，主要受外语的影响：汉语只能以一个词形来对应外语中同一词根的不同词形，而这样的形式在客观上也扩大了形容词和动词的使用和表义范围，所以才日渐增多。

语言是对言语的抽象，但是语言是不可能对言语中所有的历时、共时用法进行彻底的抽象，所以说梯度是对言语抽象的必然结果，而且梯度只存在语言中，它是语言的本质属性。

II. 梯度是语言创造性的必然结果

洪堡特（1997）从多角度探讨了语言的创造性。限于本书的写作目的，笔者只能就其相关部分予以介绍。洪堡特（1997：54）指出："语言绝不是产品 [Werk（Ergon）]，而是一种创造性活动 [Thätigkeit（Energeia）]"。洪堡特是在阐述语言的本质时提出这一重要论断的：

语言就其真实的本质来看，是某种连续的、每时每刻都在向前发展的事物。即使将语言记录成文字，也只能使它不完善地、木乃伊式地保存下来，而这种文字作品以后仍需要人们重新具体化为生动的言语。语言绝不只是产品 [Werk（Ergon）]，而是一种创造性活动 [Thätigkeit（Energeia）]。因此语言的真正的定义只能是发生学的定义。语言实际是精神不断重复的活动，它使分节音得以成为思想的表达。严格地说，这是每一次讲话的定义，然而在真实的、根本的意义上，也只能把这种讲话行为的总和视为语言。因为，在我们习惯于称之为语言的那一大堆散乱的词语和规则之中，现实存在的只有那种通过每一次讲话而产生的个别的东西，这种个别的东西永远不是完整的，我们只有从不断进行的新的活动中才能认识到每一生动的讲话行为的本质，才能观察到活语言的真实图景。语言中最深奥、最微妙的东西，是无法从那些孤立的要素上去认识的，而是只能在连贯的言语中为人感觉到或猜度到（这一点更能够说明，真正意义的语言存在于其现实发生的行为之中）。一切意欲深入至语言生动本质的研究，都必须把连贯的言语理解为实在的和首要的对象，而把语言分解为词和规则，只不过是经科学分析得到的僵化的拙劣罢了。（洪堡特1997：54-55）

这里洪堡特强调的是言语对语言本质界定的重要性：抽象、一般、完整的语言只能存在于具体、个别、不完整的言语之中；语言的创造性只能存在于语言的运用之中。正如姚小平（1995：122）所阐释的那样：在言语活动中，不断有新的东西被造就出来；每一言语行为都是对言语活动的进一步发展，即使表面看似简单重复的话语，也是精神力量的劳动所为。那么语言的创造性是怎么形成的呢？对此，洪堡特（1997：193）明确指出："各个民族致力于表达思想，这种努力与业已取得的成就对人们产生的激励作用结合起来，造就和培育了语言的创造力。"为了说明这一点，洪堡特把语言的发生比作物理自然界的晶体与晶体的结合。他（1997：193-194）指出："当这种结晶化的过程（Krystallisation）告成后，可以说语言也就成型了。这就意味着，工具已准备就绪，现在精神要做的是掌握和运用这一工具。精神以不同的方式通过语言得到表达，与此相应，语言也以不同的方式获得一定的色彩和个性。"

洪堡特所说的语言的创造性分为遵从规律、合乎规范的创造和不为规律所限而导致的变异的创造。前者称为规律的创造，后者称为非规律的创造。规律的创造是"有限的手段，无限的运用"。对此，洪堡特明确指出：

语言面对着一个无限的、无边际的领域，即一切可思维对象的总和，因此语言必须无限地运用有限的手段，而思维力量和语言创造力量的同一性确保了语言能够做到这一点。为此语言有必要在两个方面同时发挥作用：首先，语言对所讲的话产生作用，其次，这种作用又反过来施及创造语言的力量。（洪堡特1997：114—115）

……语言不应该视为一种整体上可以一览无遗的或者可以拆散开来逐渐传递的质料，而应被看作是一种不停顿地自我创造的质料；创造的规律是确定的，但产品的范围以及一定程度上的创造方式却完全是非确定的。儿童学讲话，并不是接受词语、嵌入记忆和用嘴唇咿呀模仿的过程，而是语言能力随时间和练习的增长。（洪堡特1997：67）

在我们人身上存在着两个相互统一的领域：在一个领域里，人能够把固定的要素划分至一目了然的数目；在另一个领域中，人又能够用这些要素进行无限的组合。（《洪堡特语言哲学文集》13页；转引自姚小平2003：38）

由此可见，"规律的创造也就是形式的创造。在每一次这样的创造中，总是可以看到和过去类似的、同形的东西。有限的、现成的规则和基本要素的生命力在于其无限的运用，而无限的运用也就是一再重复的、可预见的出现（姚小平 1995：128）。"

"非规律的创造是指，精神力量可以不受任何现成规则和材料的制约，于刹那间创造出崭新的果实"（姚小平：1995：128）。洪堡特指出：

精神力量具有内在、深刻和富足的源流，它参与了世界事件的进程。在人类隐蔽的、仿佛带有神秘色彩的发展过程中，精神力量是真正的创造的原则……这种极其独特的精神特性（Geisteseigenthümlichkeit）不断丰富着人类智力的观念，它的出现是无法预料的，它的表现就最深在的方面而言是不可解释的。这种精神特性的特点尤其在于，它的产品（Werk）不仅只是人类赖以进一步构建的基础，而且蕴涵着能够创造出产品本身的生命力。这些产品播种着生命，因为它们本身即生成完备的生命。造就出这些产品的精神力量以其全部的努力和高度的统一性进行作用，同时，这种力量又完全是创造性的，它的创造活动具有它自身亦无法解释的性质；它不仅仅是偶然触及新的东西，或者仅仅与已知的东西相联系。（洪堡特 1997：27）

排除其中的唯心主义色彩，洪堡特关于语言创造性的论述是完全正确的。语言的运用不是简单的重复和机械的模仿，而是一种"创造性活动"。语言的这种创造性不仅表现为在"有限的、现成的规则和基本要素"基础上的合乎规律的创造，更表现为"不受任何现成规则和材料的制约"、于刹那间形成的非规律创造。例如，随着计算机的普及，英语中有"E-mail me."这样的表达；而汉语口语中也出现了"电话我"这样的表达。这两种创造性在共同丰富人类语言的生命的同时，也使词类多功能性成为必然。

III. 广义梯度是狭义梯度存在的事实依据

……语言与其说是人构成的，不如说是自行发展起来，由人出于愉悦感和好奇心而在自身中发现的；语言在一定的条件下生成，这些条件制约着语言的创造，因此语言并不是在任何地方都能达到同样的目标，它会受到某种来自外部的桎梏的限制。尽管如此，语言始终必须满足一般的要求，这一必要性迫使语言尽其所能摆脱外在的桎梏，力求形成一种适用的形式。这样，就产生了人类各种不同语言的具体形式，这些具体的语言形式如果偏离了规律性的结构，就会同时包含消极和积极的两个方面：消极方面在于，语言创造受到约束，积极方面在于，语言力图使不完善的机制适合一般需要。单就消极的方面而言，我们或可以认为，语言的创造力量是以分阶段的方式发展的。直至到达完善的高度，但就积极的方面来看，情况远没有那么简单，因为即便是那些不完善的语言，也往往具有十分巧妙的、富于独创性的结构。（洪堡特1997：317）

洪堡特是在不同语言比较这个层面来探讨偏离规律性的结构的。但是他的这一探讨同样适用于同一语言内部语言运用层面的变异。在语言运用中，语言变异也应该有消极和积极之分。消极的变异有待进一步规范，积极的变异则属于创造[①]。然而，在语言运用中的语言变异是不可能泾渭分明地分为积极的和消极的，它们在语法性 / 可接受程度的判断上存在不确定性，这就是笔者在上文中指出的广义的梯度：语法性 / 可接受性梯度。

Sorace & Keller（2005）考察了语法性程度方面（尤其是句法中的梯度）研究的理论成果和实验成果。基于一系列最新的实验成果，他们指出，一方面，梯度问题越来越难以为当前形式语法模式所解释，另一方面：

许多实验研究表明，通过考虑梯度判断（语言）资料（gradient judgment data），既可以发现为传统非正规语料搜集方法所回避的新的语言事实，又可以解决对存在于文献中某些语言现象的争议。他们假设的背后是，这种争议源于，传统的语言分析，无论是在语料收集的方法论上，还是在分析方法上，都不能妥善处理这些现象的梯度本质。（Sorace & Keller 2005：1498）

语法性渐变理论的潜在优势包括扩大语言学的实证基础和提高语言学理论的预测力。（Sorace & Keller 2005：1498）

在考察了语法性程度方面研究的理论成果和实验成果的基础上，Sorace

---

① 无论洪堡特所说的是规律的创造，还是非规律的创造，都仅指积极的创造。本书保留了"创造"的这一概念内涵。

& Keller（2005）认为，区分（引起范畴性语言判断的）刚性约束（hard constraints）和（引起梯度判断的）柔性约束（soft constraints）对解释梯度语料十分重要。这一区分也得到了语言发展过程中句法选择（syntactic optionality[①]）方面的支持。刚性限制和柔性限制受约束等级（constraint ranking[②]）、（约束的）累积效应（cumulativity[③]）、（约束的）聚合效应（ganging up effects[④]）、语境效应、跨语言效应的影响。这两种约束都受约束等级的制约，表现出（约束的）累积效应和（约束的）聚合效应。但是，柔性约束和刚性约束在语境效应、跨语言变异和（语言）发展选择性方面所受的影响不同：如果违反某一限制导致很强的不可接受性，并且不受语境影响、在语言发展中不具选择性，那么这种限制就属于刚性约束；如果某一限制仅仅引发轻度不可接受性，并且受制于语境变异和（语言）发展选择性，那么这种限制就是柔性约束。（柔性和刚性这两种）约束类型（的区分）在不同语言中是稳定的：刚性约束在不同语言中还是刚性的，柔性约束在不同语言中依然是柔性的。跨语言变异能改变约束的等级，但是不能改变它的类型（即，刚性约束或柔性约束）。此外，Sorace & Keller 还指出，他们所介绍的（相关研究）工作还指向这样的事实：刚性约束本质上是纯结构性的（即句法），而柔性约束存在于句法和其他领域的接口（即语义或语用）。（Sorace & Keller 2005：1511–1521）

既然，语言变异的语法性 / 可接受性都是个程度问题，那么从言语中抽象出来的语法范畴在语言运用中具有多功能性，也就在所难免了。语言是交际的工具，只要不影响语言交际的用法都应该是可以接受的。所以，对言语的抽象是相对的，狭义梯度的存在是必然的。

---

① Syntactic optionality means the existence of more than one realization of a given input.（Sorace & Keller 2005：1512）

② Constraint ranking means that some constraint violations are significantly more unacceptable than others.（Sorace & Keller 2005：1513）

③ Cumulativity means the multiple constraint violations are significantly more unacceptable than single violations.（Sorace & Keller 2005：1513）

④ Ganging up effects means that multiple violations of lower ranked constraints can be as unacceptable as a single violation of a higher ranked constraint.（Sorace & Keller 2005：1513）

IV. 不同语言知识的呈现特点和加工机制是梯度存在的认知基础

前文已经详细介绍了 Roehr（2008）对隐性知识和显性知识的呈现特点及各自工作机制的研究，这里根据本节行文目的择要重述。

显性元语言知识和隐性元语言知识沿着同一对变量（具体性和复杂性）变化，但是它们在各自的内部范畴结构和人类大脑（对不同知识的）呈现上的加工机制上有本质区别。根据基于用法的语言（研究）假设，隐性知识表现出的特性为边界模糊、依赖语境的柔性范畴；相比之下，显性知识则呈现为亚里士多德范畴，这种范畴具有稳定的、离散的、独立于语境的结构。根据认知心理学的研究，隐性知识按照相似性进行加工，这种加工具有动态性、灵活性、依赖语境的特点；相反，显性知识按照规则进行加工，这种加工是自觉的、受控制的。基于规则加工受工作记忆容量的限制，需要努力、选择性注意和投入；此外，这种加工还具有稳定性和一致性——（这些）特征的获得是以牺牲（语言的）灵活性和对语境和频率信息考虑为代价的。（Roehr 2008：96）

隐性知识和显性知识迥异而又互补的呈现特点及其加工机制的不同，使得语言的规律创造和非规律创造成为可能。洪堡特论述的规律的创造与显性知识和隐性知识的特点十分吻合。例如洪堡特指出：

在我们人身上存在着两个相互统一的领域：在一个领域里，人能够把固定的要素划分至一目了然的数目；在另一个领域中，人又能够用这些要素进行无限的组合。（转引自姚小平 2003：38）

是显性知识把语言划分为各级单位，各级单位又分为不同范畴，而隐性知识使得所划分出来的单位和范畴的边界在运用中因为无限组合变得模糊，实现了"有限手段，无限表达"。在实现规律创造的基础上，精神力量因为"具有内在、深刻和富足的源流"的特点，而使非规律的创造变得不再那么神秘。所以说，隐性知识和显性知识迥异而又互补的表征特点及其加工机制的不同为梯度的存在提供了认知依据。

7.1.2 梯度范畴化的工作假设

尽管 Aarts（2004a；2004b；2007）和 Denison（2001；2006）坚持的都

是梯度范畴化的观点，梯度应该区分类内梯度和类际梯度，范畴内成员和范畴间的成员存在程度差别，但是二者在一些具体细节上观点并不一致。例如，Aarts 认为尽管范畴间存在类际梯度，范畴间的边界是清晰的；Denison 却认为范畴之间不存在清晰的边界。Croft（2007）和 Rijkhoff（2008）也持 Denison 这种观点。

关于范畴是否存在典型成员问题，Aarts（2007）和 Denison（2006）也有分歧。Aarts（2007）坚持范畴中存在原型。而 Denison（2006：279）则认为不必要求每一个范畴至少拥有一个完全的典型成员，因为，从共时层面说，特定语词可能拥有与某一范畴相关的部分特征，从历时层面说，范畴变化不是大规模地同时获得新范畴的所有唯一定义性特征，而是逐步获得某些特征（同上：300）。"基于图式的原型""集群概念""家族相似"都不要求每一个范畴至少拥有一个完全的典型成员，不必恪守"原型概念"（同上：279）。由此可见，对 Denison 来说，范畴成员的典型性也是相对概念。Denison 这一观点是与基于相似的三种范畴观 [基于样本的原型观、基于图式的原型观（也叫概率范畴观，见3.3.3.3）、混合原型观] 以及基于理论的范畴观是一致的。基于理论的范畴观并不排斥相似性在范畴化中的作用（Mompean-Gonzalez 2004：435）。而且，基于理论的范畴观也就是视范畴为语言整个生态系统中生态位的范畴观，这种把范畴视为语言整个生态系统中生态位的观点，形象地说明，从本质上说，成员的范畴归属是在关系中确定的。Aarts（2007：90）也持这种观点。

还没有人具体探讨梯度范畴化中梯度的呈现特点和加工机制问题。笔者认为，Roehr（2008）提出的隐性知识的呈现特点和加工机制同样适用于语言中的梯度现象；而且我们还认为经典范畴和范畴中梯度在言语中的作用也是互补的。事实上，这是必然的，因为，梯度就隐性知识的具体表现（Roerh2008：86/96），而且正如前文所指出的那样，"梯度范畴化"本来就不是抛弃既有的理论另起炉灶，而是为了更好地解释语言中的梯度现象、充分吸收相关理论成果。

综上所述，笔者认为梯度范畴化应该包括以下几个方面：

（i）梯度是语言的本质属性，语言范畴具有一定的灵活性，更多的语言现象只能不同程度地隶属于某一范畴。

（ii）梯度范畴化既坚持基于相似的范畴化又坚持基于理论的范畴化，甚至不否认家族相似性对解释梯度的作用，而且梯度范畴化与经典范畴化也是兼容互补的。

（iii）梯度范畴化既坚持范畴中存在原型，又坚持原型是一个相对概念。

（iv）梯度范畴化认为，范畴内成员之间存在类内梯度，范畴之间存在类际梯度；它既重视对类内梯度的研究又重视对类际梯度的研究。

（v）类际梯度是语言系统中一种有标记的选择，对这种有标记选择的解释需要与构式语法相结合。

7.2 梯度范畴化的特点

相对于原型范畴理论，笔者觉得"梯度范畴化"提法更科学，其最大特点就是充分反映了言语的动态性，使语言描写更接近语言事实，具体包括以下几个方面：

（i）根据上文 Aarts（2007）对梯度和原型理论的关系（见5.5.3）的论述可以看出，"梯度范畴化"准确地反映了语言研究的本质。

（ii）"梯度范畴化"反映了范畴动态性的本质。上文5.1已经指出："概念和范畴是不断发展的"；"语法范畴具有多功能性"；特定范畴典型成员的渐变性有助于更好地把握典型性这一思想（Cohen & Lefebvre2005）。Denison（2001；2006）的研究充分反映了范畴的这种动态本质。

（iii）原型范畴理论侧重基于语义的范畴化，梯度范畴化以句法为起点，注重句法和语义之间的依存关系（Aarts2007：90）。Croft（1991；2001；2007）、Rijkhoff（2008）、Denison（2001；2006）的研究不仅充分证明了这一点，而且说明原型也是个相对概念，不必要求每一个范畴至少拥有一个完全的典型成员。

（iv）梯度是语言的本质属性，它不存在言语层面。

（v）梯度范畴化具有包容性，表现在两个方面：一方面，它不恪守原型概念，认为基于相似的范畴化、基于理论的范畴化、家族相似性对梯度范畴化都具有解释力；另一方面，它坚持经典范畴和梯度现象兼容互补性，认为梯度是一种有标记的选择。

第八节 小结

本章从经典范畴理论出发，探讨了范畴化理论至今的发展历程。范畴化理论的发展历程表明，语言学家为了使语言学理论具有更强的解释力，越来越注重对言语以及语言和言语之间转换机制的研究。

经典范畴化理论的缺陷不仅为认知语言学家认可，而且也为大多数结构语言学家认可。但是这并不代表对原型范畴理论没有分歧，这种分歧不仅表现在结构主义语言学与认知语言学家之间，而且还存在于各自内部。但是，透过表面现象，分歧实质还是如何对待言语的变异性、动态性问题。尽管来自结构主义阵营的 Newmeyer 坚持经典范畴理论，反对原型范畴理论，他认为，经典范畴观的不足要通过来自句法、语义、语用中独立所需的原则之间的互动来分析（Newmeyer1998：208），而句法结构和句法范畴之间的互动则使原型效应失去了作用（208–223）；而另一位来自结构主义阵营的 Aarts（2004b：383）则直接明确提出，应该在经典范畴理论和认知语言学范畴理论之间采取中间立场，为解决语言范畴在言语中的多功能性问题，他提出类内梯度和类际梯度，但是他依然坚持范畴之间的边界是可以界定的。认知语言学内部对原型范畴理论的争论开始表现为，通过理想化认知模式和范畴的动态识解来解决已经意识到的原型范畴理论存在的缺陷和不足，后来则进一步表现为基于样本的原型观、基于图式的原型观、混合原型观三种基于相似性的范畴化的形成以及在相似性的范畴化基础上基于理论的范畴化模式的产生。原型范畴化理论在质疑中不断发展背后，关键还在于如何面对言语多样性问题：无论是基于样本的原型观还是基于图式的原型观，它们独自都无法对言语的多样性予以满意的解释，于是产生了二者相结合的混合原型观；但是这种基于相似性的范畴化不能对概念表征进行满意描写、相似性不具可操作性、无法回答为什么认为某些特征与概念相关而其他特征却与概念无关，于是产生了基于理论的范畴化。在不排斥基于相似性的范畴化的前提下，基于理论的范畴化认为，只有在关系中才能对范畴的特征进行选择、解释和整合，并对相似性进行约束。纵观从经典范畴化到基于理论范畴化的发展历程，其实这种争论反映的是语言学史上的类比论和不规则论之争：如果不重视，甚至忽视，对言语的动态性、变异性的研究，那么在某种程度上语言就是"规则"的系统；如果注重言语对言语的动态性、变异性的研究，那么在某种程度上语言就是内在的灵活系统。

鉴于范畴内成员之间以及不同范畴成员之间都存在渐变性，来自结构语言学派的 Aarts（2004b，2007）提出了类内梯度和类际梯度的观点，它的这一观点已经为来自功能学派的学者所接受，后来代表梯度范畴化的产生。但围绕着梯度争论也并不是没有。Croft（2007）与 Aarts（2004b）关于词类划分争论的实质就是，哪些构式应该确立为词类划分的标准以及梯度存在哪个层面。通过他们之间的争论可以看出，Croft 确立了词类划分的语用标准，并证明梯度只存在于语言层面，具体范畴在言语中界限是清晰的。Croft（2007）与 Aarts（2004b）之间争论实质上是，语言学史上的两线之争在结构主义语言学派和功能语言学派之间的体现。这也就是 Arts（2007：3）所指出的"类比论和不规则论之争演变成了当代的如何对待语言梯度之争"。

对各种范畴化理论的种种争论表明，相对结构主义语言学，功能语言学派和认知语言学派表现出更多的共性，都比较重视对言语动态性、变异性的研究。但是，这些争论还表明，无论是强调语言规则性的结构语言学派还是强调语言不规则性的认知语言学派和功能语言学学派，在范畴化理论上已经出现妥协迹象。来自第二语言学习的研究表明，经典范畴理论和原型范畴理论是互补的。这也就是 Arts（2007：3）所指出的"语言学界强调语言规则性和不规则性这两大阵营已不再像从前那样水火不容了"。本书则提出，经典范畴和梯度现象也是兼容互补的，彼此都有存在价值。

尽管自梯度范畴化的提出，还没有人对梯度范畴化进行界定，但是经过 Aarts（2004b，2007）、Croft（2007）、Rijkhoff（2008）和 Denison（2001，2006）的研究，梯度范畴化的内涵和特点已经逐步明朗，本书以假设的形式尝试着对梯度范畴化具体内容进行界定。相对学者的研究不仅使笔者认识到"梯度是语言的本质属性"，并且使笔者能对"梯度范畴化的具体内容和特点"有一个相对清晰的归纳，而且为笔者探讨词类梯度形成的具体机制和词类多功能性在言语中的实现机制提供了初步的思路。所有这些都为笔者建立分析现代汉语三大实词多功能现象的模式提供了很好的视角。

第五章　基于构式语法研究的分析模式构建

根据 Denison（2006），"范畴间梯度是语言系统中有标记的选择"（Denison 2006：279），"范畴梯度给句法所带来的结果还不明朗，但如果个体单词的范畴标识不再总是界限明晰的，那么，放弃那种既需要一个独有的范畴标识又需要为句中每个单独的单词设定一个单独的母节点的句法模式，不失为一种可行的途径。某种形式的构式语法可能是更合适的模式"（同上：280）。现代汉语三大实词的多功能现象的实质就是 Denison 所说的"范畴间梯度"，那么现代三大实词多功能性现象也就是语言系统中的有标记的选择。笔者将以此为出发点，通过语言和言语的关系，并借助 Croft（2001/2009）和 Goldberg（1995，2006）的构式语法，在进一步探讨词类梯度形成的具体机制基础上，尝试建立解释现代汉语三大实词多功能性的理论模式。

第一节　构式及其相关术语的规范

构式是个笔者在前文一直提及但是没有直接面对的问题。例如，Croft（2007：426）指出，"如果放弃亚里士多德假设，既承认'构式（constructions）'的作用又承认'语法单位（formatives）'的作用，那么动名词（gerunds）[和分词（participles）] 的中间地位问题就很自然地得到解释了……"。这句话涉及两个问题：一个是，什么是"构式（constructions）"，什么是"语法单位（formatives）"，这样翻译是否合适？另一个是，如何认识"构式（construction）"在确定"语法单位（formatives）"范畴地位中的作用。

1.1 与构式相关的术语的规范

构式语法在很大程度上源于框架语义学（Fillmore 1975，1977，1982，1985）和基于体验的语言研究方法（Lakoff 1977，1987）（Goldberg1995，2007）。构式语法有不同的版本（Croft & Cruse2004：257；李福印2008：298）：Kay & Fillmore（1999）和 Kay（2002）的构式语法 [Construction Grammar（大写）]、Lakoff（1987）和 Goldberg（1995）的构式语法 [construction grammar（小写）]、Langacker（1987,1991）的认知语法、Croft（2001/2009）的激进构式语法（Radical Construction Grammar）和 Bergen & Chang（2002,2005）的体验构式语法（embodied construction grammar）。

"构式（construction）"是利用传统语言学中的"construction（结构）"一词重新定义而成的。"construction"原先与"structure（结构）"是同义词，在乔派的解释性结构语言学中，"structure"被经常使用，而与"form（形式）"一样，往往强调其抽象性。在构式语法中，对构式的定义表述有不同的版本，但基本统一的观点是：构式是形式和意义的结合体（Goldberg2003：2，转引自李福印2008：294）。Croft（2001/2009：14）指出，构式语法是对语法组织中的组成成分模式（COMPONETIAL MODEL of the organization of a grammar）的反动。在组成成分模式中，有关言语（utterance）的不同类型特征——语音结构、句法、意义——分别由不同的组成成分来表征，而每一组成成分由作用于音位、句法单位、语义单位这些本原要素（primitive elements）的规则组成；唯一集语音形式、句法范畴、语义于一身的结构体（construct）是词（同上：14–15）。而在构式语法里，构式与组成成分模式中的词项一样，把具有异质性或任意性的语音、句法和语义信息联系在一起；二者的区别在于，词项是具体（substantive）而基本（atomic）（即，最小的句法单位）的，而构式至少在某种程度上是抽象（schematic）而复杂（complex）（即，由不止一个句法要素组成）的（同上：16）。本书中构式的具体定义来自于 Goldberg（1995，2007，2006）和 Croft（2001/2009）。

Goldberg（1995：4，2007：4）对构式的定义是：

C 是一个构式当且仅当 C 是一个形式 - 意义的结合体 $<F_i, S_i>$，且 C 的形式（F_i）或意义（S_i）的某些方面不能从 C 的构成成分或其他先前已经确立的构式中精确地推导出来。

Goldberg（2006：5）还进一步指出：

语法分析的所有层次都涉及构式：习得的形式—意义结合体或形式—语篇功能结合体（LEARNED PARINGS OF FORM WITH SEMANTIC OR DISCOURSE FUNCTION），包括语素、词、习语、部分词汇填入的短语模式和完整普通短语模式（partially lexically filled and fully general phrasal pattern）。

Goldberg（2006：5）给出的构式类型如表8所示：

表8 构式的例示（大小和复杂程度不同）

语素	pre-, -ing
词	avocado, anaconda, and
复杂词（complex word）	daredevil, shoo-in
复杂词（部分填入）	[N-s]（适用于名词变复数的规则形式）
习语（填入）	going great guns, give the Devil his due
习语（部分填入）	jog <someone's>memory, send < someone>to the cleaners
共变条件构式（covariational conditional）	The Xer the Yer（the more you think about it, the less you understand）
双及物（双宾语）构式 [ditransitive（double object）]	Subj[①] V Obj₁ Obj₂（he gave her a fish taco; he baked her a muffin）
被动构式（passive）	Subj aux VP_pp（PP by）（the armadillo was hit by a car）

Croft（2001/2009）关于构式的定义比较简单，我将参照 Croft & Cruse（2004）考察激进构式语法关于构式的定义。构式是一种句法配置，有时具有一个或多个具体词项（substantive item）（如 "let alone" "have a…and away"），有时没有任何具体词项 [如 "焦点构式（focus construction）、感叹构式（exclamative

---

① 本小节的缩略语对应的完整形式为：ADJ=adjective, AUX=auxiliary, DEM=demonstrative, N=noun, Obj/OBJ = object, OBL=oblique Subj/SBJ=subject, TNS= tense, -en=past participle form.

construction）、动结构式（reusltative construction）"]（Croft & Cruse 2004：247）；它是句法表征（syntactic representation）的基本单位（primitive units），所以句法理论应该是各种构式语法（a variety of construction grammar）（Croft 2001/2009：18）。构式语法由[从图式句法构式（schematic syntactic constructions）到具体词项（substantive lexical item）]各种大量的构式组成；构式语法中的所有构式都是形式（句法形式、形态形式、语音形式）与意义（包括语义和语用义）的结合体（Croft & Cruse 2004：256）。表9是各种构式类型和传统语法实体的对应情况，从词库到句法构成了一个连续统（同上：255）。

表9　句法词库连续统

构式类型	传统名称	例子
复杂而抽象（多数情况下）[complex and（mostly）schematic]	句法	[SBJ be–TNS VERB–en by OBL]
复杂具体动词（complex, substantive verb）	次范畴化框架（subcategorization frame）	[SBJ consume OBJ]
复杂而具体（多数情况下）[complex and（mostly）substantive]	习语	[kick–TNS the bucket]
复杂但黏着（complex but bound）	形态	[NOUN–s], [VERB–TNS]
基本而抽象（atomic and schematic）	句法范畴①	[DEM], [ADJ]
基本而具体（atomic and substantive）	词/词库	[this], [green]

现在根据 Goldberg（1995，2007，2006）、Croft（2001/2009）、Croft & Cruse（2004）对构式所下的定义来看，Croft（2007：426）所指出的，"如果放弃亚里士多德假设，既承认'构式（constructions）'的作用又承认'语法单位（formatives）'的作用，那么动名词（gerunds）[和分词（participles）]的中间地位问题就很自然地得到解释了……"，那么这句话就成了"既承认'构式（constructions）'的作用又承认'构式[语法单位（formatives）]'的作用，那么动名词（gerunds）[和分词（participles）]的中间地位问题就很自然地得

---

① Croft（2001：18）指出，他的激进构式语法中不存在句法范畴这个结构体，因为在激进构式语法中，不存在作为语法表征独立单位的抽象句法范畴，每一个抽象范畴都是构式的一部分，由构式来定义（同上：55–56）。

到解释了……"，因为"语法单位（formatives）"是指"从语素到词到更大的句法单位"任何语法要素（Croft 2007：428），因此也是一种构式。事实上不同学者都意识到了这个问题，只是没有合适的表达来区分，所以只能采取这种迂回的方式："语言单位（formative）"一词来自于 Aarts（2004b：40），而且为了与构式相区分，该文还用了"形式（form）"一词，如"形式类（form classes）"；Croft 用的是"词项（lexical items）"，如"在命题行为构式中充当相关角色的词项可以分成语义类（The lexical items that fill the relevant roles in the propositional act constructions can be divided into semantic classes）"；Bisang（2008）既用了"词项（lexical item）"又用了"词位（lexeme）"，如"把词项置于名词和动词的句法位置是基于下面的（刻板印象推理）含义：指称具体物体的词位意味着出现在名词位置（The assignment of lexical items to the syntactic position of N and V is based on the following implicature：Lexemes denoting concrete objects stereotypically imply the occurrence in an N-positon）"。

词类划分的"阿姆斯特丹模型"在定义词类过程没有提到构式，Hengeveld（1992）和 Hengeveld et al（2004）用的是"词位（lexeme）"和句法槽（syntactic slot）这两个术语，如"词位类通过它们所占据的句法槽来定义（lexeme classes are defined in terms of the syntactic slots they may occupy）（Hengeveld et al 2004：530）"。受 Hengeveld（1992）和 Hengeveld et al（2004）的启发，为了行文方便，本书在保留 Goldberg（1995，2007，2006）、Croft（2001/2009）、Croft & Cruse（2004）对构式所下的定义内涵不变的前提下，把自由语素、词、短语、习语所有这些能够独立运用的具体构式称为语法单位①；把所有需要填入自由语素、词、短语或习语后才能独立运用的构式，根据所需填入的语言单位的特点，称之为相应的语法槽位（例如，填入语言单位表指称的，就称之为指称槽位），也可以称为语法位或语法槽。句法槽或句法槽位是语法槽位的一种。当然，我们把相关术语这样处理，在技术缩小了语法单位的内涵，本来黏着语素等是都属于语法单位的。但是我们之所以把

---

① 这里笔者按照岑运强（2004b：17，另见2005：15，2009：17）的区分，认为句子以下的静态单位，如：音素符号、音位、音节、义素、义位、语素、词、词组等模式，可属于语言范畴；句子以上的动态单位，如：语流、句群、篇章等，可属于言语范畴；研究说话的行为、过程等内容，也可以属于言语范畴。句子模式属于语言范畴，具体的句子属于言语范畴。语言演变既涉及语言范畴，又涉及言语范畴。说明：笔者曾就此观点向导师岑运强教授进一步核实过，以此观点为准。

黏着语素从语法单位中区分出来，是因为我们认为，和英语中的"-fy""-ize"等一样，汉语中"- 了①"都构成了一个动词语法槽。

1.2 语法槽位的地位

尽管 Langacker（1987a, 1987b, 1991）提出可以根据语义内容来界定词类，但是他依然高度重视构式在确定词类中的作用：

> ……不同词类范畴具有不同的抽象意义，但是它们的意义是看不见、摸不着的，只能在语法结构中才能体现出来（Langacker2006：9；转引自高航2009：23）。
> ……我们可以认为，一个词与其所在的结构共同构成一个生态系统（ecological system），其意义在该系统之外不一定存在（Langacker2000：18；转引自高航2009：24）。

Goldberg（2006：10）认为，一个表达式是由许多构式组合而成。例如（1）涉及了（2）中列出的一系列构式：

（1）What did Liza buy Zach?

（2）a. Lzia 构式、buy 构式、Zach 构式、what 构式、do 构式

     b. 双及物构式（ditransitive construction）

     c. 问句构式（question construction）

     d. 主语 - 助动词换位构式（subject-auxiliary inversion construction）

     e. 动词短语构式（VP construction）

     f. 名词短语构式（NP construction）

关于构式的地位，Goldberg（1995：1，2007：1）开篇就指出：

> 本书的中心观点是英语中的基本句子是构式的实例，这种构式是独立于具体动词存在的形式和意义的对应体。也就是说，我们认为，构式本身具有意义，而且该意义独立于句子中的语词而存在。

---

① 汉语中"着、了、过"被视为体的标志，从这个角度说它与"-fy，-ize"在性质上是不同的，但是"- 了"这一构式与之相同之处，在于它能使进入该语法槽位的语词具有动词含义。

上文 Goldberg（1995：4，2007：4）对构式的定义特别强调了构式的意义或形式具有不可推导性。Goldberg（1995：4，2007：4）明确指出："我们在语法中提出某个构式的原因是该构式的意义和 / 或形式不能从语言中已经存在的其他构式中综合推导出来。"

用上文区分的术语说，语法槽位具有独立于语法单位的意义，而且这种意义不能从语言中已经存在的其他构式中推导出来。

Goldberg（1995：24，2007：23）还指出：

虽然我认为构式自身具有独立于动词的意义，但是很明显语法的运作绝对不是完全自上而下的，即构式简单地将其意义强加于意义固定的动词。实际上，我们有理由认为语法分析既是自上而下的也是自下而上的。构式意义和动词意义以几种重要的方式互相影响；因此动词和论元的互相参照是必要的。

这里，Goldberg 强调的是，一个表达式的意义源于词项意义（meaning of lexical item）和构式意义（meanings of constructions）的整合（intergrating）（Goldberg 1995：16，2007：15），而不是直接由词项意义决定的（Goldberg 1995：10，2007：10）。

Goldberg 从自己的研究对象出发指出，语义和句法之间的映射是通过构式而非词条完成的（Goldberg 1995：28，2007：27），因此动词的意义必须被整合进构式的意义中（Goldberg 1995：11，2007：11）。当动词出现在不同构式中时，该表达式的语义（和受到的限制）也不同，但是这些差别不必归结于不同的动词意义，应该归结于构式的存在（Goldberg 1995：13，2007：12），也就是说，"与句法有关"的动词意义实际上是构式的意义（Goldberg 1995：29，2007：28）。Goldberg（1995：25，2007：24）从框架语义学出发指出，意义是相对某个特定的背景框架（frame）或情景（scene）而言的，而且该框架或情景自身有着高度的组织。例如，ceiling（天花板）和 roof（屋顶）的区别：一个单层建筑物的顶部，如果从内部来看被称为 ceiling，但如果从外部来看则被称为 roof。这两个概念的重要区别在于它们的背景框架不同。Goldberg（1995：27，2007：26）认为，动词和名词一样，也具有框架语义的意义，即动词的意义必须参照丰富的世俗知识和文化知识的背景框架。另一方面，构式也并非只有一个固定不变抽象的意义，而是通常包括许多密切联系的意义，这些意义共同构成一个家族，例如，双及物构式的中心意义"施事主语成功地致使一个客体转移给接收者"就和其他不同但又密切相联系的意义共同组成了双及物这个范畴（（Goldberg 1995：31-32，2007：30-31），例（3a）-（3g）依次反映了这种关系：

（3）a. Pat <u>faxed</u> Bill the letter.

　　b. Chris <u>baked</u> Jan a cake.

　　c. Bill <u>promised</u> his son a car.

　　d. He <u>leaves</u> me a book.

　　f. Joe <u>allowed</u> Billy a popsicle.

　　g. Joe <u>refused</u> Bob a raise in salary.

Goldberg 指出，实际上，每一个小句层面的构式都可以看作是一个与人类经验有关的情景（Goldberg 1995：39，2007：37）；与基本句子类型对应的构式把与人类经验有关的基本事件类型编码为这些构式的中心意义（Goldberg 1995：39，2007：38）。在此基础，Goldberg 进一步指出：

角色的特定组合表示与人类经验有关的情景，并且与论元结构构式相联，因此构式的作用是把世界划分为各不相同的并被系统分类的事件类型。另一方面，动词与丰富的框架语义意义相联。动词和构式之间的相互参照是必要的，因此实际上动词含有与相联的事件类型的信息。（Goldberg 1995：40，2007：38）

所以，构式有一个相当确定的中心意义，以及其他因"必须参照特定类型动词"而不同但又相联的意义（Goldberg 1995：34，2007：33）。如果 e_c 是构式表示的事件类型，e_v 是动词表示的时间类型，动词意义和构式意义存在以下关系（Goldberg1995：65-66，2007：63-64）：

I. e_v 必须通过下列方式之一与 e_c 相联[①]：

（i）e_v 是 e_c 的一个子类；

---

① 在这些所有可能的关系中，e_v 是 e_c 的一个子类这一关系是典型的和普遍的，其他关系——例如 e_v 表示 e_c 的前提条件、方式或结果——与具体构式有关。

（ii）e_v 表示 e_c 的手段；

（iii）e_v 表示 e_c 的结果；

（iv）e_v 表示 e_c 的前提条件；

（v）在极有限的范围内，e_v 表示 e_c 的方式，确定 e_c 的手段或 e_c 有意造成的结果。

II. e_v 和 e_c 必须至少有一个参与者（Matsumoto 1991）。

动词和构式整合的结果必须是一个事件类型，且该事件类型自身可以被理解为一个单一的事件类型（single event）（Goldberg 1995：66，2007：64）。

用上文区分的术语，Goldberg（1995，2007）关于词项意义和构式意义的关系可以概括为，语义和句法之间的映射是通过语法槽位而非语法单位完成的，因此语法单位的意义必须被整合进语法槽位的意义中；当语法单位出现在不同构式中时，该表达式的语义（和受到的限制）也不同，但是这些差别不必归结于不同的语法单位的意义，应该归结于语法槽位的存在，也就是说，"与句法有关"的语法单位的意义实际上是语法槽位的意义。

第二节　从言语到语言的抽象

语言是交际的工具，是对言语的抽象。语言对言语的这种抽象也就是语言对言语进行的范畴化。陈忠（2006：83）指出，语言的范畴化包括两个层面的范畴化，一是语言符号所联结的"概念—语义"的范畴化，其形式大致对应于词语的意义；二是将语言符号自身作为客体对象进行的范畴化，其形式大致对应于语法范畴和语法关系。与之相应，笔者认为词类是语言对言语进行范畴化的结果，它包括对词语语义的范畴化、对词语语法特点的范畴化（即李宇明的对词语法特点的抽象）、对语法槽位（即李宇明的对语法位的抽象）的范畴化，在这一范畴化过程中，词类的产生实际上是以牺牲词语的语义个性、语法个性，尤其是其所在语法槽位的性质为代价的。这里我们借助 Croft（1991，2001/2009）的相关研究，探讨对词语语义的范畴化、对词语语法特点的范畴化、对语法槽位的范畴化；在对语法槽位进行范畴化时，我们高度重视 Golddberg（1995，2007，2006）构式思想。

2.1 对词语语义的抽象

从言语中的个体词到语言中概括词首先应该是对个体词语义的抽象。对语义的抽象是最难处理的，因为言语义包含很多维度而且是动态的。Langacker 指出：

……意义是概念化的结果，而概念化则指的是心理经历的任何一个方面，包括对物质的、语言的、社会的及文化的等经历的理解……对语义结构做完整及确定的描绘是不现实的……语义结构包括了太多的方面和维度，任何形式主义都不能将其完全涵盖；语言意义都是开放式的（open-ended），在范围上是百科全书式的，意义要依赖于语境对世界的百科知识来理解。因此语言的意义不是自足的或界限分明的成分。意义建立在概念化基础之上，建立在我们的世界知识基础之上，语言知识和世界知识没有明确的分界线。（高远、李福印 2007a：ix）

朱德熙（1982/2007）在讨论词义与词的兼类关系时曾对词的语义抽象有过具体论述。"锁"有两个意思，有时指东西（锁和钥匙 | 一把锁），有时指动作（锁门 | 别锁）；因为这两种意义区别明显，所以可以把指东西的"锁"和指"动作"的"锁"看成两个不同的词（朱德熙 1982/2007：38）。但是对象"死"的语义抽象就不那么容易了。"死"有时是失去生命的意思，有时是不活动、不灵活，按照前一种意义，可以说"死了一头猪"，按照后一种意义可以说"办法太死""把门关得死死的"（同上：39）。如果认为这两个"死"意义不同，那么就是两个不同的词；如果认为"死"的两种意义之间有联系，不活动、不灵活是有失去生命的意义引申出来的，把这两种意义抽象为同一个词的意义，那么抽象过程本身就把不同性质的意义概括进去了（同上）。

事实上对语义抽象本身还远远不如朱德熙论述的那样简单。语义抽象过程还是舍弃具体义，提取共性语义的过程。例如，Lakoff（1987）指出，理想化认知模型下"母亲（mother）"应该同时具有以下特征：分娩的人、捐献基因的女性、养育儿童的女性、父亲的妻子、关系最近的女性长辈，但是事实，"母亲"的这一含义把养母义、生母义、继母义、代孕母义舍弃掉了。

　　但是，无论个体词的言语义多么复杂多变，其中总是还有某些言语义联系最紧密而且是最稳定的，这部分最稳定、联系最紧密的言语义就作为概括义进入语言成了词语的语言义。在此基础上，还可以对词语语言义进一步抽象，这就是 Croft（2001/2009：87）所概括的物体词、性质词、动作词。这三类词分别由关系性（relationality）、状态性（stativity）、暂时性（transitoriness）、等级性（gradability）四个语义特点来定义：关系性指，对一个概念的界定是否需要参考其他概念，例如，不参照"跑步者（runner）"这个概念就无法界定动作"跑（running）"或不参照"高的东西（something that is tall）"就无法界定性质"高（height）"，而对"椅子（chair）"或"狗（dog）"的界定则无须参照其他概念；状态性指，一个概念代表的是状态还是过程；暂时性指，一个概念是处于暂时状态或过程，还是内在的永久状态；等级性指，实体是否可以在某个标量维度（scalar dimension）上区分为不同等级。笔者认为对物体词、性质词和动词的这种抽象是具有普通语言学意义的抽象。由关系性、状态性、暂时性、等级性定义的物体、性质、动作如表10所示：

表 10　典型词类的语义特征（另见 Croft1991：65）

	关系性	状态性	暂时性	等级性
物体	非关系性	状态性	永久性	非等级性
性质	关系性	状态性	永久性	等级性
动作	关系性	过程性	暂时性	非等级性

2.2 对词语语法特点的抽象

　　从言语中的个体词到语言中概括词不仅包括对个体词语义的抽象，还应该包括对个体词语法特点的概括。对词语语法性质的抽象至少涉及两个过程：对个体词语法特点的抽象概括和依据概括词之间的语法性质同异度对概括词的再抽象（李宇明1986：118）。李宇明指出，从个体词到概括词的抽象过程，是舍弃每个个体词的语法个性、提取个体词的语法共性的过程。我们还认为任何抽象都是舍弃个性、提取共性的过程，因此，从概括词到词类的抽象也是舍弃个性、提取共性的过程（同上）。

　　为了使抽象的结果最大限度地反映语言事实，必然根据不同语言自身特点采取不同的标准对语言事实进行抽象；即使是同一语言，因为该语言的特殊性，不同学者对不同的抽象标准也会有不同的意见，这也是必然的。Luuk（2009：2）指出，词汇是编码某种功能的，这也是语言学界大多数学者的共识。陈光磊（2004：85-86）也指出：

　　……对于一个词类的成立来说，意义是深层基础，形态是外部表征，功能则是内在属性……所以凭形态标准分出来的词类，实际上所反映和说明的还是词的语法功能特点，说到底还是词的功能类别。同时，并不是所有的语言都用这种形态变化来标志功能；而且即使是形态丰富的语言也不见得每一个词、每一类词都用词形变化来表现功能。所以语言中的词可以没有形态变化，却不会也不能没有功能。做语法分析，做词类划分，抓住了功能才是把握了研究对象的本质，才能有效地探求和阐明用词造句的规律。

　　本书十分赞同 Luuk（2009）和陈光磊（2004）的这番论述，只不过陈光磊（2004）这里所说的是词的语法功能，Luuk（2009）所说的是以 Croft（1991）、Hengeveld（1992）为代表的功能语言学家和语言类型学家所主张的语用功能。陈光磊的"功能说"实质上就词类划分的分布标准，第三章已经对词类划分标准问题进行了详细的探讨，认为应该把语义和语用相结合的综合标准作为词类划分的标准。这不仅在于"语义"已经被证明是词类划分，尤其是解决词类多功能性问题无法回避的问题，还在于语义和语用相结合的标准被Croft（1991，2001/2009）多年的相关研究证明是抽象各种语言词类行之有效的标准，有自己哲学基础，而且符合一般人"把对词类看作像对万物分类一样，是基于一种先验的假设（ontology），主要是对词义的语感的一种体现（詹卫东2009：71）"这样的基本认识。最重要的还有，构式语法研究的成果表明，从语素到词到短语到句子到语篇都属于构式（Fried & Östman 2004：18；转引自李福印2008：295），所以形态和分布都是一种构式。汉语和形态发达的语言相比，只是少有这种作为狭义形态的构式。事实上，即使像英语这种比汉语形态发达的语言，有些时候词类的确定也要凭借作为广义形态的这种构式，例如，英语中"kiss"在没有"数、体、时、态"标记的情况下，就需要广义形态来界定它的词性：能进入述谓构式的就是动词（<u>kiss</u> me），能进入双及物构式的就是名词（如"give me a kiss"）。因此，语义和语用相结合实质上就是语义和构式相结合，只不过指称构式、属性构式与述谓构式分别编码了指称、修饰、述谓这三种语用功能，笔者才说它们是语义和语用相结合的综合标准。Croft（1991，2001/2009）在语义和语用相结合标准下定义的名词、动词、形容词是在类型学上无标记的，它们是功能上的原型：

表 11　名词、动词、形容词的功能上的原型

	指称	修饰	述谓
物体	无标记名词		
性质		无标记形容词	
动作			无标记动词

笔者注意到 Croft（1991：93–95，2001/2009：85/102/105，2007：424）一再强调，他所定义的名词、动词、形容词是语言共性的范畴（language-universal categories），它们描写的是功能上的原型（functional prototypes），不是具体语言的语法范畴（language-specific/particular grammatical categories）。但是，Croft（1991：94–95）还明确指出，要弄清楚类型学上具有普遍性的语法范畴与具体语言语法范畴之间的关系，必须明确：

不能把具体语言语法视为一套固定的结构（a fixed set of structures），而应该将它大致视为当前所建立的一套规约（a currently more or less established set of conventions），这种规约是根据约束语言系统的各种外部因素实际所发挥的作用而建立起来的，它由个体语言使用者所遵守，并能随着时间（甚至是言语社区）的变化而变化……词汇语义类和语用功能都属于这种外部因素，（本章所描写的）类型共性模式（typological universal pattern）则代表了这两个参项之间关系所带来的限制。在这些限制中，具体语言（即具体语言的使用者）对词汇语义类和语用功能之间的关系进行规约的方式和程度不同。无论不断变化的语言规约在多大程度体现了词汇语义类和语用功能之间的关系，这种关系都是每个语言使用者认知结构的一部分……

类型学共性预测的不是个别语言语法范畴的具体行为，而是个别语言语法范畴的变异能在语言类型学标记理论所允许的变异模式内找到属于自己的位置。

　　所以，笔者认为应该，在 Croft（2001/2009）基础上结合构式按汉语特点对词语语法特点进行抽象。汉语中需要特别考虑的是，形容词的语用功能问题。根据莫彭龄、单青（1985）的统计分析（见表1），形容词用于述谓的比例十分高。而且像"犯罪事实清楚"中的"清楚"，无论从构式上还是从语用功能上，都看不出它和动词有什么区别。甚至有些形容词因为只能作为谓语被称为唯谓形容词。所有这些导致：有些学者认为，尽管在形容词的次范畴分类上不尽相同，汉语形容词是一个独立词类；有些学者认为，汉语中存在着一个相当于形容词范畴的这么一个类，但是它们与动词区别不大，是动词的一个次类；有些学者认为，汉语没有形容词（张国宪2006：383）。

表12　汉语三大实词句法功能统计表

	主语	谓语	宾语	定语	状语	补语
名词	21.2	0.18	49.04	20.09	6.5	0
动词	0.91	76.7	2.86	6.52	7.15	5.88
形容词	1.72	26.2	6.03	42.0	19.1	4.8

　　为此，沈家煊（1997）专门对汉语性质形容词和状态形容词做定语和谓语情况进行了研究。沈家煊（1997：248）得出的结论是，汉语形容词的典型的或无标记的句法功能是充当定语，因为：

　　从形容词句法功能的标记模式看，性质形容词做定语是无标记的，尤其是表示大小、颜色、好坏这样一些概念的单音节形容词，它们的数量不大，但十分频繁地不加任何标记充当定语。性质形容词是典型的、无标记的形容词。从组合形态看，状态形容词几乎都是从性质形容词通过重叠、附加后缀、前加程度副词等方式派生而来的。

　　张国宪（2000：457，2006：412-414）指出，根据功能上的充当定语，语义上的量性、连续性、恒定性以及韵律上的单音形式这些形容词的典型特征来判断，性质形容词是形容词的典型成员，而其他形容词则是非典型成员。在形容词内部，从典型的性质形容词到典型的状态形容词构成了一个连续统，处在连续统中间位置的形容词则表现出对典型特征的不同感受度（同上）。从形容词外部来说，形容词处于词类连续统名词和动词的中间位置，所以表现出与名词和动词的相关性：有些形容词十分接近抽象名词和定语位置上的普通名词，有些形容词则表现出更多的与动词相通之处（同上）。

崔艳蕾（2004：306）指出，一般认为性质形容词可以做谓语，但是经过考察后发现，性质形容词能自由做谓语的，几乎没有，比如"小王能干"，如果没有任何语境，就不是一个完整的句子。完整的句子应该是"小王很能干"。所以说，形容词做谓语有其自身的特点，有的能单独做谓语，有的必须带上别的什么成分才可以，比如前面加上程度副词，或者后面带上补语，有的则只能做主谓谓语句谓语部分的谓语，或者做兼语式的第二个谓词，等等（同上：305）。

韩玉国（2004：115）在分析了以往对汉语形容词的分类后，把汉语形容词重新区分为性质形容词（能直接做定语、可做谓语的一级性质形容词，如"矮小、一致、惨"；必须加"的"[①]后才能做定语，可做谓语的二级性质形容词，如"白皙、灵敏"；必须加"很"后加"的"才能做定语的三级性质形容词，如"凑巧、匹配、艳、香"）、唯谓形容词（如"迅速、准时"）、复杂形容词（文言词，如"参天、高耸"，和原状态形容词，如"沉甸甸、绿油油"）、非谓形容词（如"任意、真正"）和情状形容词（表示数量、时间、处所、频度、范围、方式、情状等，如"民主、审慎"）。并且，韩玉国详细比较了一、二级形容词及复杂形容词做谓语的情况（同上）：

表13　一、二级形容词及复杂形容词做谓语的情况

	一级性质形容词	二级性质形容词	复杂形容词
直接作谓语	0.8%	2.2%	29%
直接主谓谓语句中小谓语	8.2%	47.2%	21%

韩玉国（2004：120–121）对一、二级形容词作谓语的情况进行分析后指出：

（i）二级形容词做谓语之所以强于一级形容词在于它描写性较强；可以直接做小句谓语的形容词之所以比较多在于，主谓谓语句本身具有完句因素，

---

① "的"字被视为强描写性的标记（韩玉国2004：116）。

是"很 adj"之后的另一种主要完句方式。

（ii）双音节[①]的二级性质形容词直接做谓语、做主谓谓语句中的小谓语及直接在"得"后做补语的功能强于一级性质形容词，在于它们与状态形容词更为接近，可谓性比较强。

（iii）形容词在充当句法成分时，确实有两极存在：一极是强定语性，另一极是强谓语性；而形容词的句法功能类，就是在这两极间游移的相邻个体的集合。

Croft（1991）更是从类型学角度对形容词作为名词和动词之间的这种中间地位进行了详细分析。他指出，和名词、动词一样，形容词构成人类语言的一个主要句法范畴，因为它代表着具有单价性（unary valence）、状态性（stativity）、持久性（persistence）、等级性（gradability）特征的词汇语义类与修饰语法功能之间的无标记或典型的关联；但是，作为词类，形容词的地位和名词、动词的地位是绝对不同的，相对名词、动词来说，形容词是非典型甚至是有标记的句法范畴（Croft 1991：130–133）：

（i）在许多语言中形容词是个封闭类，而名词、动词是个开放类。再有，从使用频率上说，与名词、动词相比，形容词也表现出标记性特征。在俄语中形容词性词根（即词根表性质）远远比名词性和动词性词根少；根据文本统计，典型形容词的出现频率远远比典型名词和动词的出现频率低，修饰语远远比述语和指称语少。

（ii）和名词、动词的语法特点相比，形容词在语法特点上也处于中间地位。在结构标记上，形容词谓语的标记性介于名词谓语和动词谓语之间，名词谓语比形容词谓语更需要结构标记（系动词）。语言样本表现出这样的蕴涵共性：如果名词谓语构式不需要系动词，形容词谓语构式也不需要。在Swahili 语中，在主语是第一、二人称时，名词谓语通过"'动词一致'前缀"（verbal agreement prefixes）进行屈折变化，在主语是第三人称时，使用系动词；在主语是第一、二人称时，形容词谓语也使用"'动词一致'前缀"，但是当主语是第三人称时，它可能使用系动词也可能使用"'动词一致'前缀"。一种语言如果有形态手段使动词表修饰，那么它必有形态手段使动词表指称。

---

① 单音节性质形容词只分布于一、三级性质形容词中，三级性质形容词口语色彩最浓，二级次之，而二级性质形容词均为双音节，且书面语色彩最为浓厚（韩玉国 2004：116）。

语言样本还表现出这样的蕴涵共性：如果在一种语言有形态手段使动词表示修饰，那么一定有形态手段使它表示指称。

（iii）形容词分别与名词和动词共享某种形态屈折。例如，在图尔卡纳语（Turkana）中，形容词"数"的屈折与名词"数（number）"的屈折相似，而形容词"一致（agreement）"和"修饰（修饰）"标记与动词的相同。

（iv）与名词、动词相比，形容词作为句法范畴的次要、中间地位还可以通过语义和语用功能来解释。修饰是指称和述谓的附属功能：修饰语要么用来描述所指的特性（即限定性修饰），要么用来增加有关所指的信息（即非限定性修饰）。形容词要么用来丰富（enrich）名词的形象（image），要么经常用作谓语，有时很难与动词区别。这样，修饰语所拥有的功能就表现为次要语用功能 [所以，典型修饰语（形容词）的地位是有标记的]，而且这种功能要么类似指称功能，要么类似述谓功能（所以，形容词作为句法范畴处于名词和动词的中间地位）。从语义上说，形容词也处于中间地位：排除等级性，典型的形容词与动词一样都是非零价的，和名词一样都具有状态性和持久性，只有等级性是形容词独有的特征。所以，无论从语义还是语用功能上说，形容词都处于名词和动词的中间地位。

但是 Croft（1991：133）指出，对语言使用者来说，形容词的次要语用功能和语义上的等级性这两个区别性特征，足以成为形容词作为句法范畴的重要显性特征了。

上述学者的研究表明，形容词的功能是十分复杂的，而且形容词功能上的复杂性不是汉语独有。从普通语言学角度说，形容词的复杂语法特点，是由修饰功能相对指称功能和述谓功能来说的附属地位决定（Croft：1991，Hengeveld 2010）。尽管相关学者从不同角度证明，定语是形容词的无标记功能，但是语言事实是，对以汉语为母语的普通人来说，现代汉语中形容词也可以无标记用于述谓，但又与动词用于述谓有所不同。基于这种考虑，笔者认为，汉语形容词还是独立于动词的一个词类，但是不带宾语的汉语形容词用于述谓不算作特殊用法，只有用于述谓而且带宾语的形容词才算有标记的用法，因为带宾语的形容词用于述谓无论在语义上还是语用还是有很大区别的，例如，"那她一定以为你要轻薄她而打了你"（《京华时报》2002.11.26）。"轻薄"本是形容词，指"言语举动带有轻佻和玩弄的意味"（《现汉》），但是，在"轻薄她"这一表达中却有了"对（她）非礼"的含义。笔者从汉语实际特点出发，以解决汉语词类多功能性为目标，把表11修改为表14，其中表中用"X"标注的区域表示动词区别于形容词的各种特征，如带"宾语"等。也就是说，汉语无标记名词、形容词和动词分别为物体/指称、性质/修饰–述谓、动作/述谓。

表 14　现代汉语名词、动词、形容词

	指称	修饰	述谓	
物体	无标记名词			
性质		无标记形容词		X①
动作			无标记动词	

2.3 对语法槽位的抽象

尽管语法槽位的性质在词类抽象过程中被完全忽略了，但是语法槽位在词类实现多功能性过程中具有不可替代的作用，因此必须加强对语法槽位性质的认识。

根据笔者所掌握的资料，国内对构式的研究最早见于李宇明（1986）的"语法位"说、赵金铭（1992）对"NP施+V1+给+NP与+V2"句型的分析②和邢福义（1997）的"结构槽"说以及邢福义（2003）的"句管控"说；国外对构式的最早研究始于20世纪70年代中期Fillmore（1975）的框架语义学和Lakoff（1977）的格式塔语法（Gestalt Grammar）（Goldberg1995，2007）。与国外相比，无论是"语法位"说，还是"结构槽"说、"句管控"说都是为了解释汉语词类多功能现象提出来的。李宇明（1986：119）指出，每一个个体词在语句中都处在一定的位置上，而且每一个语句伴随着词语串（音段成分）还有重音、停顿、句调等超音段成分；当我们把个体词切割下来的时候，也

---

① X表示形容词有标记做谓语的情况。

② 该文从语法结构和内部语义关系上分析了现代汉语中的"NP施+V1+给+NP与+V2"句型，指出该句型特殊之处：（i）在于"给"具有不同含义；（ii）V1和V2包括若干不同的动词小类，这些动词小类所具有的语义特征制约了句型的语义特点（赵金铭1992：1）。该文的分析思路与Goldberg（1995）的构式语法分析思路是一致的。

就把伴随该个体词的超音段成分和该个体词所在的位置切割下来了；当把个体词概括为概括词时，个体词的超音段成分和该个体词所在的位置被当作个体词的个性而舍弃了。对于音段成分的研究来说，这种舍弃是必要的，但是要对一个语句进行全面研究，就不能不考虑被舍弃的个体词的超音段成分和该个体词所在的位置（同上）。李宇明（1986）认为，"位置"在语句中起着相当重要的作用，并称之为语法位；通过对个体位的抽象概括，可以得到主位、宾位、述位、定位等概括位；根据语法性质的同异度对这些不同语法位进行进一步抽象概括还可以得到像指称位这种更高层次的位类。

然而我国的这种构式研究并没有发展成一种语法理论。从本书具体研究的角度出发，我国的构式研究存在以下几个方面的不足：

（ⅰ）认识到构式对词类多功能性的重要影响，但是没有考虑语词和构式在语义映射中作用。而 Goldberg（2007：27）从自己的研究对象出发指出，语义和句法之间的映射是通过构式而非词条完成的。

（ⅱ）分布作为词类划分标准在我国应用多年，尽管认识到单项分布、总体分布、部分分布都存在悖论（郭锐2002：66–67），但是没有认知到分布应该作为词类划分的依据。而 Croft 从言语行为角度出发提出，应该把表达命题行为功能的指称构式、述谓构式、属性构式作为确定词类的重要分布，并与语义相结合确立了类型学上的名词、动词、形容词。

（ⅲ）笔者的构式概念仅限于分布意义上的构式，向上没有抽象出双及物构式、致使－移动构式（caused motion）、动结构式、非及物移动构式（intransitive mototion）、意动构式（conative）、共变条件构式、被动构式、焦点构式、感叹构式，向下没有对每类构式进行进一步具体化。

例如，属性构式是用来定义形容词的，但是为什么在"开会时间、购物时间、上班时间"这样的表达中，可以用动词修饰名词呢？为此，笔者以"时间"为关键词，在人民网报刊杂志检索系统进行搜索，考察了含有"时间"用法的前60个例句（见附录一），其中用动词修饰时间的有：

（4）a. 采集到的信息将尽快反馈到乘客，以便及时引导乘客错开置换人多车站和高峰时段，尽量减少乘客的<u>等候</u>时间。（《京华时报》2006.3.30）

b. 市教育考试院昨天宣布，4月15日至25日为学历文凭考试<u>报名</u>时间，本次考试共开考26个专业，93门课程，其中笔试课程87门，非笔试课程6门。

（《京华时报》2006.3.30）

c. 其他干部参加脱产教育培训的时间，根据有关规定和工作需要确定，一般每年累计不少于12天。（《京华时报》2006.3.30）

d. 列车开行具体时间是：5036次：上海13.31开无锡15.43到；5035次：无锡16.47开苏州17.26昆山17.54上海18.32到；T762次：上海16.12开无锡17.26到；T761次：无锡18.08开苏州18.31上海19.22到。（《江南时报》2006.3.30）

e. ……一方面降低民警的工作效率，增加办证人员的等待时间，另一方面给人杂乱无章的印象，给一些违法中介有了可乘之机。（《江南时报》2006.3.30）

f. 据了解，以前苏州市场上的竹笋主要以福建的毛笋为主，个体短而粗，上市的时间一般集中在2、3月份；而溪口有机雷笋则是一种小型的春竹笋，个体细而长，口感也和毛笋有很大的区别，它上市的时间正好在毛笋即将下市的3月底。（《江南时报》2006.3.30）

g. 社区民警邹征告诉记者，在他所管辖的社区里，有5个小区都有警务室，每周三上午9点到10点，下午2点到3点，是他在万科金色家园的办公时间，如果他不在，需要他帮助的话，门口的留言信箱和他的电话都能方便居民找到他。（《江南时报》2006.3.30）

h. 发行时间：2006年3月7日（《江南时报》2006.3.30）

i. 而且，妇产科诊所强调，付钱给捐献者主要是为了对他们付出的时间和努力，给予一定补偿，而不是买卵子。（《江南时报》2006.3.30）

j. 28日7时许，祁志刚按照约定的时间与王建群见了面。（《江南时报》2006.3.30）

k. 该项技术将葡萄成熟期延后20天，采收时间延后3个多月，亩产值和亩利润是普通栽植葡萄经济效益的数倍。（《人民日报海外版》2006.3.30）

l. 他全身心地投入到收集民间故事、民间歌谣、谚语和歇后语的活动中去，不易凭头脑记的，就用本子记录下来，再抽时间进行整理编写。（《人民日报海外版》2006.3.30）

m. 预计全国统一上市时间为4月8日。（《华南新闻》2006.3.30）

n 迪拜交易所每天交易时间长达13小时，可连接东京和伦敦市场，有利于套利操作。（《国际金融报》2006.3.30）

笔者的考察表明，动作动词修饰时间是一种普遍现象。笔者认为，动作动词之所以可以直接形式名词在于，一方面，以"时间"为中心语构成的属性构式具有时间性，而表示时间的属性构式与动作兼容：动作的执行需要时间，而时间本来就是记录动作的；动作动词直接修饰"时间"名词不存在形成动宾结构的可能性。正是同时满足了这两个条件，才有了例（4a/b/d/e/g/h/k/m/n）的"等候时间①""报名时间""开行具体时间""等待时间""办公时间""发行时间""采收时间""上市时间"和"交易时间"。因为"付出"和"约定"分别可以和时间构成动宾结构，所以它们在例（4i/j）中用作定语修饰"时间"时，分别带了"的"；例（4l）"抽时间"中间没有插入"的"，形成的就是动宾结构，这也是作者所期望的；例（4c）"时间"前加"的"，是因为修饰"时间"的不是"培训"，而是"其他干部参加脱产教育培训"构成的整个小句。上述例句中（4f）"上市的时间"是个例外，因为"上市"都不可能与"时间"形成动宾结构，而且在例（4m）直接用的就是"上市时间"，笔者认为，这可能与文体或作者习惯有关系。

笔者认为，例（4c/i/j）中的"的"不是属格形式，而是关系小句标记（relative clause marker）。Croft（1991：76）指出，汉语中的动作名物化（action nomilizations）和补语（complements）一般没有与之相关的非零派生语素（nonzero derivational morpheme）；关系小句和属格标记都用"的"。例如（同上）：

（5）喜欢　　　　抽烟　　　　的　　　　　人

　　　like　　　smoke　　　MOD②　　　people

　　　'people who like to smoke'

上述例句还表明，时间属性构式中的动词是否带"的"主要取决于动词类型。动词能出现在时间属性构式中是这种构式的要求，动词本身的词性没有发生任何改变。

通过上文对构式的介绍，笔者认为构式具有以下特点：

（i）构式的意义或形式具有不可推导性（Goldberg1995：4，2007：4）；

（ii）构式至少在某种程度上是抽象且复杂的（Croft2001/2009：16）；

（iii）构式是个封闭类成分（Goldberg 1995：29，2007：28）；

---

① 严格地说，"等待时间"和"等候时间"也可以理解成动宾结构，但是在言语交际中很少把它们当作动宾结构来用。

② MOD=modification marker

（iv）一个表达式是由许多构式组合而成（Goldberg2006：10），它的意义源于词项意义和构式意义的整合，而不是直接由其词项意义决定的（Goldberg1995：10/16，2007：10/15）；

（v）语义和句法之间的映射是通过构式而非词条完成的（Goldberg1995：28，2007：27）；

（vi）一个词与其所在的结构共同构成一个生态系统（ecological system），其意义在该系统之外不一定存在（Langacker2000：18；转引自高航2009：24）。

以构式的上述特征为出发点，结合我国目前对构式的研究现状，笔者认为，仅仅依靠"构成成分"对有关语言现象无法做出合理解释的前提下，应该从广度和深度两个方面加强对构式的抽象。正因为，对构式持有这种理念，笔者才认为，从言语到语言必然有对构式的抽象，从语言到言语，构式更是起着不可或缺的作用。

第三节　从语言到言语的具体化

言语是对语言工具的运用。范畴从语言到言语是个还原过程，是对言语既有抽象的具体化，具体包括对语言中语词语法特点的具体化、语言中语词语义的具体化、语言中构式的具体化。从言语到语言的抽象化三者可以分开进行，但是从语言到言语的具体化是同时进行的，它表现为在这种具体化过程中三者之间的互动。

3.1 三大实词返回言语的变异规律及其深层解释

正因为，语法槽位在词类实现其多功能性过程中具有不可替代的作用，所以对抽象出来的词类返回言语后所表现出来的多功能性的解释必须在词的语义特点、语法特点及其所在的语法槽位的共同作用来进行。笔者将在 Croft（1991，2001/2009，2002/2008）基础上探讨现代汉语三大实词在返回言语中变异规律及其深层解释。

3.1.1 三大实词返回言语的变异规律

Croft（2001/2009：92）指出，构式与范畴之间的关系在语言使用者的语言知识中表现为多对多的映射（many-to-many mapping）。因此，名词、动词、形容词表现出多功能性是必然的。但是，相对于物体/指称、动作/述谓和性质/修饰这样的自然关联（natural correlations），其他各种非自然关联（unnatural correlations）在类型学上是有标记的。Croft（1991）和Croft（2001/2009）指出非自然关联的标记包括结构标记、行为标记、语篇标记，笔者把Croft（1991：74-77）和Croft（2001/2009：73）提出的非自然关联中语义变化视为语义标记。另外，在这4种标记中，除了结构标记和行为标记要根据汉语情况（即表13定义的现代汉语无标记名词、形容词和动词）适当改造外，其他而种标记基本适用汉语情况。笔者认为，在把编码物体/指称、动作/述谓和性质/修饰–述谓的指称构式、述谓构式和属性–述谓构式作为定义现代汉语三大实词的构式的基础上，把与名词、动词和形容词有关的其他构式视为它们表示指称、述谓和修饰的特点，并通过这些构式对物体、动作、性质与指称、述谓、修饰–述谓之间各种非自然关联的结构特点、行为特点、语篇特点和语义特点进行合理解释，不仅是对岑麒祥提出词类划分标准——通过"把词义上的特点、形态学上的特点和句法学上的特点各自的地位摆好了，使它们相互配合起来应用"来解决汉语词类划分问题（岑麒祥2010b：50）——的进一步实践，而且是对岑麒祥观点的发展：类型学上三大实词的语义特点及其各自在有标记组配中的语义标记就是岑麒祥所说的词义特点，结构编码和行为标记中的屈折行为编码就是岑麒祥所说的词在形态学上的特点，类型学上三大实词的语法特点及其各自在有标记组配中的句法行为编码共同构成了岑麒祥所说的词在句法学上的特点。

l. 结构标记

Croft（1991：58）指出，所有语义类和语用功能的有标记组配都需要用额外的语素来表示这种语用功能标记性，并称之为功能标记形态句法（functiona-indicating morphosyntax）成分（我们称之为结构编码，下同）；而无标记组配则缺少这种结构编码。那种只用于某些组配而不用于其他组配的[非零（nonzero）]结构编码，是前者相对于后者有标记性的积极证据（positive evidence）；然而，在有些语言中有标记组配也不带结构编码，Croft称之为零标记（zero marked），例如，英语中"state budget"，这里名词"state"被用于修饰，但是没有带任何结构编码，这种零标记名词既用于指称又用于修饰的语言事实则是，有标记组配和无标记组配区分的中性证据（neutral evidence）（同上）。事实对于少有形态变化的汉语来说，这种情况更普遍，例如"大学教授"中物体词"大学"被直接用来修饰"教授"，"方便群众"中性质词"方便"被直接用于述谓。还有一种情况，无标记组配使用非零结构编码，而有标记组配却使用零结构编码，例如，物体表指称带非零结构编码，而物体表修饰却不带任何结构编码（或者说带零结构编码），这种情况构成了标记理论的消极证据（negative evidence）；这种语言在类型学上是不存在的（同上）。所以，Croft（1991：58-59，2001/2009：92，另见克罗夫特2009：109）指出：

如果一种语言用 n（n ≥ 0）个语素编码了语法范畴中类型学上的无标记成员，那么用于编码该范畴中类型学上有标记成员的语素数量至少不少于 n。

词类的类型学原型（对应传统的名词、动词、形容词）以及语义类和语用功能有标记组配（即词类的多功能性）的结构编码情况如表15所示（Croft 1991：67，2001/2009：88，2002/2008：185；克罗夫特2009：220）。

表15　词类的显性标记的结构编码构式 [①]

	指称	修饰	述谓
物体	无标记名词	属格、形容词化词（adjectivilizations）、名词的附置短语（PPs on nouns）	述语性名词（predi-cate nouns）、系动词
性质	去形容词性名词（deadjectival nouns）	无标记形容	述语性形容词（predicate nouns）、系动词
动作	动作名词（action nominals）、补语（complements）、不定词、动名词	小品词、关系小句、不定式 [②]	无标记动词

去形容词性名词和动作名词都属于性质词和动作词用于指称的名物化形式，如，例（6a-b）。物体词用于修饰或使用属格 - 's，或使用名词的附置短语，或被形容词化，如例（7a-c）。除了用动作名词表指称外，动作动词用于修饰和指称的其他手段可以区分限定型（finite types）和非限定型（nonfinite

---

① 即 Croft（1991：58）中非零功能标记语素（nonzero function-indicating morphemes），Croft（2001：88）则把这种语素纳入构式范畴。

② Croft（1991，2001/2009，2002/2008）都没有将不定式视为动作动词用于修饰的结构编码，经过与 Croft 教授本人确认，不定式应该视为动作动词用于修饰的结构编码，原书印刷有误。

types）：补语化成分（complementizer）that 在例（8a）中使动作动词所在的从句成为全句的一个主目（argument），在（例8b）中使动作动词所在的从句成为 "the man" 的修饰成分，例（10）中的关系代词 which 使动作动词 "fell" 所在的从句成为 "the tree" 的修饰成分，这些都是动词用于指称或修饰的限定型手段；–ing 例（9a）中的使 "run" 以动名词形式表指称，在（9b）中使 "run" 以小品词形式表修饰，（9c）中的 "learn to communicate" 则以不定式形式表指称，这些都是非限定型手段。物体词和性质词用于述谓的标准性结构标记（standard structural mark）是系动词 "be"，如例（11a–b），但是 Croft（1991：68）指出，在图尔卡纳（Turkana）和汉语官话中，只有物体词用于述谓才用系动词，性质词用于述谓不用；在斯瓦西里语中，在主语是第三人称时，物体词用于述谓必须用系动词，性质词用于述谓可以用也可以不用，其他情况只需带有与主语保持一致的前缀即可，无需用系动词；在土耳其语、亚齐语（Acehnese）、沃雷艾语（Woleaian）、拉克哈塔语（Lakhota）、基切语（Quiché）中，无论是物体词还是性质词用于述谓，都无需用系动词。

（6）a. goodness, happiness

b. destruction, production

（7）a. Bill's book

b. the book on the dresser

c. wonderful scenery（http：//dj.iciba.com/wonderful[①]）

（8）a. She realized that he was not going to leave her.

b. the man that left the party earlier

（9）a. Running is bad for your knees

b. the woman running down the road

c. It is important to learn to communicate.（http：//dj.iciba.com/important% 20to）

（10）the tree which fell on my house

（11）a. That is a cypress.

b. That cypress is big.

[①] 这里的例句，除了特别指出的外，都来自 Croft（2001/2009：88–89）。相关解释依据的是 Croft（1991：67–78, 2001/2009：88–89, 2002/2008：185；另见克罗夫特2009：220）。

Croft（1991：67-68）指出，派生形态（derivational morphology）成分可以进一步区分为功能标记形态成分和类型转变形态（type-changing morphology）成分。类型转变形态成分改变了词根（lexical roots）的语义类型，如"runner"中的"-er"使"run"这个动作变成了动作的执行者（同上：68），而功能标记形态成分不涉及主要语义变化、跨概念类和语法功能，它的结构编码表现为功能标记形态成分的类型学分布（Croft2002/2008：185；克罗夫特2009：220）。

对照表15，汉语物体词的确有属格、系动词手段可以用来实现词类的多功能性[1]，如"小王的书包""小王是学生"；有的形容词用于指称可以借助"-性"这样的功能标记成分（如"舒适性、准确性、稳固性"）[2]；动词可以通过关系小句标记"的"用于修饰，如例（5）"喜欢抽烟的人"。但是汉语词类多功能现象的主流事实是：形容词用于述谓构成了它的一种功能，无需系动词；物体词用于修饰（如"中小学教师"）和述谓（他越来越官僚了）、性质词语用于指称（如"虚心使人进步，骄傲使人落后"）和述谓（指性质词用于述谓并带宾语，如"方便群众"）、动词用于指称（逃学不是好习惯）和修饰（如"开会时间"）无需任何结构编码，详见第一章"现代汉语三大实词多功能性的表现"。即使像"-性"这种功能标记成分，在功能识别中也不具排他性，正如岑麒祥（1956：25-26）所指出的那样，有些词有可以表示个别词性的附加部分，例如"老头儿""稳固性"，但是这些附加部分只限于一部分词使用，而且有些词，例如"慢慢儿""索性"，虽然也有如"老头儿""稳固性"一样的后加部分，但是它们并不是名词。由此可见，即使笔者按照汉语形容词特点，把Croft（1991，2001/2009，2002/2008）类型学上的无标记名词、形容词、和动词从物体/指称、性质/修饰和动作/述谓修改为物体/指称、性质/修饰-述谓、动作/述谓，汉语依然少有标示有标记组配的结构编码，见表16。

---

① 表15中名词用于修饰的编码"名词附置短语"相当于汉语中的方位短语，如"桌子上的书"，或介词短语，如"来自美国的教授"，但是在像"桌子上的书"和"来自美国的教授"这样的表达中，修饰中心语的不再是"桌子"和"美国"，而是它们与方位词"上"和介词"来自"共同构成的方位短语和介词短语，汉语中修饰中心语的介词短语或方位短语中的名词没有因此具有多功能性。

② Croft（1991：72）借用 Li & Thompson（1981）的用例指出，汉语形容词通过正反义性质词连用表指称，如"大小"表尺度（size），"高矮"表高度（height）。

表 16　现代汉语三大实词显性标记的结构编码构式

	指称	修饰	述谓
物体	无标记名词	属格标记"的"	系动词"是"
性质	去形容词性名词（如"－性"）	无标记形容词	X
动作		关系小句标记"的"	无标记动词

对像汉语这种缺少结构编码的语言，Croft（1991：68/77）指出，必须通过对语法行为的考察来寻找物体、动作、性质与指称、述谓、性质之间有标记组配的积极证据。

II. 行为标记

类型学考察表明，词汇语义类和语用功能有标记组配的结构编码使用非零语素（nonzero morphemes）；但是，还有某些例外情况存在：有些语言在使用非动词述谓（non-verbal predication）时（尤其是形容词用于述谓的时候），不用系动词；有些语言在用名词做修饰语（nominal modifers）时不用属格标记，有些语言在使用名物化（nominalizations）结构时（即动词用于指称时），依然用简单的动词形式（simple verb forms）（Croft 1991：79）。由此可见，有标记组配使用零编码，绝不仅限于汉语。Croft 指出，对这些例外情况，我们必须通过语法行为（包括屈折行为和句法行为）来为跨语言定义下的名词、动词、形容词（作为类型学上原型的名词、动词、形容词）的标记模式（markedness pattern）寻找积极证据；事实上，即使在有结构编码的有标记组配中，也存在这种行为标记模式（同上）。行为标记和结构标记的一致性体现了类型标记在语法中的普遍性（Croft 2002/2008：96，另见克罗夫特2009：114）。

句法行为指表现语法范畴行为潜能（behavioral potential）的构式的分布情况（Croft 2001/2009：91），我们称之为句法行为编码。屈折行为指特定语法范畴的形态变化，例如，"时、体、语气"这三个屈折构式分别编码了情境（situations）的时间特征（temporal property）、体的特征（aspetual property）和情态特征（modal property）（同上：90），我们称之为屈折行为编码[①]。同时，这些屈折构式也为词汇语义类和语用功能所定义，如，在英语中，只有动作动词（action words）允许有"时"的屈折变化（同上：90-91）。所

---

① 句法行为编码和屈折行为编码统称为行为编码。

以，屈折构式与词类共性理论相关，这些屈折构式是与词类相关的屈折范畴（Croft2001/2009：91，1991：79）：

名词：数（可数性）、格、性、大小（size）[表示大（augmentative）或小（diminutive）的词缀]、形状（类别词）、限定性（definteness）、可让与性（alienability）、与拥有者的一致性（possessor agreement）

形容词：比较级构式、最高级构式、同级构式（equative）、强化构式（intensive）（如"very Adj"）、约量构式（approximative）（如"more or less Adj"或"Adj-ish"）、与中心语的一致性（agreement with head）、性/格/数与修饰语的一致性（gender/case/number agreement for modifiers）

动词：时、体、语气和情态、主目与述谓一致性（argument agreement for predications）、及物性语词的语义类和语用功能无标记组配及其有标记组配进入言语所表现出来的规律为（Croft2001/2009：91）：

如果编码语法范畴成员行为潜能（behavioral potential）的构式存在该范畴中，那么这个构式至少存在于该范畴的无标记成员中。

也就是说，无标记成员至少表现出和有标记成员同样多的语法行为。Croft（2002/2008：97-98）将这一规律进一步表述为：

屈折潜能：如果有标记值在一个屈折变化聚合中有一定数量的区别形式，那么无标记值在同样的屈折变化聚合中至少有相同数量的区别形式（克罗夫特2009：114）。

分布潜能：如果有标记值出现在一定数量的不同语法语境（构式类型）中，那么无标记值至少会出现在有标记值出现的那些语境中（116）。

上文所列名词、动词、形容词的屈折范畴也叫形态范畴。汉语属于形态范畴不发达的语言，很少依靠形态变化表达语法意义的孤立语言（isolated language），一般认为汉语有体范畴，把"着、了、过"看作是表示体的语法标记，分别表示进行体，完成体和经历体，如"他正吃着饭呢""我吃了饭就去""我看过这个电影"（岑运强2005：177，另见2009：171）。所以说，与形态发达的语言相比，现代汉语也少有体现屈折行为潜能的构式。但是，汉语却有体现句法行为潜能的大量构式存在。从某种意义上说，这也是对汉语少有形态变化的一种补偿。笔者认为，Croft（2001/2009：91，1991：79）列出的名词屈折范畴"形状（类别词）"、形容词的屈折范畴"强化构式"和"约量构式"、动词的屈折范畴"及物性"实质上是一种分布。

根据表14定义的现代汉语三大实词，参照袁毓林等（2009）的名词、动词、形容词隶属度量表，现代汉语三大实词词汇语义类和语用功能自然组配至少有以下分布潜能：

名词：可受数量词修饰（如"一个人"）；可以做典型的主语或宾语（如"厂长走了""增加人员"）；可以后附助词"的"构成"的"字结构 [然后做主语、宾语或定语] [如"塑料的（拖鞋）比较便宜""想买木头的（饭桌）""工资的问题"]；可以后附方位词构成处所结构（然后做"在、到、从"等介词的宾语，这种介词结构又可以做状语或补语修饰动词性成分）[如"在被窝里（看书）""到群众中（锻炼自己）"、从质量上（下功夫）、（把枪藏）在饭盒里）]（袁毓林等2009：70-71）

动词：可以受否定副词"不"或"没有"修饰（如"不走""没有前进"）；可以带真宾语，或者通过"和、为、对、向、拿、于"等介词引导其必要的论元（如"看电影""和朋友见面""为子孙造福""对孩子发火""向观众挥手""拿次货充数""昆曲起源于昆山"）；可以有"VV、V一V、V了V、V不V、V了没有"等重叠或正反重叠形式（如"坐坐""琢磨琢磨""瞧一瞧""说了说""吃不吃""馋了没有"）；可以做谓语或谓语核心（如"咱们走""我们马上出发"）；可以跟在"怎么、怎样"之后，对动作的方式进行提问，或者可以跟在"这么、这样、那么、那样"之后，用以做出相应的回答（如"怎么剪？这么剪！""怎样开？这样开！""怎么调查？那么调查！""怎样发展？那样发展！"）（袁毓林等2009：76-77）

形容词：可以受程度副词"很"等修饰（如"很好"）；可以做谓语或谓语核心（因而一般可以受状语或补语修饰）（如"他们小气""咱们大方一点"）；可以做定语直接修饰名词性成分（如"大碗""漂亮衣服"）；可以做补语，或者可以带"得很、极了"等补语形式（如"拉平""好得很""糟糕极了""忙得不得了"）；可以做"比"字句的谓语核心，或者可以用在"越来越……"格式中（如"北京比天津大""越来越多"）；可以跟在"多"之后，对性质的程度进行提问，或者可以跟在"这么、这样、那么、那样"之后，可以做出相应的回答，或者可以跟在"多么"之后表示感叹（如"<u>多高？这么高！</u>""<u>多宽？这样宽！</u>""<u>多开心？那么开心！</u>""<u>多谦虚？那样谦虚！</u>""<u>多么美</u>"）（袁毓林等 2009：78-79）

Croft（1991：86）指出，只有物体、动作、性质与指称、述谓、修饰之间的无标记组配的成员才可能具有全部的语法行为潜能，因为只有它们才具有屈折形态所要求的语义特征，也就是说，这些无标记组配成员的屈折范畴是为语义上的核心成员设定的。屈折范畴是为词类典型成员设定的这一假设还可以用来解释，主要句法范畴与其子类之间的区别：名词、动词、形容词这些主要句法范畴是由主要语用功能决定的；这些主要句法范畴中的子类（如名词中物质名词与可数名词的区分；动词中状态动词与非状态动词的区分）是被纳入主要句法范畴中的各种边缘语义类成员不同句法行为的副产品（byproducts）（86-87）。这里，Croft 主要是从屈折潜能这个角度来说的，实际上这一结论也适合体现句法行为的构式。把二者综合起来，Croft 的上述观点可以表述为：无标记组配成员的屈折范畴以及体现其句法行为的构式的各种分布，是为语义上的核心成员设定的，即无标记组配成员的行为编码是为语义上的核心成员设定的；名词、动词、形容词这些主要句法范畴是由主要语用功能决定的；这些主要句法范畴中的子类是被纳入主要句法范畴中的各种边缘语义类成员不同语法行为的副产品。Croft 的这种观点可以很好地解释，汉语中三大实词根据各自内部成员在语法行为上的不同表现进一步区分成不同子类这一现象，如张国宪（2000）把现代汉语形容词区分为性质形容词、状态形容词，崔艳蕾（2004）则把性质形容词进一步区分为直接作定语的、必须加"的"才能作定语的、必须前加程度副词后加"的"才能作定语的、直接作谓语的、受程度副词修饰后作谓语的、能直接做状语的、后加"地"才能作状语的、既能直接做定语又能直接作谓语和状语的形容词；刘顺（2005）把名词区分为个体名词/专有名词、物质名词、事件名词/抽象名词、无量名词；黄伯荣、廖序东（1997）把动词区分为动作动词、心理动词和存现动词。笔者认为，这正是践行岑麒祥所主张的"通过'摆好''词义上的特点、形态学上的特点和句法上的特点各自的地位'并'使它们互相配合起来'，来解决'汉语划分词类的问题'"的关键所在（岑麒祥 2010b：50）。

笔者认为，虽然汉语少有形态变化，但是 Croft（2001/2009，2002/2008）从类型学角度概括出来了的词类行为标记规律（尤其是分布潜能）还是适合汉语三大实词的。必须说明的是，尽管 Croft 概括出来的规律适合汉语三大实词，但是必须注意本书是按照表14来定义汉语三大实词的，即名词/指称、性质/修饰－述谓、动作/述谓，所以笔者才按照袁毓林（2009：78）的做法，把可以做谓语并能接受状语或补语修饰视为形容词的行为潜能之一。

Croft(1991：68/77)曾指出，必须通过对语法行为的考察来为物体、动作、性质与指称、述谓、性质之间有标记组配却使用零结构编码的这一现象寻找积极证据。现在根据 Croft（2002/2008：97-98）进一步完善的行为标记观点，我们可以把这一现象解释为：凡是使用零结构编码的有标记组配，它们在语法行为潜能上一定不会强于无标记组配。

另外，我们有必要对有标记组配的结构编码和无标记组配行为编码（包括屈折形态和句法构式分布）进行区分：前者是"异类（有标记组配）"在实现某种无标记组配功能时所采取的必要手段，比如，英语中动词通过动名词形式来表达指称 [（7a）Running is bad for your knees]；后者是，无标记组配的典型成员在屈折行为和句法行为上的特点。由此可见，有标记组配的结构编码和无标记组配的行为编码有着本质上的不同：结构编码是有标记组配的客观要求，拥有更少的行为编码则是有标记组配的必然结果。

但是，笔者想强调的是，无论是结构编码还是行为编码都不具有排他性：在英语中"ful"是功能标记形态，名词通过加后缀"ful"可以变成形容词，但是并不是所有名词加上"ful"都能变成形容词用于修饰，有些名词加上后缀"ful"后依然是名词，如"a cupful of flour（http：//dj.iciba.com/cupful）"；"kind of"是副词，表示"稍微，有点儿，有几分"，用于约量构式，如"He is kind of shy（他有点害羞）（http：//www.onelook.com/?w=kind+of+&ls=a）"，但是，它还可以用在名词前面，如"I'm kind of a workaholic（我有点工作狂）（China Daily 2010.9.1）"；"时"是动词的重要屈折范畴，但是在"The students are waiting to be helicoptered to the provincial capital of Chengdu，according to the doctors from the Third Military Medical University（据第三军医大学医生介绍，学生们正等待直升机将他们运往省会成都）（China Daily 2008.5.17）"这句话中，"-ed"却用于名词"helicopter"了。但是，这些例外并不影响功能标记形态

"–ful"、约量构式"kind of–"和屈折范畴"–ed"在语义映射中的作用，人们还是倾向把进入"–ful"槽位后所形成的表达理解为形容词，把进入约量构式"kind of–"槽位的词项理解为形容词，把进入屈折范畴"–ed"槽位的词项理解为动词。正是从这个意义出发，我们接受了 Goldberg（1995，2006）的构式观："构式的意义或形式具有不可推导性（Goldberg1995：4，2007：4），即构式具有独立于词项的意义；一个表达式的意义源于词项意义和构式意义的整合，而不是直接由其构成成分决定的（Goldberg2007：10）；语义和句法之间的映射是通过构式而非词条完成的（Goldberg2007：27）。这一点对少有形态变化的汉语来说尤为重要。与形态发达的语言相比，汉语既少有结构编码，又少有屈折行为编码，拥有较多的是句法行为编码，而句法行为编码排他性更弱。句法行为编码为相关词类成员提供了语法槽位，当某个词类成员进入其他词类的语法槽位时，该成员语法槽位的作用也就具备了与这种语法槽位相应的优势词类的语用功能，例如，程度构式"很 –"中的优势词类是形容词，当名词进入这个构式后，自然就具备了修饰功能，如"很男人"；否定构式"不 –"中的优势词类是动词，当名词进入这个构式后就具备了述谓功能，如"男不男，女不女"；数量构式"一份 –"中的优势词类是名词，当动词进入这个构式后就具备了指称功能，例如"一份声明"。

这里需要说明的是，无论是结构编码还是行为编码，都是提供某种语法槽位的构式。如"–ful"为名词提供了形容词化槽位，"kind of–"和"–ed"提供的槽位分别是形容词和动词的优势槽位。

Ⅲ. 语篇标记

决定标记模式的第三因素是语篇频率（Croft1991：87–93，2001/2009：105，2002/2008：110–117）。Croft（2002/2008：110）将它完整地表述为：

文本（例）频率 [Text（token）frequency]：如果在某个给定的文本样品中，范畴的类型有标记值以一定的例频率出现，则无标记值在该文本中至少以同样的例频率出现（克罗夫特2009：114）。

也就是说，语言成分（linguistic element）的语篇频率越高，它的标记性越低，所以说，语篇频率是用来解释结构标记模式和行为标记模式的重要特征：在语篇中出现频率越高的概念将用最短的形式表达，即该形式结构编码最少；在语篇中出现频率越高的形式越表现出更广泛的屈折形式，因为这些屈折是为它们设计的（Croft1991：87）。与行为潜能一样，语篇频率也具有普遍适用性，可以用来统计任何语言成分的使用频率；与行为潜能不同的是，语篇频率不是出现在语言结构中（Croft2002/2008：111，克罗夫特2009：131）。语篇频率标准尤其体现了定量语篇分析在为语言分析提供证据，以及证实（或质疑）通过内部结构方法得出的语言模式上的重要作用；它显示了语言结构特征和语言使用特征（即，有些人所说的"语言能力"和"语言运用"）之间的直接联系，并且强烈建议，不能像现在大部分理论所做的那样把二者截然分开（同上）。

Rijkhoff（2008：741）指出，柔性词的典型性可以通过该词内部成员在功能槽位上的使用频率（frequency）来确定。汉语三大实词在实现多功能性过程中，许多时候很少使用结构编码，如，传统的兼类词或疑似兼类词。在这种情况下，语篇频率对这些词的典型性的判定起着至关重要的作用。例如，根据人民网报刊杂志检索，"出版"的前20条用法如下：

（12）a. 目前，该公共图书流动站内有最新出版的政教类、法律类、科技类、文史类、名人传记等方面的书籍2500多册。（《江南时报》2006.3.30）

b. 书名：《赭城》作者：田晓菲 出版社：江苏人民出版社 出版日期：2006年3月第1版（《江南时报》2006.3.30）

c. 金正昆即将出版的《礼仪金说》是其将礼仪世俗化、生活化、形象化的首次尝试。（《江南时报》2006.3.30）

d. 他共能讲述民间故事1045则，演唱民间歌谣433首，背述民间谚语676条、歇后语271条，重庆出版社专门为他出版了一本《魏显德民间故事集》。（《人民日报海外版》2006.3.30）

e. 商务印书馆2005年5月引进出版的哈佛经管图书《蓝海战略》中文版在9个月的时间里，创下了单品种销售20万册的骄人纪录。（《人民日报海外版》2006.3.30）

f. 先后主编出版《二十世纪文物与考古发现研究丛书》《中国博物馆概览》《世界博物馆》，参与主编《河南简明史》等学术专著。（《人民日报海外版》2006.3.30）

g. 张建立新著《中国能从新加坡学什么》近日由华文出版社出版发行。（《人民日报海外版》2006.3.30）

h. 反映中国农村田地从古至今历史变迁的《历史的呼唤》近日由新华出版社出版发行。（《人民日报海外版》2006.3.30）

i. 《中葡关系史（1513—1999）》作为中国社会科学院"十五"重大课题、国家"十一五"重点出版物，黄山书社在自身经济实力并不雄厚的情况下，重视其长远的社会效益，不计经济回报，投入不菲的资金，组织精干力量，在相当短的时间里克服诸多技术方面的困难，高质量地完成了出版任务，此种奉献精神、学术眼光和工作效率在座谈会上亦广获赞誉。（《人民日报海外版》2006.3.30）

j. 近日她的又一部长篇小说新作《知在》由北京出版社出版后，再次引起文学界和广大读者的关注。（《人民日报海外版》2006.3.30）

k. 广东省新闻出版局开展文化体制改革试点工作以来，加强新闻出版版权行政管理与公共文化服务，努力拓展新内涵，探索新途径，开创新局面。（《人民日报海外版》2006.3.30）

l. SPH 是新加坡首屈一指的媒体公司，在印刷、出版及广播方面已建立一个完善的平台，并于2005年开展国外广告业务。（《华南新闻》2006.3.30）

m. 辞书本是最讲究权威性、规范性的出版品种之一，出版者在其中投入的人力、物力、财力也最多。（《华南新闻》2006.3.30）

n. 《如何掌控自己的时间和生活》由金城出版社出版。（《健康时报》2006.3.30）

o. 在《纽约时报》最佳畅销书《"好"女人有人疼》（中信出版社出版）一书中，婚姻专家劳拉·多伊尔给女人们低落的"性趣"找出原因，并提出了相应的建议……（《健康时报》2006.3.30）

p. 新闻出版总署将展开辞书质量检查专项整治行动，并加强辞书业务培训，提高从业人员的业务素质以及出版社的法律意识和品牌意识。（《人民日报》2006.3.30）

q. 老媒体（包括第一波网络出版）面临一个选择：融入新世界，或面对落伍的风险。（《人民日报》2006.3.29）

r. 出版《中印双边关系重要文献汇编》，即是"中印友好年"重要活动之

一。（《人民日报》2006.3.29）

　　s. 他在红3军团政治部主任袁国平的领导下，通宵达旦地写稿、组稿、印刷，在占领长沙的第二天就出版了《红军日报》，共出版6期，广泛宣传党和红军的各项政策。（《人民日报》2006.3.29）

　　t.《国务院关于解决农民工问题的若干意见》单行本已由人民出版社出版，即日起在全国新华书店发行。（《人民日报》2006.3.29）

　　在这20个例句中"出版"出现了29次：9例用于述谓，其中用屈折编码"了"的有2例[（12d和12s）]，而且（12s）中的出版前还带了时间状语"第二天"和副词"就"，"出版"后带时间标记词"后"并且句前带时间状语1例[（12j）]，其余的6例没有使用任何标记，但是这6例中有4例或带了时间状语[（12g、12h）]或带了副词[（12t）]或带了时间顺序词[（12f）]；用于修饰18次：带结构编码"的"3例[（12a）、（12c）、（12e）]，其余的15例不带任何标记；用于指称只有2次，即（12q）和（12r），这里应该说明的是，（12q）中的"出版"有数量短语"第一波"修饰，但是它不是典型的数量短语，而且它本身就允许所修饰的成分具有动态性，如"从去年12月开始的第一波房地产调控，到今年4月开始的第二波，再到今年9月29日开始的第三波，调控力度逐渐加码，甚至动用"限购"等临时性行政手段，说明政府是下定决心要降房价（《国际金融报》2010.10.21）"。在用于修饰而又不带任何标记的15例中，仅"出版社"就出现了8次，"出版局""出版者"和"新闻出版总署"各出现1次；"出版时间"和"出版任务"各出现1次；"新闻出版版权行政管理与公共文化服务[（12k）]"和"在印刷、出版及广播方面[（12l）]"各出现一次。加在"出版"后的"社、局、者、总署"都属于Croft所说的"类型转变形态成分"；"出版时间"和"出版任务"中的"出版"出现在修饰位置是"时间"属性构式和"任务"属性构式的特点所要求的（与"时间"属性构式一样，"任务"属性构式可以接受动作动词）；（12k）中"新闻出版"和"版权"之间之所以没有加"的"，因为二者直接连用不会有歧义，而且这也符合文体简洁的需要；在（12l）中，"出版"之所以能出现"在印刷、出版及广播方面"这样的表达中，也是由"方面"构成的构式特点所决定的，这个构式客观上允许"动作动词"出现在"方面"前面，再如"在车型设计方面的造诣（《京华时报》2006.3.30）"。所以，经过"出版"出现了上述复杂的用法，但还是用于述谓的语篇频率最高，它依然是动作动词，而且这也是"结构标记（用于修饰时，根据需要要带结构编码"的"）"和"行为标记[拥有更多的动词行为潜能，如，语料显示的动词行为潜能（带"了"、带时间标记词"后"、带宾语以及由时间状语、时间顺序词、副词修饰）远远强于短语名词潜能（做主语表指称、受动态性数量短语修饰）]"方面的证据吻合。

Ⅳ. 语义标记

Croft（2001/2009：73）指出，一个词汇项不借助于形态、只通过语义转移而用于多种语用功能，这种现象从跨语言角度说是常见的。这种语义转移受这样的语言共性制约：

如果词类构式中以零编码形式出现的语词发生语义转移（即柔性），即使是偶尔的、不规则转移，它的语义总是转向与命题行为功能相关的语义类原型。（同上，另见 Croft1991：74-77）

也就是说，通过语义和语用功能互动定义的名词、动词、形容词在语言运用中发生功能转移时，也必然伴随着语义的转移。这种语义转移通过结构标记、行为标记和语篇标记来实现。例如，（13a–b）中用于述谓构式的"物体"词（即"pocket"和"stable"）的语义就转向了与"物体"语义框架（semantic frame）最相关的动作（Croft2001/2009：74，例句另见 Clark &Clark 1979）：

（13）a. <u>pocket </u>the change

　　　b. <u>stable</u> an envelope

很显然，同语篇标记一样，对少有形态标记的汉语来说，语义转移无疑是确定汉语三大实词的用于多种命题行为功能的重要参项之一。例如：

（14）a. "建筑是<u>石头</u>的史书"，这是西方人在19世纪说的。我们中国人，就要说，"建筑是<u>木头</u>的史书"了。（《人民日报海外版》2010.6.14）

　　　b. 昨天上午9点30分左右，陈先生在菜户营桥西南辅路慢速行驶，突遇两青年男子拉车门抢<u>包</u>，护夺中，车辆失控，撞飞一骑车妇女。（《京华时报》2006.3.30）

　　　c. 荞麦是本市一家报纸的<u>编辑</u>，《塔荆普尔彗星下的海啸》是她的长篇小说处女作。（《江南时报》<u>2006.3.29</u>）

（15）a. 很多人觉得木头房子"不可靠"，其实木结构是一种"柔性"结构，它的天然柔韧性能有效吸收和消耗外力。(《人民日报海外版》2010.7.23）

b. 手表内一旦有水汽，可立即用吸水性好的纸张或者绒布将手表包好，放在已打开的20瓦电灯旁烘烤约半小时，手表内的水汽就会消除。(《健康时报》2006.3.30）

c. 本报有权以任何形式，编辑、修改、出版和使用该作品，而无须另行征得作者同意，亦无须另行支付稿酬。(《讽刺与幽默》2006.3.24）

（14a–c）中的"木头""包"和"编辑"都是物体词，用于指称[①]，但是，在与之对应的（15a–c）中它们的语用功能都发生了变化[②]：（15a）中"木头"表示"房子"的木质属性，用来表修饰；（15b）中的"包"表示用"纸张"或"绒布"把"手表"裹起来，用来表述谓；（15c）中的"编辑"与"修改""出版"和"使用"并列，用来表示述谓。可见，（14a）中"木头"的语义在（15a）转向了物体"木头"语义框架内的属性；（14b）中"包"的语义在（15b）中转向了物体"包"语义框架内的用途；（14c）中"编辑"的语义在（15c）中转向了"编辑"这种职业人员所从事的工作。

3.1.2 变异规律的深层解释

笔者认为，Croft（2002/2008）对语言变异规律的深层解释是有普通语言学意义的，它不仅可以用来解释类型学上三大实词返回言语中的变异规律，而且也可以用来解释汉语三大实词返回言语中的多功能现象，所以笔者将在介绍Croft（2002/2008）的理论基础上，直接结合汉语语言事实进行分析。

l. 经济性和象似性

经济性（economy）指表达应该尽可能简洁；象似性（iconicity）指语言结构在一定程度上反映经验结构，即承载说话者观念的客观世界的结构，因此，语言结构是被经验结构激发和解释的，以达到二者相符（Croft2002/2008：102，克罗夫特2009：120–121）。Croft（2002/2008：102）指出，被描写为类

---

① 我们说木头的历史"中的"木头"表指称，是因为这里的"的"是属格标记，尽管"木头的"做定语，但这并没有改变"木头"的指称行为。

② 这里，我们只探讨"包"和"编辑"名动互用这一语言现象，不涉及是先有名词用法还是先有动词用法的问题。笔者曾就这个问题咨询过古汉专业的学友，它们认为，很难说"编辑"的初始用法是名词还是动词。可见，汉语中像（15b）中"包"这样的词可以说是名源动词，但是，却不能说（15c）中"编辑"是名源动词。

型标记性的跨语言模式，尤其是结构编码，是经济性和象似性理据相互竞争的结果，而不仅仅源于经济性；更普遍的理论概念是经济理据和象似理据，而不是类型标记性（更不是结构编码）（参见克罗夫特2009：121）。

经济性和象似性之间的竞争在结构编码（即结构标记）上的表现为：经济性和同构（isomorphism）（Corft2002/2008，克罗夫特2009）。同构是象似性的一个子类，与个体概念在语法中编码有关（Haiman1980，转引自Croft2002/2008：102）。同构分为组合同构（syntagmatic isomorphism）和聚合同构（paradigmatic isomorphism）（Croft 2002/2008，克罗夫特2009）。组合同构指词和屈折在句子组合时出现的形式和意义之间的对应（Croft2002/2008：103，克罗夫特2009：121）。结构编码的理据部分来自组合同构（同上）。例如，图11通过"This car runs"说明了组合同构中形式－意义之间的对应关系（同上）：

图 11　"This car runs" 中的形式－意义对应关系

经济性和组合同构相互竞争，产生形式和意义间已证明和未证明的不同程度对应，这种对应存在三种可预测的模式（Croft2002/2008：103，克罗夫特2009：122）：

（i）每一个意义通过一个单独的形式显性地表达，如图9中的"car"和"run"，这是象似性引发的：意义和形式之间存在一一对应关系。

（ii）某个意义不表达，例如英语中名词的单数（单数 car-ø 与复数 car-s），这种情况具有经济性却没有象似性：零表达（zero expression）打破了形式和意义之间规整的一一对应关系。

（iii）单数和复数都是零编码，与范畴表达缺位相对应。这种情况是经济性引发的，意义或者通过语境推测得知，或者与交际无关。

世界上的语言尤其是欧洲语言中还普遍存在另外一种经济作用下形式表

达意义的模式：多个离散的意义被合并，通过一个形式来表达，例如图9中"run-s"中的后缀"-s"同时表达第三人称主语、单数主语和现在时，所有意义通过一个后缀来表达；意义合并的另一种表现形式是异根替换（suppletion），即词根意义和屈折范畴通过一个形式来表达，例如英语中"this"合并了最接近说话者的指示意义和单数意义（与these相对）（同上）。

聚合同构是人脑储存的词库中形式和意义之间的对应关系；同样，词表达意义的可能途径也受经济性和象似性制约（Croft2002/2008：104，克罗夫特2009：124）。同义性（synonymy）（即多个词表达同样意义）不是象似性作用的结果，因为词库和意义库之间不是一一对应的，也不是经济性作用的结果，因为同义词对交际来说是多余的①（同上）。单义性（monosemy）（即词和意义之间一一对应）是象似性而非经济性作用的结果，因为笔者需要很多词来表达每个离散的意义；与单义性相反，同音形异义（homonymy）（即多个互不相关的意义通过一个形式来表示，如英语的"bank"有"金融机构"和"河岸"两个意义）是经济性引发的，但不具象似性，因为很多不相关的意义通过一个形式来表达（同上）。多义性（polysemy）（即多个相关的意义通过一个形式来表达）既体现了经济性又体现了象似性：多义性体现了经济性，是因为多个意义通过一个形式来表达；多义性也体现了象似性，是因为意义之间是有联系的（Croft2002/2008：106，克罗夫特2009：125）。

语篇频率是结构编码和行为潜能不对称的内在理据（Greenberg1966：65-69；转引自Croft2002/2008：112）。最常用的语法值具有零表达或者最少表达（即结构编码），因为它是最普通的形式；而不常用的形式（即有标记值）则是具有区别性或显性标记（Croft2002/2008：112，克罗夫特2009：133）。频率之所以跟零表达相关，是因为人们为了经济性会缩短最常用的语言表达（同上）。高语篇频率还与经济理据作用下的形式—功能之间的映射有关，因为语法中的合并、异根替换、同音形异义和一词多义都出现在最常用的形式上（同上）。

经济性也可以用来解释行为潜能。按照屈折潜能定义，有标记值表达比无标记值少的交叉屈折范畴（cross-cutting category），之所以会这样是因为，

---

①　完全同义的词即使存在，也是很少的，同义词通常在外延义、内涵义、语体色彩、方言等方面会有细微的差别（Bolinger1977，Cruse1986，Clark1993；转引自Croft2002/2008：104，克罗夫特2009：124）。

语言使用者保留有标记范畴的交叉区别（cross-cutting distinctions）（这些形式不是常用的，因此会被规范化、消失或者一开始就不出现）比保留无标记范畴的交叉区别困难（Croft2002/2008：113，克罗夫特2009：133-134）。

笔者认为，（13a-b）中"pocket"和"stable"的动词用法，（14a）中"木头"在（15a）中凸显它的属性义用于修饰以及（14b-c）中的"包"和"编辑"在（15b-c）中用作"动词"，都是经济性作用的结果；而它语义的转移则是象似性作用的结果。

尤其能体现经济性作用的是，"的"字在例（14a）、（15a）、（16）和（17a-b）中的应用。例（14a）中"石头的史书"和"木头的史书"中的"的"是绝对不能省略的，否则就像例（15a）中"木头房子"中的"木头"那样发生语义转移；但是，例（16）中"当地的商人"中的"的"却可以省略为例（17a-b）中的"当地商人"。"当地的商人"应该理解为"来自当地的商人"，而"当地商人"则可以像"威尼斯商人"那样把"地点"理解为某种属性。但是，无论是例（16）中的"当地的商人"还是例（17a-b）中的"当地商人"和"中国商人"都没有"威尼斯商人"这种比喻义，所以"的"在例（17a-b）"当地商人"和"中国商人"中可以省略。此外，笔者还认为，"地点名词"直接修饰"职业名词"是比较常用的形式，所以，在没有歧义的情况下，它们中间的"的"是可以省略的，这是符合Croft（2002/2008：112）所说的结构编码规律的——最常用的语法值具有零表达或最少表达的特点。理论上的这一规律也得到实践上的证明，笔者通过人民网报刊杂志检索，分别以"当地的商人"和"当地商人"为关键词进行检索，结果是（见附录二）：以"当地的商人"为关键词检索得到共有14条信息，其中6条为无效信息，所以有效信息共8条；以"当地商人"为关键词检索得到68条信息，而且全是有效信息。实际上，这一规律也可以用来解释"我手流血了"这样的表达："手"是"我"身体的一部分，本来二者之间应该用属格"的"，但是，因为"我"和"手"之间的关系是大家都清楚的，而且在语言中属于常用形式，所以，它们之间"的"的省略是十分正常的。

（16）还有部分人认为，这跟商业竞争有关，因为泰国商业在柬发展迅猛，所以当地的商人可能故意制造了这起事件（《京华时报》2003.1.31）。

（17）a.原来当地商人为吸引游客光顾他们经营的私人海滩，把一头驴子

绑在降落伞上，从150英尺的高空抛下。（《鲁中晨报》2010.8.6）

b. 而当地商人也越来越多，他们大都直接到中国进货，成为<u>中国</u>商人的<u>直接</u>竞争对手。（《人民日报海外版》2004.10.27）

汉语少有结构编码和屈折行为编码，拥有大量句法行为编码，而且有标记组配多使用行为编码。汉语的这一语言事实充分反映了经济性和象似性之间的竞争：按照 Croft（2002/2008）的观点，无结构编码的有标记组配具有较少的行为编码，是经济性的要求；但是，有句法行为编码的有标记组配却是象似性的要求。例如，"他很<u>男人</u>"中的"男人"通过形容词的句法行为编码"很"用于述谓，是象似性作用的结果，而"男人"却拥有较少的形容词行为编码，如，"男人"既不能直接做谓语或谓语核心（＊他<u>男人</u>）也不能做定语直接修饰名词性成分（＊<u>男人</u>手机）。

II. 作为对功能压力动态顺应的语言结构

在结构媒介（structural medium）和环境（environment）的制约下，经济性和象似性表现出很强的顺应性，它们为了满足交际需要可以以最有效的方式发展变化（Croft2002/2008：116，克罗夫特2009：137）。在语言学中，这种有效顺应（efficient adaptation）是出于（信息）加工的考虑（processing considerations）（同上）。经济性是一种明显的（信息）加工现象：组合经济性（syntagmatic economy）直接源于（信息）加工的要求，因为缩短最常用的形式（结构编码）、简化较少用的形式（行为潜能）可以提高说者和听者的信息加工效率；通过把语言运用中必须掌握和保留的区别性语言形式最少化，聚合经济性（paradigmatic economy）也体现了（信息）加工效率（的要求）（同上）。

象似性最终也出于（信息）加工的考虑。假设人们必须掌握经验结构，那么语言与之越相符，加工效率就越高，因为（同上）：

（i）不强求语言的信息结构完全不同于世界的信息结构，可以把人类必须掌握的信息结构数量最小化；

（ii）它简化了从感知并对之进行非语言运用的信息结构到理解并对之进行语言表达的信息结构的转变过程。

Croft（2002/2008：116-117）指出，如果不是出于（信息）加工的考虑而且也没有经济性和象似性的顺应功能（adaptive function），那么，既没有先验的理由使语言结构具有象似性，也没有先验的理由使语言结构具有经济性；经济性和象似性从根本说是（信息）加工效率的不同体现。但是 Croft（2002/2008：117，另参见克罗夫特2009：137–138）进一步指出：

> 对语言的解释不能停留在经济理据和象似理据上，而最终必须基于这样的假设：语言结构是对功能压力所做出的顺应性反应（adaptive response），这种反应尤其要有功能上的充分性和高效性。就像 Dubois 所说的那样"语法对说者最常做的事情进行最佳编码（Grammars codes best what speakers do most. ）"（Dubois 1985：363）。最佳编码是经济理据和象似理据作用最大的编码，而且这些结构用于最凸显、交际最频繁的情景类型中。

所以，笔者认为，三大实词返回言语后表现出的有标记组配和无标记组配，是语言结构顺应外在功能压力的结果，这种顺应具体表现为经济性和象似性之间的竞争。

3.2 语义、语法特点和语法槽位在言语中的互动

这里的语法特点就是表14所定义的作为功能原型的名词（物体/指称）、动词（动作/述谓）、形容词（性质/修饰 – 述谓）；语义就是指这三大实词的物体性、动作性、性质性以及它们在关系性、状态性、暂时性和等级性方面的特点（见表10）；构式就是这三大实词所出现的语法槽位，既包括结构编码提供的语法槽位，也包括行为编码提供的语法槽位。既然"一个词与其所在的结构共同构成一个生态系统"（Langacker2000：18；转引自高航2009：24），三大实词多功能性必须通过把词还原到它所在的生态系统中，即言语中，才能得到最终的解释，而且词性、词义和语法槽位的作用是同时发挥的。

Farrell（2001：109）指出，短语的意义是通过词项意义和构式意义的结合（combining）而获得的；英语中，名词/动词的区分在于为语词提供语法槽位的构式，而不是语词本身。像英语中"hammer"之所以可以在名词（I dropped a hammer）和动词（I hammered a nail into the board）之间转换是因为，区分名词/动词的语义表征不明确（undrespecified）；"hammer"作为动词的过程义（process meaning）和它作为名词的事物义（thing meaning）是由它所在的动词槽位（verb slot）和名词槽位（noun slot）提供的（同上）。

笔者基本同意 Farrell（2001）上述观点，但是有两点不同意见。第一，Farrell（2001：109）认为，短语的意义是通过词项意义和构式意义的结合（combining）而获得的；而 Goldberg（1995：16，2007：15）认为，一个表达式的意义源于词项意义和构式意义的整合（integrating），不是直接由其构成成分决定的。两人的观点只有一词之差，一个是结合（combining），一个是整合（integrating），但是笔者认为还是"整合"更符合语言事实，因为任何表达或短语的意义都不是构成成分的意义的简单相加。例如，李宇明（1986：120）指出，谓词处在主宾位，就带上了指称性、与定位组合性这两个语法性质，不再具有描述性了。

第二，Farrell（2001：109）提出，"'hammer'作为动词的过程义（process meaning）和它作为名词的事物义（thing meaning）是由它所在的动词槽位（verb slot）和名词槽位（noun slot）提供的"，这一点笔者同意；但是他（同上）说，"'hammer'之所以可以在名词（I dropped a <u>hammer</u>）和动词（I <u>hammered</u> a nail into the board）之间转换是因为，区分名词/动词的语义表征不明确（undrespecified）"，不符合本书所采纳的构式观点。"hammer"完全符合 Croft（1991，2001/2009，2002/2008，2007）定义的类型学名词原型，而且具有"非关系性、状态性、永久性、非等级性"，"hammer"之所以能够无标记地用作动词在于"语义和句法之间的映射是通过构式而非词条完成的（Goldberg1995：28，2007：27）"。"物体"词"hammer"用于述谓构式，使得"hammer"语义转向了与"hammer"语义框架（semantic frame）最相关的动作（Croft2001/2009：73-74），从而具有作为物体名词所没有的"关系性"。这种情况的深层次原因在于，语言结构在功能压力下所进行的动态顺应，这种顺应具体表现为经济性和象似性之间的互相竞争（Croft 2002/2008，克罗夫特2009）："hammer"在表达方式上满足了经济性的要求，它通过语义转移满足了象似性的要求。詹卫东（2009：71）在讨论定义汉语词类的困境时指出，"词类主要是对词义的语感的一种体现。这种语感因为其抽象性，有时候可能显得缺乏说服力。这时候，需要把词的'分布'（形式特征）拉来做一下证明，证明我们的分类语感是正确的。"换个角度，我们可以说，相关语法槽位对进入该槽位的词的语法特点有自己的要求，当像"hammer"这种"异类"进入述谓槽位时，我们必然根据述谓槽位的要求在"hammer"的语义框架内做出解读。而且，Croft（2001/2009）指出，"和词项一样，构式能够被视为理论型表征客体（theoretical type of representation object），尽管它在句法上是复杂的，而且至少在某种程度上是抽象的"（Croft 2001/2009：16），"构式才是句法表达的基本初始单位，而不是范畴或关系"（同上：45）；Goldberg（2006：10）指出，"一个表达式是由许多构式组合而成"。所以，笔者对"hammer"的解释是符合构式语法观点的。

像英语"hammer"这种用法的语词在汉语中也大量存在，比如（14b–c）中的表指称的物体词"包"和"编辑"在（15b–c）中分别用于述谓表动作，所以，本书认为，必须认清这种"名动互用"的内在机制。

词类是个原型范畴，这已经基本是语言学界的共识（袁毓林1995；沈家煊1999；Aarts 2004b/2007；Croft 2007；Rijkhoff 2008）。沈家煊（1999：251）指出：

词类的典型理论认为一类词的内部具有不匀称性，有些成员是该类的典型成员，有些则是非典型成员。一个词类的确定是凭一些自然聚合在一起的特征，但是它们并不是什么充分必要条件。一个词类的典型成员具备这些特征的全部或大部分，非典型成员只具备这些特征的一小部分。

根据 Croft（1991，2001/2009）提出的关于三大实词的标记理论，笔者认为，汉语三大实词基本上属于原型范畴。但是，必须指出，从梯度范畴化角度出发，并不是每个构式都构成一个原型范畴。上文的分析表明，汉语形容词既可以用于修饰又可以用于述谓，而且很多时候用于述谓不需要任何标记；笔者认为这是汉语少有形态变化决定的，因此不把形容词用于述谓视为特殊用法。再如，汉语中"的"兼有属格和小句标记的功能：

（18）小王的书包

（14）a."建筑是石头的史书"，这是西方人在19世纪说的。我们中国人，就要说，"建筑是木头的史书"了。（《人民日报海外版》2010.6.14）

（16）还有部分人认为，这跟商业竞争有关，因为泰国商业在柬发展迅猛，所以当地的商人可能故意制造了这起事件。（《京华时报》2003.1.31）

（19）有些歌手进入乐坛多年后就不想再重唱以前的歌了，我自己就没有

这样的困惑，因为我做的音乐都是我想说的故事。（《京华时报》2010.9.7）

（20）此外，我想说的是，将来亚洲国家应该多关注国内的投资者，我们在谈论海外投资者时往往忽略了国内投资者的地位和重要性。（《人民日报海外版》2010.9.22）

例（18）中的"的"是典型的属格标记；例（14a）"石头的史书"和"木头的史书"中的"的"、例（19）"以前的歌"中的"的"以及例（20）"国内投资者的地位"中的"的"的属格性就不再那么典型了；例（16）中的"的"以理解为非典型属格标记，还可以理解成关系小句标记，属于这种情况的还有例（20）"国内的投资者"中的"的"；例（19）"我做的音乐"和"我想说的故事"中的"的"和例（14a）"这是西方人在19世纪说的"中的"的"只能理解为典型的关系小句标记；例（20）"我想说的"只能理解为典型的名词性小句标记。这种现象既是构式多义性的表现（Goldberg1995：31–39，Croft2002/2008：105–106，克罗夫特2009：124–126），又是语法范畴合并的（Croft2002/2008：103，另见克罗夫特2009：122）。所以说，"的"这个语法范畴不是一个原型范畴。

对三大实词多功能性问题，主张功能语言学观点的学者，要么从语词的"时空"语义特点出发为汉语中名词到动词建立了连续统，用来解释词类活用的自然程度（张伯江1994，张伯江、方梅1996：209）：

名词	非谓形容词	形容词	不及物动词	及物动词
• ———	• ———	• ———	• ———	•
空间性最强				时间性最强

图 2

要么从在三大实词"时空"特点的基础上，或结合词的音节特点[①]，即（i），或结合词的语法特点，即（ii），在三大实词之间建立解释词类活用的连续统（张国宪1993，1995）：

---

① 本书在探讨词类的过程中不考虑语词的音节特点。

（i）单音节动词 > 单音节形容词 > 双音节形容词 > 双音节动词 > 名词

（ii）动词 > 动态形容词 > 静态形容词 > 非谓形容词 > 名词

　　上述学者的观点可以概括为，处于连续统中间位置的词类或相关词类的次类，由于它们相对于所属范畴的非典型性以及与邻近范畴的较强的相关性，从而在言语中表现出更多的灵活性。其中，张国宪（2000：457，2006：412-414）关于形容词词类地位的论述比较有代表性：在形容词内部，从典型的性质形容词到典型的状态形容词构成了一个连续统，处在连续统中间位置的形容词则表现出对典型特征的不同感受度；从形容词外部来说，形容词处于词类连续统名词和动词的中间位置，所以表现出与名词和动词的相关性：有些形容词十分接近抽象名词和定语位置上的普通名词，有些形容词则表现出更多的与动词相通之处。笔者认为这种解释有它的合理性，但是它无法解释高航（2009：89）所指出的"像'跳'这样的单音节典型动词为什么也可以发生名词化"。

　　笔者认为，无论从语词的"时空"语义特点来说还是从语法特点来说（还包括韵律特征），三大实词之间确实构成了一个连续统，这种连续统从梯度范畴化角度说是一种梯度。还应该指出的是，从语义特点来说，三大实词都参照包含了丰富世俗知识和文化知识的背景框架（Goldberg 1995：27；2007：26），彼此以 Croft（1991，2001/2009，2002/2008，2007）提出的"关系性、状态性、永久性、等级性"相互区分。但是，词类多功能性的最终解释要根据语词的语义特点、语法特点和语法槽位在言语中的共同作用来进行。因为语词的语法特点是在舍弃其语法个性、语义个性及其所在的语法槽位性质的基础上抽象出来的，是相对静态的，但是语词回归到言语中，它的语法特点必然在语义和语法槽位的作用下产生各种变化，所以单从语义、语法特点或语法槽位某一个维度都无法全面解释词类的多功能性问题。而词类间梯度，从根本上说，是词的语义特点、语法特点和语法槽位在言语中相互作用形成有标记组配的潜能。各种构式在地位上的不平等 [如 Croft（1991，2001/2009，2007）从命题行为功能角度提出，指称构式、述谓构式和属性构式是各种分布中定义名词、动词、形容词的构式，并把其他构式进一步区分为结构编码、行为编码（行为编码再区分为屈折行为编码和句法行为编码）] 以及构式的多

义性 [Goldberg（1995，2007）] 和多功能性（即，各种构式不具有排他性）则使词的语义特点、语法特点和语法槽位之间的相互作用变得更为复杂：其中，无标记组配构成了名词、动词、形容词的原型；在各种有标记组配中，有些则凸显了语词的语义特点，人们往往忽视了构式的作用，如汉语中的兼类或疑似兼类现象；有些则凸显了语法槽位的作用，如"很男人"，"男人"是典型的名词，只有在特定语法槽位中才能凸显它的属性义。但是，任何具体语词进入言语后，在语义特点、语法特点、语法槽位共同的作用下，它的具体词类属性是明确的。由此可见，词类梯度的形成的具体机制和词类多功能性的实现机制是同一个问题的两个方面。

第四节　分析思路的进一步明确

通过上文的分析可知，词类的多功能性是词的语义特点、语法特点、语法槽位共同作用来实现的。在有标记组配中，有些使用非零结构编码，有些使用零结构编码。但是，无论是使用非零结构编码的有标记组配，还是使用零结构编码的有标记组配，它们都在行为潜能上、语篇频率上、语义上是有标记的，即：有标记组配所能出现的编码语法行为的构式的数量，不会多于无标记组配所出现的编码语法行为的构式的数量；有标记组配在语篇中出现的频率，不会高于无标记组配在语篇中出现的频率；有标记组配若发生语义转移，那么它的语义一定转向与命题行为功能相关的语义类原型。例如，（15a）"木头房子"中的"木头"用于属性构式，既没有任何结构编码，也没有任何行为编码，但是，它的语义转向了修饰所要求的语义类型，即"性质"，而且"木头"只具有较少的形容词语法行为分布潜能，这也符合行为标记规律。"占了一个便宜 [贺阳1996a：162]"属于使用零结构编码的有标记组配，但它却通过编码无标记组配语法行为的构式"一个"凸显了"便宜"的"物体"义；同样，"官僚"在"他越来越官僚了"中属于使用零结构编码的有标记组配却用于述谓，但是它同时使用了两个编码无标记组配语法行为的构式来凸显其"动作"义："越来越 –"和"– 了"，"越来越 –"属于句法行为编码，"– 了"属于屈折行为编码。笔者通过人民网报刊杂志检索，对"木头""便宜"

和"官僚"前20条用法进行了统计（见附录三）：

表17　"木头"在相关构式中的使用情况

出现的语境	指称构式		属性构式		专有名词（"樟木头"）
	本义	比喻义（"一群木头"）	有编码	无编码	
出现的频率	11	3	1	4	1

表18　"便宜"在相关构式中的使用情况

出现的语境	述谓构式和属性构式	指称构式
出现的频率	15	5

表19　"官僚"在相关构式中的使用情况

出现的语境	指称构式	属性构式		述谓构式
		有编码	无编码	
出现的频率	7	3	9	1

　　"木头""便宜"和"官僚"在相关构式中的使用情况至少在一定程度上说明：它们的特殊用法在语篇中出现的频率，一般不会高于它们的本来用法在语篇中出现的频率；在有标记组配中它们一般是有编码的；语词在有标记组配中不带任何编码，是因为这种表达形式在言语交际中经常使用，如"官僚体制""官僚机构""官僚系统""官僚作风""官僚体系"和"官僚习气"，但是在有标记组配无编码用法中，它们的语义要发生转移，如"官僚体制""官僚机构""官僚系统""官僚作风""官僚体系"和"官僚习气"这些属性构式凸显的是"官僚"的性质义。关于汉语中使用非零结构编码的词类多功能现象，见第六章相关分析。

　　汉语是少有形态标记的语言，所以在汉语三大实词实现其多功能性的过程中，对编码（既包括结构编码又包括行为编码）的使用明显区分成两类：使用零编码的词类多功能现象和使用非零编码的词类多功能现象。与之相应，对汉语词类多功能性分析也可以从这两个角度入手。基于Goldberg（1995）的构式观，笔者认为，对使用非零编码的词类多功能现象的研究，主要侧重对这种结构编码或行为编码的研究；对使用零编码的词类多功能现象的研究，主要侧重对词项与其所在的功能构式之间内在关系的研究。

第五节　小结

在第四章把梯度定位为语言的本质属性的基础上以及 Denison（2006：280）的观点启发下，本章在语言和言语关系的框架内尝试借助构式语法等学科相关成果，对词类梯度形成的具体机制以及词类多功能性的实现机制进行了探讨。首先，在进一步规范与构式有关的相关术语的基础上，我们接受了 Goldberg 的构式观点，认为语法槽位不仅具有独立于词项的意义（Goldberg1995：4，2007：4），而且一个表达式的意义源于词项意义和语法槽位意义的整合（Goldberg1995：10/16，2007：10/15），语义和句法之间的映射是通过语法槽位而非词条完成的（Goldberg1995：28，2007：27）。

词类梯度形成的具体机制和词类多功能性的实现机制是同一个问题的两个方面。梯度是语言对言语抽象的产物。就词类而言，语言对言语的抽象包括对词语语义的抽象、对词语语法特点的抽象、对词语所在语法槽位的抽象，在这个抽象过程中，词类的产生是以牺牲语词的语义个性、语法个性，尤其是语词所在的语法槽位性质为代价的。语词的语义特点和语法特点以及语法槽位在言语中可以形成各种复杂的组配：其中的无标记组配构成了名词、动词、形容词的原型，有标记组配则在无标记组配之间形成了梯度。

言语是对语言工具的运用。范畴从语言到言语是个还原过程，是对言语既有抽象的具体化，具体包括对语言中语词语法特点的具体化、语言中语词语义的具体化、语言中语法槽位的具体化。三大实词在返回言语中不仅表现为无标记组配，更表现为有标记组配，这种有标记组配的规律表现为 Croft（1991）和 Croft（2001/2009）指出的结构标记、行为标记、语篇标记；此外，笔者把还 Croft（1991：74-77）和 Croft（2001/2009：73）提出的有标记组配中的语义转移视为语义标记。三大实词在言语中的变异是语言结构对外在功能压力动态顺应的结果，这种动态顺应的直观表现是经济性和象似性之间的竞争（Croft2002/2008：117，另参见克罗夫特2009：137-138）。对语词的语义、语法特点、语法槽位的抽象可以分开进行，但是对语词进入言语所表现出的多功能性的解释必须将三者紧密结合，而且尤其要重视语法槽位的作用。

根据汉语少有形态变化的特点以形容词语用功能的特殊性，笔者把汉语名词、动词和形容词分别定义为物体／指称、动作／述谓和性质／修饰－述谓，并在 Croft（1991，2001/2009，2002/2008）基础上对结构标记、行为标记、语篇标记和语义标记在现代汉语中的表现进行了探讨。笔者认为 Croft（2002/2008）对语言变异的深层解释是具有普通语言学意义的，不仅可以深刻揭示结构标记、行为标记、语篇标记和语义标记的规律，而是完全可以用来直接进一步解释汉语中的词类多功能现象。最后，笔者提出，汉语三大实词多功能性的研究可以从两个方面入手：对使用零编码的词类多功能现象的研究和对使用非零编码的词类多功能现象的研究。

第六章　现代汉语三大实词多功能性的分析

本章将在第一章"现代汉语三大实词多功能性的表现"基础上，利用第五章构建的分析模式对相关词类多功能现象进行分析。笔者之所以坚持以第一章"现代汉语三大实词多功能性的表现"为基础在于：如果不是参阅相关研究，笔者不可能对词类多功能现象具有比较全面的认识，更不可能有对相关现象的取舍。例如，根据张勇（2009），动词可以活用为形容词（如"特卖国"中的"卖国"），根据黄蓉蓉（2007），名词和动词活还可以用为量词 [如 "你现在有三房姨太太；出门是八抬的大轿，还说不阔（原文出自鲁迅《故乡》)"中的"房"；"一捆草"中的"捆"]，根据刁晏斌（2006a）名词可以活用作状语 [如（$6_{1.1}$）[1] 和（$7_{1.1}$）] 或补语 [如（$8_{1.1}$）]，根据沈家煊（1999）动词可以活用作定语 [如（$15_{1.1}$）和（$16_{1.1}$）] 或状语 [如（$17_{1.1}$）和（$18_{1.1}$）]，但是根据相关词类活用后的实际交际价值以及本书构建的理论体系，本研究把刁晏斌（2006a）和沈家煊（1999）所说的情况纳入词类活用范畴，而没有考虑黄蓉蓉（2007）所指出的名词和动词活用为量词以及张勇（2009）所指出的动词活用为形容词这些现象。最重要的是，本书的研究目标是，通过理论上的梳理为比较全面深刻认识现代汉语词类多功能性问题建立一个理论模式。所以，无论是对现象认识不全面还是对现象分析不深刻，都无法达到预期研究目标。以第一章"现代汉语三大实词多功能性的表现"为基础考察词类多功能现象，可以保证在充分验证理论模式适用范围的基础上，又能对相关问题有一个比较深入的探讨。否则，笔者很难保证这种理论目标的实现，

---

① 凡是来自第一章1.1中的例句，都以这种方式标出，以便与本章新出现的例句相区别。

因为以封闭语料去验证所建立的理论模式，无法保证本书所认定的各种词类活用现象都能出现，并且达到科学归纳所需的基本数量。但是，以第一章"现代汉语三大实词多功能性的表现"为基础考察词类多功能现象并不意味着，笔者的分析仅局限于对别人个别例句的分析，相反，笔者主要通过对自己语料的分析来深入论证第五章所建立的理论模式有效性。

第一节　词类活用

除了名词活用作补语外，笔者将按第五章提出的分析思路把所有词类活用现象区分为有编码活用和无编码活用，分别进行研究。笔者不再对名词活用作补语进行区分是因为，像"献艺齐齐哈尔"中"齐齐哈尔"直接做"献艺"的补语，是省略介词"在"或"于"的结果；如果相关介词不省略，就是介词短语做补语，不再是词类活用现象了。

1.1 名词的活用

名词可以活用作动词、形容词，还可以活用作状语和补语。因为正常情况下做状语或补语不仅限于某一种词类，所以笔者就按照刁晏斌（2006a）的处理方式，直接表述为名词活用作状语和名词活用作补语。

1.1.1 名词活用为动词

名词做谓语一般要加系动词"是"，名词直接做谓语（即"名词谓语句"）有严格限制的限制条件，如"语义上主要限于归类（'他上海人'）""不能太长，多用于口语"等（沈家煊1999：260-262）。但是，名词活用为动词做谓语，就不再受加系动词做谓语以及直接做谓语的种种限制条件了。名词活用为动词做谓语，有带宾语的，有不带宾语的，但必须用于述谓构式中。

I. 有编码活用

（$1_{1.1}$）可是"友邦人士"一惊诧，我们的国府就怕了，'长此以往，国将不国'了……失去山东省只有几个学生上几篇'呈文'，党国倒越像一个国，可博得'友邦人士'的夸奖，永远'国'下去一样。（鲁迅《友邦惊诧论》，转引自黄蓉蓉2007：50）

例（$1_{1.1}$）是经常被引用说明名词活用作动词的例句。两个"国"不仅处于述谓构式，而且还分别具有动词的行为编码：第一个"国"受否定副词"不"修饰，并且后带体助词"了"；第二个"国"更是前有时间副词"永远"修饰，后带表示时态的"下去"。"国"在述谓构式及这些相关的行为潜能构式共同作用下，就获得动词含义，使人们对它进行动态解读："不国"指"不像国"；"永远国下去"指"统治下去"。正是在"国"这种活用范例的影响下，现在又出现了例（1a）"不军"和例（1b）"不党"的用法；例（1c）把"不国"前的时间副词换成了"既"；例（1d）时态副词"下去"对"学术"进行了动态化。可以说，如果运用得当，这种表达方式确实能起到一般动词所起不到的言简意赅、生动形象的效果。

（1）a. 如同中国人民解放军的使命是保卫国家疆域一样，涣散、分拆或者解除其武装，军将不军，国将不国。（《国际金融报》2009.3.17）

b. 张二江这种现象如果蔓延，党将不党，国将不国。[《大地》（2002年第4期）；转引自《人民日报》2006.1.28]

c. 国既不国，家何能存？（《人民日报》2006.1.28）

d. 怎么样学术下去？（爱智论坛2007.9.11）

能带体助词"着、了、过"是汉语动词的最重要语法特点；其他词类成员进入这些构式也能被动态化，例（2a-e）中的"文艺""成人""官僚"和"营养"都属于这种情况。此外，例（2a）中的"了"与"没有"共同组成了动词行为潜能构式"V了没有"；例（2b）中的"哪里"则以"疑问代词宾语"的身份进一步凸显了"文艺"的动作性；例（2c）中的副词"都"和例（2d）中的副词"就"分别与后面的"了"配合，强化了"成人"和"官僚"动态义。例（2e）中的"营养"不仅在"着"的作用下具有了动态义，而且还直接带了宾语，已经在形式具有了动词的重要语法特征。

（2）a. 你今天文艺了没有？！（徐静蕾新浪博客2009.6.5）

b. 我到底哪里文艺了？（天津网2010.3.12）

c. 我们都成人了，如果办那么点事还担心，也太夸张了。（《京华时报》2008.9.13）

d. ……那我老徐就官僚了，你们就别叫我老徐，叫我徐官僚好了。（北大现代汉语语料库）

e. 北大的四年，她在精神上<u>营养</u>着自己，眼界也大为开阔了。（北大现代汉语语料库）

例（3a–b）则是分别通过动量词"一把"和"一下"与述谓构式相结合使名词"贵族"和"百度"具有了动作义。"V一V"是动词的行为潜能之一，例（4）中表示具体物体词的"冰"通过进入"V一V"构式获得了动作含义。补语本来是用来补充说明述谓短语的，如果述谓构式中出现名词，而且名词后还有补语，那说明这个名词已经述谓化了，例（5a–b）中的"印记"和"津贴"都属于这种情况，而且例（5a）中"印记"还有副词"深深地"修饰，例（5b）中的"津贴"前面有副词"每月"和"要"修饰，后面还带有"总电度表"做宾语。例（6）中的"宵夜"之所以能解读为名词，不仅在于它处于述谓构式，还在于受多用来修饰动词的副词"一起"修饰。

（3）a. 我们没有三代培养的时间，中国今天就要<u>贵族</u>一把。（人民网2006.7.3）

b. 到今天，"有问题，<u>百度</u>一下"，已成为老百姓很熟悉的广告语。（《人民日报海外版》2005.8.15）

（4）多批点酒放在那儿，喝前放在冰箱里<u>冰</u>一冰，嘿，喝起来特舒服。（北大现代汉语语料库）

（5）a. 可将军知恩必报的崇高品格，却深深地<u>印记</u>在我心中。（《大地》2009年第24期）

b. 这耗电量电度表本身是不计入的，因而，每个家用单相电度表每月要<u>津贴</u>总电度表1度电。（北大现代汉语语料库）

（6）比赛前假冒库尼科娃经纪人的名义给奥尼尔打个电话，说库尼科娃约他比赛结束后一起<u>宵夜</u>。（《江南时报》2001.6.10）

通过上述分析可见，名词活用除了一定用于述谓构式外，还会借助相关动词潜能构式进一步凸显其动作义。

II. 无编码活用

这里所说的无编码活用是指，名词活用作动词后除了带宾语，单独来看不再有其他编码，例如例（2$_{1.1}$）中"宝贝"除了用于述谓构式带上宾语外，不再有任何其他编码，但这仅仅是一种理想状态。实际上，无论是否存在活用，语句总会按照正常规律从整体对其中的相关句法成分进行必要编码的，例如，例（7）中的"宝贝它"在与句子其他成分的关系上就不同于例（2₁.₁）中的"宝贝她"，因为例（7）中的"宝贝它"与"来清凉它"并列，二者共同与"采取措施"构成了连谓短语，所以笔者把这里的无编码活用限定在"除了带宾语，单独看来不再有其他编码"。如果不做这种限定，例（7b）中的"在"、例（8b）中的"必将"和例（10）中的"可以"分别是对"鱼肉""裨益"和"领袖"的编码，而例（8a）中的"之后"和例（9）中的"知道"则可以视为"阿Q"和"遗嘱"一种宏观编码。由此可见，所谓编码有无的区分，也是相对的；这一解释也适用于其他有无编码的区分。

（2₁.₁）这家中爸爸宝贝她，哥哥宝贝她。（叔文《费家的小二》，转引自刁晏斌2006a：291）

例（2₁.₁）的"宝贝她"和例（7a）的"宝贝它"都属于意动用法，指把"把她/它当成宝贝"。（7b-c）的"鱼肉百姓"和"游戏人生"也属于这种用法，分别表示"把百姓当成鱼肉"和"把人生当成游戏"。而例（8a-b）的"阿Q自己"和"裨益后世"则属于使动用法，前者指"使自己成为阿Q"，后者指"使后世受益"。例（9）的"遗嘱子孙"为动用法，指"为子孙立下遗嘱"。例（10）的"领袖群雄"指在"在群雄中做领袖"。

（7）a. 可是，当肌肤辛苦"作战"一整天，我们却没有及时采取相应的措施来清凉它，宝贝它。（《江南时报》2005.6.4）

b. 不管着警服还是便服，只要到饮食服务、娱乐场所消遣，群众就会认为你是在慷公家之慨、鱼肉百姓！（《人民日报》2006.11.30）

c. 德国大文学家歌德曾说："谁若游戏人生，他就一事无成，不能主宰自己，永远是一个奴隶。"（《环球时报》2010.3.26）

（8）a. 申报课题结束之后阿Q自己。（徐峰科学网博客2010.3.9）

b. 再现伟人当年的足迹，追寻伟人用青春热血所书写的一段历史，必将裨益后世，启迪未来；也是我们责无旁贷、义不容辞的职责。（北大现代汉语语料库）

（9）老先生知道木桥终难永固，遗嘱子孙"桥若损坏，就得重建"。（《人民日报海外版》2000.6.12）

（10）此后，胜者可以<u>领袖群雄</u>号令江湖，并惕惕然时刻准备应对新的挑战，输者则退避三舍卧薪尝胆，意欲卷土重来取而代之。（《人民日报海外版》2004.3.26）

"宝贝她/它""鱼肉百姓""游戏人生""阿Q自己""裨益后世""遗嘱子孙"和"<u>领袖群雄</u>"都分别构成了不同类型的事件，但是在这些不同事件中没有动词，出现的只是语义角色：在"<u>宝贝她/它</u>""<u>鱼肉百姓</u>""<u>游戏人生</u>""<u>阿Q自己</u>""<u>裨益后世</u>"和"<u>遗嘱子孙</u>"中出现的是结果和受事；在"<u>领袖群雄</u>"出现的是结果和范围。在这种情况下，只有结果能被解读为动作，也就是前面所说的"意动用法""使动用法""为动用法"以及像"领袖群雄"这种名词动用的一般用法。这些用法在古代汉语中都有，可见无编码名词动用是继承了古代汉语的特点：

（11）尔欲<u>吴王</u>我乎。（《左传·定公十年》，转引自李国英、李运富2007：99）

（12）涉曰："尹君，何壹<u>鱼肉</u>涉也。"（《汉书·原涉传》，转引自李国英、李运富2007：100）

（13）父曰："<u>履</u>我。"（《史记·留侯世家》，转引自王宁：144–145）

（14）惠子<u>相梁</u>。（《庄子·秋水》，转引自康瑞琮2008：18–19）

1.1.2 名词活用为形容词

I. 有编码活用

（$3_{1.1}$）不错！是个模特儿，比那些模特儿还<u>模特儿</u>。（谌容《献上一束夜来香》；转引自黄蓉蓉2007：50）

（$4_{1.1}$）她好像受过训练一样，很<u>淑女</u>，一点也不像网上她说的不拘小节。（新浪文化2004.2.19；转引自习晏斌2006a：312）

名词可以像（$3_{1.1}$）中的"模特儿"和（$4_{1.1}$）中的"淑女"那样分别通过"比……还……"和"很 –"这类构式形容词化后再做谓语。因为用于述谓是形容词的语用功能之一，所以，名词活用为形容词做谓语，也不再受一般名词做谓语的种种条件限制了。"比……还……"和"很 –"都是形容词的潜能构式，"还 –"和"很 –"这两个语法槽位是形容词的优势槽位，如"鸟的历史比人类历史还要悠久（北大现代汉语语料库）"和"很漂亮"；当名词进入这两个槽位时，也就获得了形容词特点，例（15a–i）都属这种情况。例（15a–i）中的"特""太""更""够"和"纯"在意义上与用法上与"很"类似，都是形容词的优势槽位，表程度，具有对进入该构式的名词进行形容词化的功能，因此这类构式统称为程度构式。

（15）a. 他们比道家还要道家，比佛家还要佛家。（北大现代汉语语料库）

b. 对于已经农转非的人说，定海村着实要比厂里的"铁饭碗"还要铁。（北大现代汉语语料库）

c. 小娅是我们部门唯一的女同事，物以稀为贵，加上咱们男同事都很绅士，这小妮子便充分利用自身优越性，动辄从我们身上占便宜。（《京华时报》2006.2.17）

d. 家人看后，判定这篇小说"很流氓"，认为我已走到悬崖边，当勒马回头。（《人民日报海外版》2000.9.20）

e. 近距离看，就是觉得这车很个性，而且车身两侧有黑色的防刮蹭的黑色塑胶条，对我这样的新手而言，此项设计很人性化了。（《江南时报》2008.7.29）

f. 同事家的猫妈妈很英雄，一口气生了五只小猫，同事哭着喊着要送给我一只。（《京华时报》2002.1.29）

g. 可它就是特流氓，看见美女就追。（《京华时报》2004.8.14）

老伯的做法引起争议，有人质疑老伯的救人目的，认为他太功利。（《京华时报》2010.8.1）

h. 公务员分类管理制度将通过职位分类和聘任制的实施，淡化官本位、打破铁饭碗，让深圳行政机关公务员队伍更专业、更高效、更廉洁。（《人民日报海外版》2010.2.5）

i. 在座的企业家心里很清楚，中国够朋友！（《环球时报》2010.10.8）

除了以（$3_{1.1}$）和（$4_{1.1}$）为代表的构式外，"不–不–/–不–，–不–"构式和"–毕竟是/就是–"构式，也具有对进入该构式的名词进行形容词化的功能：例（16a）中"男、女"进入"不–不–"构式后已经不再表示一般意义上的"男或女"，而是分别表示"男人"和"女人"的特征；例（16b）"人不人，鬼不鬼"中，第一个"人和鬼"是一般意义上"人和鬼"，但是该构式中第二个"人和鬼"分别表示"人和鬼"的属性；同样，例（17a-b）进入"–毕竟是／就是 –"构式的第二个"女人"和"商人"也是分别转指"女人"和"商人"的属性。

（16）a. 同学、邻居都说她"不<u>男</u>不<u>女</u>"，她也由此变得孤僻、内向和桀骜不驯。（《江南时报》2008.8.13）

b. 她不冷不热地说：看吧，杨小群现在就是这个样子，人不<u>人</u>，鬼不<u>鬼</u>的。（北大现代汉语语料库）

（17）a. 丈夫魏道凝在舞校负责后勤和基建，尽管与丈夫在学校工作中是<u>上下级</u>关系，但她认为这并没有影响夫妻感情："工作是工作，生活是生活。女人毕竟是<u>女人</u>，在家庭生活中我还是很女人的。"（《人民日报海外版》2005.4.6）

b. 当然地产商们不会满足于简单的热闹和娱乐的，商人就是<u>商人</u>，讲究的是回报。（《大地》2002年第2期）

名词进入相关构式形容词化后不仅可以用于述谓，还可以用于修饰：例（18a）中的"比德国还<u>德国</u>的"、例（18b）中的"很<u>男人</u>的"、例（18c）中的"纯<u>男人</u>的"、例（18d）中"男不男、女不女的"、例（18e）中的"不<u>男</u>不<u>女</u>的"和例（18f）中的"非<u>人</u>非<u>鬼</u>的"分别做"队伍""举动""宴会""现象""纯爷们"和"角色"的定语，表属性；例（18g）中的"男不<u>男</u>、女不<u>女</u>"做"打扮"的补语，补充说明"打扮"的结果；例（18h）"男不<u>男</u>，女不<u>女</u>地"做"唱起来"的状语，表方式。这种现象说明，汉语中形容词兼具修饰和述谓的功能，当它被形容词词化后不仅具备了形容词的述谓功能，还获得了各种修饰功能。

（18）a. 应该说是一支比德国还要<u>德国</u>的队伍。（北大现代汉语语料库）

b. 因为在她看来这是很<u>男人</u>的举动，甚至很浪漫。（北大现代汉语语料库）

c. 那天晚上，布鲁克斯一直要他去参加"纯<u>男人</u>"的宴会，因为他没答应要通宵达旦，所以到了十一点他就回家了。（《北大现代汉语语料库》）

d. 日本早稻田大学一名教授就对《环球时报》记者表示，现在日本这种男不<u>男</u>、女不<u>女</u>的现象让他很担忧，从长期来看，这会影响日本的国家竞争力。（《环球时报》2010.5.31）

e.《不差钱》夺了大奖，那个"不<u>男</u>不<u>女</u>"的纯爷们小沈阳火透了半边天，

批评的声音更大了。(《江南时报》2009.2.19)

　　f. 王刚扮演的王承恩是剧中的重中之重，他说："说实话，一般戏我都是处于游离、游戏状态，这部戏却投入得走火入魔，这种非男非女，非<u>人</u>非<u>鬼</u>的角色让我很有创作激情，能让我撒开演，把自己的人生体验放进去，那种太监变态的心理和和珅这个角色是不能同日而语的，我希望观众看完这个剧会忘记和珅，记住王承恩。"(《江南时报》2005.5.31)

　　g. 芝加哥公牛的"毛虫"德尼斯·罗德曼，除了一副肮脏的外表外，还把自己打扮得男不<u>男</u>、女不<u>女</u>，让人多看几眼就觉得喉头堵得慌，但就是这副德行也居然有美女相爱，而且还是不错的演员，真长着一张秀色可餐的脸。(《江南时报》2000.7.27)

　　h. 有一个小青年接过了麦克风，模仿迈克尔·杰克逊的腔调，男不<u>男</u>，女不<u>男</u>地唱了起来。(北大现代汉语语料库)

　　上引例句表明，名词通过相关构式活用为形容词后，它们的意义也由指称具体或抽象的人或物，转而表示该人或事物所具有的属性（刁晏斌2006a：315）。另外，刁晏斌指出，名词的这种活用应该主要是受外语的影响，因为在古代汉语和近代汉语中没有相关用法（同上：314）。

　　II. 无编码活用

　　($5_{1.1}$) 我要是沈辰，得先敲打敲打你那颗<u>木头</u>脑袋，然后才敢用你！（北大现代汉语语料库）

　　根据莫彭龄、单青（1985）的统计分析，汉语中名词做定语的比例占20.09%（见表1），但是，这一比率同名词用作其他句法功能相比并不高，而且名词做定语要丧失名词的一部分属性（沈家煊1999：264-269）：

　　（i）定语位置上的名词已经失去名词的典型的特征；

　　（ii）名词直接修饰名词限于表示属性关系，若要表示非属性关系（如领有关系）则一般要加属格标记词"的"；

　　（iii）直接做定语的名词和中心语之间语义关系可以是各种各样的，往往无法预测，在没有形成熟语之前要根据上下文或背景知识来推断。

根据沈家煊（1999）的上述分析，例（5₁.₁）中修饰"脑袋"的"木头"的确不再是"木材和木料的统称"（《现汉》），而是指"头脑不灵活"这种属性，"木头脑袋"前的修饰语只能用来修饰"脑袋"，而不是"木头"，也就是说，只能像例（5₁.₁）那样说"那颗木头脑袋"，不能说"一根木头脑袋"。例（19）中"孩子脾气"表达的是属性关系，要表达领有关系，只能说"孩子的脾气"。

至于无编码名词定语与中心语之间的语义关系，我们认为，可以按照Goldberg（1995；2007）的构式语法的观点，从名词定语的语义框架内寻找与中心语的结合点：例（19）的"钢铁战士"可以解释为具有钢铁特点的战士；例（20）"黄金时间"指像黄金一样宝贵的时间，即最佳时间；例（21）"儿童读物"指适合儿童阅读的书籍；例（22）"豆腐渣工程"指像豆腐渣一样毫不坚固的工程。只要把这些表达放在具体言语中，这种解读应该是很容易的；也正因为如此，在言语中才会出现许多语言中有争议甚至无法理解的表达。

（19）后来证实，真正的原因是最近老马训练量渐增，宋丽清身心俱疲，而且与队友相处时有一些不太愉快，正是苦和累与心境不佳的综合因素才使宋丽清要了孩子脾气。（《江南时报》2000.8.30）

（20）可东亮硬是凭着过人的意志战胜了伤病，一年后又重返赛场，脚打钢钉和队友一起夺得了团体冠军，队友们都称他"钢铁战士"。（《人民日报》2010.9.14）

（21）该剧将于今晚起在央视八套黄金时间播出。（《京华时报》2010.9.28）

一本由美国总统贝拉克·奥巴马撰写的儿童读物即将面世。（《江南时报》2010.9.16）

（22）也请有关部门在鉴定房屋质量时，认真再认真，不要让豆腐渣工程威胁市民的安全。（《江南时报》2010.9.8）

通过上节分析可以看出，"很男人的举动"中的"很男人的"表示"举动"的属性，是通过"很-"对"男人"进行了属性行为编码的结果。在此基础上笔者倾向认为，在指称构式中，名词表属性直接修饰中心语，是对编码属性行为构式省略的结果，如"孩子脾气"是对"孩子似的脾气"的省略，因为这种表达在言语交际中经常使用，最后简称为大家都接受的"孩子脾气"了，这是语言经济性作用的结果。

根据岑麒祥（2010a：84），在古代汉语名词也可以活用作形容词做定语，如"<u>人</u>心惟危，<u>道</u>心惟微"（《尚书》）。由此可见，虽然现代汉语中名词用作定语表属性，也是有其历史渊源的。

1.1.3 名词活用作状语

既然是名词活用作状语，这里的名词就不再指时间名词、处所名词和方位名词，因为这三类名词可以不受任何限制地直接做状语（沈家煊1999：262，另参见刁晏斌2006a：295），如"明天见""里屋坐"和"前怕狼，后怕虎"。沈家煊（1999：262）指出，一般名词做状语经常要求加三类标志中的一类：

（i）作为语义标志的介词；

（ii）副词性后缀"的（地）"；

（ii）表比况的后缀"似的"。

在名词做状语的三种标志中，只有名词加副词性后缀"的（地）"才是名词活用。名词加副词性后缀"的（地）"做状语涉及结构助词"的"和"地"分合问题，本书对此不予考虑，只考察名词加"地"做状语的情况。

需要说明的是，仅从编码角度讲，无论是介词还是比况构式都属于对名词作状语的编码：例（23a–b）中的"合同法"和"双手"都是通过介词来凸显它们在与谓语动词的格关系的，前者通过介词"根据"表明它是"解除合同"的依据，后者通过介词"靠"表明它是"维持生计，谋划未来"的"工具"。例（24a–b）中的"雨点"和"慈母"则是通过比况构式"似／般的（地）"分别表明"响起"和"加上那么一句"的方式。汉语的事实是：介词或比况构式与名词形成短语后修饰述谓短语的，不再是名词，而是介词短语或比况短语了，也就是说介词和比况构式都不是副词的行为编码。

（23）a. 可以，根据<u>合同法</u>规定，租赁物危及承租人安全或者健康的，承租人可以随时解除合同。（《京华时报》2010.10.11）

b. 人们需要靠<u>双手</u>维持生计，谋划未来。（《江南时报》2009.5.12）

（24）a. 她一上场，鼓槌一挥，银铃摆动，鼓声<u>雨点</u>般地响起。（北大现代汉语语料库）

b. "她今天已经很累了。"她还<u>慈母</u>似的加上那么一句。（北大现代汉语语料库）

I. 有编码活用

（6[1.1]）他在<u>片段</u>地回念一年半以前的一幕。（王统照《刀柄》；转引自刁晏斌2006a：297）

笔者认为，"地"构成了一个副词构式，它像"着、了、过"是动词的优势槽位，能把进入它们所提供的语法槽位的语词动态化一样，"地"字构式能把进入它所提供的语法槽位的语词副词化；但是"着、了、过"属于行为编码，而"地"字构式属于结构编码。基于这种考虑，笔者认为例（6[1.1]）中的名词"片段"以及例（25a–e）中的"客观""科学""局部""机械"和"本能"都是被"地"这一构式副词化后来修饰动词，分别表示动作发生的范围 [如例（6[1.1]）中的"片段"和例（25c）中的"局部"]、方式 [如例（25a）中的"客观"、例（25b）中的"科学"和例（25d）中的"机械"] 和依据 [如例（25e）中的"本能"]。

（25）a. 晴晴可以考虑和同事一起向上司反映，把实际情况<u>客观</u>地说出来，以委婉的语气提出想法，上司一般都会体谅下属的。（《江南时报》2006.3.28）

b. 这个符号既指出了函数的对应关系，又指出了它的自变量，比较<u>科学</u>地描述了一个函数，因此被人们广泛采用了。（北大现代汉语语料库）

c. 而同时她又感到自己的身体正在<u>局部</u>地死去。（北大现代汉语语料库）

d. 夜里是很冷的，脑子似冻木了，凭着一点清醒的意识，<u>机械</u>地也是很规范地走动手中的焊条。（北大现代汉语语料库）

e. 他们认为，接触到激光射线的犯人肯定会<u>本能</u>地躲避。（《环球时报》2010.8.25）

关于带"地"式名词状语来源，孙德金（1996）、沈家煊（1999）和刁晏斌（2006a）都认为，这是仿照英语的副词后缀"–ly"产生的新格式。刁晏斌（2006a：305）指出，进入"地"字构式的名词几乎都是表示抽象意义，并认为张伯江、方梅（1996：206）对此做出了合理的解释，这也是本书接受的观点：

有些抽象名词带有明显的性质意义，原因是抽象名词并非人们对有形实体认知的结果，而往往是反映了人们关于抽象事物的概括，其内涵的实体意义和性质意义没有明确的界限。从表达的角度看，说话人常常不是着眼于一个抽象名词的全部含义，而是只取其某种性质义拿来使用的。

II. 无编码活用

（7₁.₁）传统的治疗方法有三种：一是<u>药物</u>治疗……（《人民日报》1996.1.26; 转引自刁晏斌2006a：303）

综合孙德金（1996：114-115）和刁晏斌（2006a：302-304）的观点，名词不带"地"做状语的语义类型分为："方式＋述语""范围＋述语""工具＋述语""依据＋述语""处所＋述语"。根据Goldberg（1995：65-66，2007：63-64）构式观点，笔者认为述语构成了一个事件类型，用来做状语的名词构成了这个事件类型的子类，分别表示事件发生的方式[如例（7₁.₁）中的"<u>药物</u>治疗"和例（26）中的"<u>高温</u>消毒"]、范围[如例（27）中的"<u>暗中</u>帮助"]、工具[如例（28）中"<u>掌声</u>鼓励"]、依据[如例（29）中"<u>友情</u>演出"]和处所[如例（30）中"<u>空中</u>救援"]。

（26）口蹄疫不传人，而且奶粉都是经过<u>高温</u>消毒的，人也不会因为喝了奶粉而被感染口蹄疫。（《京华时报》2010.6.23）

（27）据称，比利亚努埃瓦<u>暗中</u>帮助贩毒集团每实现一笔毒品交易，就收取40万到50万美元的"好处费"（《人民日报》2010.5.11）。

（28）狐狸抓住竹竿，后退了几步，举手向周围示意，请乌鸦<u>掌声</u>鼓励。（《市场报》2007.3.2）

（29）周润发已答应最近几天就会前往剧组报到，为吴宇森<u>友情</u>演出3天。（《京华时报》2007.5.17）

（30）为了给即将召开的世博会和青奥会顺利举办提供有力保障，南京市公安交管局日前进行了道路交通事故立体救援处置现场演练，并出动警用直升机实施<u>空中</u>救援。（《江南时报》2010.4.26）

刁晏斌（2006a：308）把不带"地"式名词状语的语义类型归纳为两类，一类为表示具体工具和处所的名词，一类为表示抽象意义的名词。这两类状语的来源也区分为两种，表工具、处所的名词状语对古代汉语相同用法和形式的直接继承和沿用[如"叩石垦壤，<u>箕畚</u>运于渤海之尾"（《列子·汤问》）、"夫以秦王之威，而相如<u>廷</u>叱之"（《史记·廉颇蔺相如列传》）]，不是省略介词所致，其他类型应多是它源的。笔者认为，工具名词和处所名词无标记做状语无论是源于介词的省略，还是源于对古代用法的继承，它们和其他名词无标记作状语一样，都是体现了语言经济性的要求，而名词有标记做状语则是体现了语言象似性的要求。

1.1.4 名词活用作补语

（8₁.₁）冰坛新秀献艺<u>齐齐哈尔</u>。(《人民日报》2006.1.16; 转引自刁晏斌2006a：307）

补语主要由谓词性词语、数量短语和介词短语充当，名词一般不能充当补语的。但是处所名词可以直接做补语，如例（8₁.₁）中的"齐齐哈尔"（刁晏斌2006a：306-308）。刁晏斌指出，名词直接做补语在古代汉语中比较常见，如"妾情愿和番，得息刀兵，亦可留名<u>青史</u>"（元杂剧《汉宫秋》，转引自刁晏斌2006a：308），现在一般被看作古代汉语形式的残留，或者是"述+于+名"形式的省略，可以按照"在+名+述"来理解（307）。笔者认为，介词"在"或"于"的省略是经济性作用的结果：一方面，这种用法有古代的传统，另一方面，这种用法中的动词不能再带宾语，如（31）-（35）中"扬名""战死""做客""称霸"和"客死"，所以不会引起歧义；在这种情况下，不带"介词"的简洁形式必然越来越受欢迎，因此处所名词也就能直接做"补语"了。

（31）明代广东手工业发展很快，正德九年（1514年），一名葡萄牙商人在广州购得龙袍绣片回国，献给国王，广绣从此扬名<u>海外</u>。(《人民日报》2010.8.23）

（32）据《纽约时报》估计，美国投入到伊拉克战争上的资金已高达1.2万亿美元，3000多美国军人战死<u>沙场</u>，更不用说伊拉克战争对美国的软实力造成的巨大伤害。(《江南时报》2007.1.31）

（33）《阳光热线》一般由省直54个厅局领导轮流做客<u>直播间</u>，但根据节目运行中不断遇到的新情况、新问题，我们不是简单地采取"轮流坐庄"的方式，而是不断地及时调整和完善节目运作方式。(《新闻战线》2007.1.10）

（34）近年美国大片的一大特点，就是以高科技营造的特效景观称霸<u>世界</u>。(《人民日报》2008.12.25）

（35）阿塞拜疆前总统客死<u>他乡</u>。(《京华时报》2003.12.14）

1.2 形容词的活用

如前所述，因为一般认为形容词可以做状语和补语，所以这里就不再把形容词做状语和补语作为词类多功能性来探讨了。

1.2.1 形容词活用为名词

I. 有编码活用

（9₁.₁）把它放在案边，可以天天观赏它的<u>美丽</u>，从中获取创作的灵感。（《人民日报》2004.5.22，转引自习晏斌2006a：337）

"美丽"本是形容词，但是在例（9₁.₁）中，"美丽"位于属格"的"后面，所以无需考察整个述谓结构，便可断定它被用作名词了。例（36）中的"'温柔'和'刚强'"也属于这种情况，因为它们由"这里的"来修饰。数量短语是专门用来修饰名词的，但是例（37a–e）中"'浪漫'和'潇洒'""繁荣""悲哀"和"臭"分别由数量短语"一份""一片""一种"和"一股"后面来修饰，因此它们都不同程度地被名物化后用作名词了。也就是说，例（9₁.₁）中的"美丽"和例（36）中的"'温柔'和'刚强'"在结构编码"的"，例（37a–d）中"'浪漫'和'潇洒'""繁荣""悲哀"和"臭"在行为编码"一份""一片""一种"和"一股"的作用下，名词化后用于指称了。

（36）"来吧！欢迎大家到安徽来，让我们一起体会这里的<u>温柔</u>与<u>刚强</u>！"安徽省政协副主席王鹤龄激情的一呼，道出了中部城市求才若渴之情。（《人民日报海外版》2010.9.18）

（37）a. 回忆起4年的大学生活，即将到总参谋研究所工作的冯新建说，与同龄的其他大学生相比，清华国防生的青春少了一份<u>潇洒</u>和<u>浪漫</u>，多了一份"兵味"和"军味"，他说："我因为敬慕而选择了清华，因为热爱而选择了军营。"（《人民日报》2004.8.2）

b. 几十年前，当地不过几十户人家，现在一片<u>繁荣</u>，农民和城市官员都在讨论不断增加作物产量。（《环球时报》2010.9.26）

c. 当知识、专业、技术人员把当官作为一种时尚来追求，这不能不说是一种<u>悲哀</u>。（《人民日报》2010.7.22）

d. 那人浑身散发出一股难闻的尿臭。（北大现代汉语语料库）

II. 无编码活用

（$10_{1.1}$）法国，是一个拥有浪漫、充满性感且不乏物质享受的国家。（《人民日报》2004.3.18，转引自刁晏斌2006a：337）

例（$10_{1.1}$）中的"拥有"指"领有；具有（大量的土地、人口、财产等）"《现汉》，"浪漫"虽然是个形容词，但是在它的语义框架内，人们很容易联想到"浪漫的情调"之类"拥有"所要求的"物"，所以"浪漫"被名物化后活用为名词了。例（38a）中"再创辉煌"和例（38b）中的"出现繁荣"也是这样："再创"指"再次做出新成绩"（同上），而在"辉煌"的语义框架内正好有"辉煌的成绩"这样的含义与之相匹配；"出现"指"产生出来"（同上）某种现象，而"繁荣"恰好可以用来转指"繁荣的景象或局面"。从另一个角度上说，例（$10_{1.1}$）中的"浪漫"、例（38a–b）中的"辉煌"和"繁荣"甚至可以看作"浪漫情调""辉煌的成绩"和"繁荣的景象"的简称，因为它们使用频率很高，所以在经济性的作用下，它们都以省略形式出现了。"秀"来源于英语的"show"，指"表演；演出"（同上）。例（39a）中的谓语"秀"和（39b）中的"晒"都有展示某种状态的含义，所以"温馨"和"甜蜜"很自然地表指称用作它们的宾语了。

（38）a. 中央军委委员、总后勤部部长廖锡龙要求全军各级卫生部门、卫生单位和广大医学科技工作者，以科技兴后勤、科技强军和科教兴国为己任，同心同德，锐意创新，开拓创新，在勇攀医学科技高峰中再创辉煌。（《人民日报》2010.9.14）

b. 短期来看，由于日本就业市场出现繁荣（据东京都当局统计，1月全职工作薪资增长4.0%，兼职增长1.0%），都市地价也在大幅增长。（《国际金融报》2006.3.30）

（39）a. 刘德华、范冰冰和徐娇在片中出演一家三口，他们在片场大秀温馨。（《京华时报》2008.12.27）

b. 演员刘涛与老公王珂一同出席，两人在活动期间频频牵手晒甜蜜。（《京华时报》2009.9.29）

尽管都是不使用任何标记活用，但是例（40a）中的"虚心"和"骄傲"、（40b）中的"简朴"活用作名词在整个句式的作用下实现的：例（40a）"使"

构成的使让句，无论物体还是动作和属性，都可以导致某种后果；例（40b）是由"是"构成的判断句，无论名词还是动词和形容词都可用于判断。

（40）a. 虚心使人进步，骄傲使人落后。（《人民日报海外版》2003.3.18）

b. 粗粝、简朴是一种高尚美德；自信、超脱是一种美好境界。（《人民日报》2004.4.5）

刁晏斌（2006a：339）对形容词的指称用法没有进行有无编码的区分，他在给形容词指称用法归因时指出，形容词用于指称早在古代汉语中就比较多见，比如，"战而败，贤良尽死"（《吕氏春秋·似顺》），但是指称性形容词在汉代汉语阶段大量使用，主要是受了外语的影响，因为汉语少有形态变化，只能以一个词形来对应外语中的同一词根的不同词形。笔者认为，刁晏斌的分析是合理的，正是来自共时和历时两个方面的影响使形容词指称性用法日渐增多。

1.2.2 形容词活用为动词

笔者把形容词用于述谓作为它的常规功能，但这并不是说形容词用于述谓就不存在活用为动词的情况存在。这里，笔者专门探讨形容词活用作动词的用法。

I. 有编码活用

（11$_{1.1}$）你的脸色苍白极了，连那艳润如樱的嘴唇也失去了血色，只有那美目清亮如星，暗淡了天上的星辰。（汪洋群《漠不相识》；转引自黄蓉蓉2007：51）

例（11$_{1.1}$）中"暗淡了天上的星辰"意指"使天上的星辰暗淡了"，这里的"暗淡"带上体词标记"了"，表动态，例（41a）中的"苦了"也是这种情况。例（41b–c）中的"红"和"硬"则分别通过完成体标记词"过"和进行体标记词"着"表示动态。可见，"着、了、过"不仅具有标示动词"体"的语法作用，而且还可以使其他非动词动态化。

（41）a. 苦了我一个人不要紧，可不能苦了孩子们一辈子。（《人民日报》2010.3.23）

b. 这个家不存在婆媳关系难的问题，她和两个儿媳从未红过脸。（《京华

时报》2010.7.16）

c. 现在我再跟你说一遍，如果你还是像上次一样硬着心肠，她一定就活不久了。（《人民日报》2010.8.3）

"形容词＋名词（多为代词或指人名词）＋数量短语"构成了一种特定构式，表示"比名词＋形容词＋数量短语"，所以例（42）中"高我一头"指"比我高一头"，类似的说法还有："他长我11岁，用自己的沉稳让我看到退一步海阔天空的美丽（《人民日报海外版》2010.7.23）""我相信在凭借任意球左右比赛局势方面，贝克汉姆胜我一筹（《京华时报》2002.6.11）"。

"动词＋在/于＋地点/状态"这一构式是用来表示"在某地/状态下发生某事"的，如"身材高大的朱民一边说话一边离开，瞬间消失在记者的眼前（《国际金融报》2010.9.15）""11月3日，奥巴马并没有沉浸于当选一周年的喜悦中，而是召集16位经济专家，共同探讨美国经济未来发展的出路（《国际金融报》2009.11.4）"。现在"朦胧"在例（43）中进入这一个构式，自然也就有了动词的含义。再如"虽然已出版了第一张唱片，但回首10年的科研之路，事业有成的他仍迷茫于曾经的理想和现实的巨大差距（《市场报》2004.9.28）"："迷茫"也是形容词，指"广阔而看不清的样子或（神情）迷离恍惚"（同上），但是在"迷茫于曾经的理想和现实的巨大差距"中，却指"为'曾经的理想和现实的巨大差距'而感到迷茫"。

一般认为作谓语或谓语核心的形容词能受补语修饰，如"咱们大方一点"（袁毓林等2009：78），但是例（43）表明带补语的形容词的语义变化与补语的性质密切相关。根据黄伯荣、廖序东（2007：69–72），补语可以区分为结果补语[如"这个字写错了""热坏"①]、程度补语（如"山那边的情况我熟悉，还是我去好一点"）、情态补语（如"那阵雨来得猛，去得快"）、趋向补语（如"树林里跳出一只大老虎""暗下去"）、数量补语（如"看了几遍"）、时地补语（如"这事就出在1949年""人们都知道自己生在何处，却不知道自己死在何方"）、可能补语（如"这东西晒不得""大意不得"）。笔者倾向认为，带程度补语、结果补语和可能补语时，形容词语义没有发生变化或语义变化还仅限于形容词内部属性范围内；带情态补语（如"腐败得快"）、趋向补语（如前例

---

① 本句没有特殊标注的例句都来自黄伯荣、廖序东（2007）。

"暗下去")、数量补语（如"红了半个世纪"）和时地补语[如例（43）"朦胧在这片水汽里"]，形容词语义动态化了，即形容词活用为动词了。

（42）我只记得的是，我突然之间觉得很伤心，我泪流满面，扑过去，跟那个整整高我一头的余永成狠狠地打了一架。（《江南时报》2006.4.3）

（43）3个古老的戏台矗立水上，月色朦胧在这片水汽里。（《人民日报》2004.9.8）

II. 无编码活用

这里的无编码活用指形容词除了带宾语外，不再有其他结构编码或行为编码。

（12[1.1]）干吗要来恐慌这乡下老头子呢？（田汉《梅雨》，转引自刁晏斌2006a：332）

与例（11[1.1]）中的"暗淡了天上的星辰"不同，例（12[1.1]）中的形容词"恐慌"没有带任何标记就带了宾语，表示"使这个乡下老头子恐慌"。第一章综述部分已经指出了刁晏斌（2006a：331–335）对这类现象的研究。根据刁晏斌（2006a：331–335）的研究，形容词用如动词所带的宾语类型有使动宾语、对动宾语、意动宾语、原因宾语和自动宾语。例[11[1.1]]中的"暗淡了天上的星辰"、例[41a]中的"苦了我一个人"和"不能苦了孩子们"，例[12[1.1]]中的"恐慌这乡下老头子"以及例[44a-b]中的"幸福十亿人"和"活跃气氛"都属于形容词使动用法带宾语；例[45]中的"宽容孩子"属于形容词带对动宾语；例[46]中的"重感情"属于形容词带意动宾语；例[47]中的"惭愧自己在珠海的孤陋寡闻"属于形容词带原因宾语；例[41b]中的"红过脸"和"硬着心肠"属于形容词带自动宾语。

（44）a. 老山之所以在国人的心灵中留下永久的记忆，是因为铭刻在老山英雄连每一批战士心目中的"艰苦奋战，无私奉献"，"牺牲我一个，幸福十亿人"的"老山精神"影响了整整一代人。（《大地》2004年1期）

b. 与艺术体操比赛表演不同，举重比赛似乎枯燥许多，为此济南皇亭体育馆搬出了"宝贝"在比赛间隙活跃气氛，不过出场的"宝贝"大有来头——济南歌舞团的演员，节目也五花八门，从街舞到独唱到二胡表演到拉丁舞到

小提琴，那架势丝毫不逊于文艺汇演。(《京华时报》2009.10.20)

（45）做父母的，关爱孩子是人之常情，但是千万要知道孩子所思所想，理解孩子，宽容孩子，给孩子足够的自由来选择(《江南时报》2007.9.15)。

（46）五千年的文明，造就了中国人重感情、重家庭的特点。(《人民论坛》2009年第19期)

（47）这一发现让我为自己大为惭愧，惭愧自己在珠海这十年的孤陋寡闻；这一发现又让我为自己大为庆幸，庆幸自己能在这么一个光荣的地方生活和工作。(《大地》2005第13期)

刁晏斌（2006a）考察形容词带宾语的用法时也没有区分有无编码的情况。他（2006a：334）指出，形容词带宾语是保留古代汉语形容词用法特点的结果（另见李泉1996b），在古代汉语中形容词带宾语的用法相当多见：

（48）吴人加敝邑以乱，齐因其病，取讙与阐，寡君是以寒心。(《左传·哀公十五年》，转引自刁晏斌2006a：334)

（49）主多怨而好用兵，简本教而轻攻战者，可亡也。(《韩非子·亡征》，转引自刁晏斌2006a：334)

（50）楚左尹项伯者，素善留侯张良。(《史记·项羽本纪》，转引自刁晏斌2006a：334)

（51）见人读数十卷书，便自高大，凌忽长者，轻慢同列。(《颜氏家训·勉学》，转引自刁晏斌2006a：334)

笔者发现形容词活用作动词带补语的情况在古代汉语中也存在，如"倾夺邻国，而雄诸侯"（贾思勰《齐民要术序》，转引自李国英、李运富2007：105）。由此可见，古代汉语的语法特点对现代汉语词类多功能性的影响是不容忽视的。

1.3 动词的活用

1.3.1 动词活用为名词

I. 有编码活用

（$13_{1.1}$）一个发现从他的觉察中跳出，他明白了。(尚钺《父与子》，转引自刁晏斌2006a：326)

例（$13_{1.1}$）中的"发现"和"觉察"都是及物动词，具有"关系性""过程性""暂时性"和"非等级性",但是修饰"发现"的数量构式"一个"表明,"发现"在这里用作名词做主语,修饰"觉察"的属格构式"的"表明,"觉察"在这个构式中用作名词,做介词构式"从 –"的宾语。"从 –"和"的 –"都已表明,"觉察"在这里用作名词,但是直接修饰"觉察"的是副词"仿佛",这说明"觉察"在用作名词的同时,还保留了它动词的特征。由此可见,构式在动词活用作名词也起着不可替代的作用。另外,例(13₁.₁)中属格"的"的用法表明,它不仅可以形成"– 的"构式,从而使物体名词用于修饰,还可以形成"的 –"构式,从而是动作动词用于指称。

例(52)中的基数词("前两")和序数词("第三")表明"跳"在被用作名词做主语;例(53a)中修饰"安慰"的数量形容词"些许"、例(53b-c)中分别用来修饰"负担"和"抱怨/珍惜"的名量短语"一种"和"一份"都标示了,它们所修饰的动词在用作的名词;例(54)中的"做工"由属性标示词"的"直接修饰,由"他们的"中的属格"的"间接修饰,并且与"科技水准"和"作为"并列,都表明它在用作名词。

(52)比赛中,霍启刚非常关注郭晶晶的表现,"她前两<u>跳</u>不是很好,我有点担心。等第三<u>跳</u>完了,才觉得没问题了"。(《京华时报》2004.12.14)

(53)a. 英国国家统计局同一天出示的数据,给备感尴尬的经济学家带来些许"<u>安慰</u>"。(《国际金融时报》2009.7.2)

b. 这的确对 NGO(即 non-government organization)挑战很大,但事实是你真的千万不能只有一腔热情,这样到了灾区,很有可能这些能力不足的 NGO 反而成了次生灾民,成为灾区的一种<u>负担</u>。(《京华时报》)

c. 一个人心存"感恩",生活便少了一份<u>报怨</u>,多了一份<u>珍惜</u>;当一个社会经常说"感恩"时,世界便少了些歧视,多了一份和谐。(《健康时报》2007.9.17)

(54)他们的科技水准、优质的<u>做工</u>以及按时完成任务的作为,为企业赢得了殊荣。(《人民日报海外版》2010.10.1)

II. 无编码活用

（14₁.₁）那女人虽是山里人模样，然而<u>应酬</u>很从容，说话^①也能干。（鲁迅《祝福》；转引自习晏斌2006a：326）

除了借助结构编码或行为编码外，动词还可以直接用作名词。例（14₁.₁）中"应酬"用于指称取决于谓语"从容"的内涵。"从容"指"不慌不忙；镇静；沉着"，它的这些含义本来就可以用来指各种行为表现，如我们还可以说"<u>举止</u>从容"（《现汉》）。另外，"应酬"属于高频词，同时具有已经固化的名词义了——"私人间的宴会、聚会等"（同上）。

例（55a）中的"服从"是"遵照；听从"（《现汉》）的意思，可以用于"服从命令；少数服从多数；个人利益服从集体利益（同上）"。可见，"服从"本身就有"按照某人的安排、指示、命令去做事"的含义，"安排"用于指称是由"服从"的性质决定的。例（55b）"接受"指"对事物容纳而不拒绝"（同上），可以用于"接受考验；接受教训；接受批评"（同上）。尽管接受的定义是指对"事物的容纳而不拒绝"，但从例句来看，还以指对"某种行为容纳而不拒绝"，而且定义表明做"接受"宾语的动词已经名物化了。所以说"挑战"用于指称也是由"接受"的性质决定。

（55）a. 而南京市特警支队的黄警官称，近日接到上级通知接种甲型H1N1流感疫苗，干警们都服从<u>安排</u>，并认真了解疫苗接种注意事项。（《江南时报》2009.11.4）

b. 每期12名一流企业高管组成boss团现场招聘，每期有8位来自全国各地的真实应聘者接受<u>挑战</u>。（《京华时报》2010.9.22）

例（56a~c）中用于指称的动词都是由谓语的特征决定的："喜欢"指"对人或事物有好感或感兴趣"（《现汉》），但是我们也可以对"做某种事情"感兴趣，所以"喜欢"可以带主语"感兴趣"的各种行为做宾语；"有利于"和"有益"这类谓语决定了，只要符合实际，我们可以说"任何行为"对"某客体"有"某种"影响。其实，由谓语决定动词用于指称最常见的模式是"是"字

---

① 笔者认为，"说话也能干"中的"说话"用作名词是为了与"应酬很从容"对应，这是出于语用上的需要，因为"能干"指"有才能，会办事"（《现汉》），它的典型用法在语义上要求被述谓的主语指人（如"她精明能干，算得个女中豪杰"《现汉》）或所修饰的中心语指人[如"黄炜是个十分能干的女同志"（北大现代汉语语料库）]。实际上，这句话所要表达的应该是，女人说话的行为表现出她很能干。

构式。这种构式构成了一个判断句，所以我们可以对任何行为做出判断，因此各种动词自然用于指称了，如"打人是不对的；杀人是要偿命的"。

（56）a. 周末的这个朋友非常喜欢唱歌，他是一个同时修双专业且做一份兼职工作的学生，但是他仍然不惜每周花10个甚至更多个小时去排练演出。（《人民日报海外版》2010.7.30）

b. 游泳有利于缓解颈椎痛。（《新华网》2010.7.25）

c. 研究显示，慢跑是一项非常有益健康长寿的运动。（《人民日报海外版》2010.8.7）

笔者认为，例（57a–b）中的"自信"和"信任"分别用作"缺少"和"失去"的宾语，则不是由谓语决定的，而是因为"自信"和"信任"都是高频词，在语言运用中名物化程度很高了，只是汉语没有相关的形态标示这种变化而已，比如"恢复/充满/重拾/赢回了自信（《北大现代汉语语料库》）"和"取得中央局的信任、给他们应得的信任和支持、回报你们的信任、骗取唐玄宗对他的信任、争取市民大众的信任和支持、赢得选民的好感与信任（同上）"这样的表达在言语交际中十分普遍。

（57）a. 球队打得非常差，缺少自信。（《京华时报》2010.9.22）

b. 巴尼耶说，作为纳税人的公民也在为救助银行埋单，这使得他们对金融系统失去了信任。（《国际金融报》2010.4.28）

与形容词用于指称一样，动词用于指称在古代汉语中就比较常见（刁晏斌2006a：324），其中有的有编码，如，动词用在"其"字"之"之后，往往活用为名词（周秉均1981：334–335；转引自刁晏斌2006a：324）：

（58）a. 男女同姓，其生不蕃。（《左传·僖公二十三年》）

b. 殚其地之出，竭其庐之入。（柳宗元《捕蛇者说》）

有的除了用于指称构式外，没有任何编码（康瑞琮2008：63）：

（59）a. 子路曰：学亦有益乎？（刘向《说苑·建本》）

b. 上下相反，好恶乖迕。（晁错《论贵粟疏》）

c. 先生之恩，生死而骨肉也。（马中锡《中山狼传》）

现代汉语动词用于指称在当代日渐流行，除了继承了古代汉语和近代汉语的传统外，还在于：汉语少有词形变化，不同的词性就只好用同一个词形来表示，并且印欧系语言及古代汉语也都有相同的情况，而且这样的表达形式既比较简约，同时一般又不至于误解（刁晏斌2006a：327）。

1.3.2 动词活用作定语

I. 有编码活用

（15$_{1.1}$）田亮解释说，"平常也不经常出现这种问题，可能是每一跳之间等的时间太久了。"（北大现代汉语语料库）

如例（15$_{1.1}$）动词也能出现的定语位置上，但是许多时候要像例（15$_{1.1}$）中"等"那样加"的"。因为"动词＋名词"是典型的动宾结构，所以，对用作定语修饰名词的动词应该进行编码，例（60a–e）中修饰名词的动词后加"的"体现的就是有标记组配的这种要求，这些动词后面的"的"就是关系小句标记。如果没有"的"，例（60a–e）中所有用斜体标出的动词都可以和它们后面的名词构成动宾结构。

（60）a. 但她辩称，她出租的房屋并未用作开黑诊所，"你看哪有牌子，这种敏感时候，话可不能乱说。"（《京华时报》2007.2.2）

b. 专家介绍，太空茄子是在2002年第一批搭乘神舟四号飞船上天的武汉优质茄种的基础上，历经4年的精心培育、6次改良的品种，也是武汉市选育培植并成功上市的第一种太空蔬菜。（《人民日报海外版》2007.8.22）

c. 老周感慨：我活这么大岁数，今年接待的客人格外多。（《人民日报》2010.2.7）

d. 潜艇所有系统表现良好，先前测试中发现的问题已得到解决。（《京华时报》2010.9.29）

e. 截至2001年底，中国的外商投资的企业达到387260个，其2100万职工是参与国际竞争和分工的一支重要力量。（《中国经济快讯周刊》2002第47期）

II. 无编码活用

（16$_{1.1}$）如此算来，这辆登记日期为1995年10月的马自达323，早应于2003年10月就进汽车解体厂。（《京华时报》2006.2.17）

但是语言事实中还有许多像例（16$_{1.1}$）中"登记"那样不用加"的"直接修饰名词的动词存在：

（61）a. 中国钢铁企业参与此类谈判经验不足，且不知随机应变。（《人民

日报海外版》2009.8.11）

b. 国庆长假后，这次对于二套房贷的专项<u>检查</u>结果将向国务院汇报。（《京华时报》2010.9.27）

c. 研讨会上，北京市侨联同与会华文学校和华文教育机构签订了<u>合作</u>意向，约定2011年共同举办"金水桥之恋——海外华裔青少年作文大赛、书画大赛"，为海外华裔青少年展示艺术才华搭建平台。（《人民日报海外版》2010.10.1）

d. 正在疫区进行排查的自治区疾控中心一位工作人员介绍，目前，肺鼠疫的疫情传染源正在调查中，<u>排查</u>工作也正在进行。（《京华时报》2010.9.28）

e. 所有在中国依法注册的企业都享受国民待遇，在华外资企业制造的产品就是中国制造，我们不仅要保护你们的知识产权，而且要保护你们所有的合法权益。（《京华时报》2010.10.8）

李晋霞（2008：6）指出，从音节模式上看，现代汉语中的单、双音节动词与单、双音节名词直接组配而形成的短语有4种形式：

（ⅰ）单音节＋单音节（如"写字"）

（ⅱ）单音节＋双音节（如"写文章"）

（ⅲ）双音节＋双音节（如"学习汉语""学习地点"）

（ⅳ）双音节＋单音节（如"保证人"）

在这4种模式中，只有第3种模式属于同形异构，既可以表示动宾关系，又可以表示定中关系；相对于动宾关系，定中关系的"双音节动词＋双音节名词"是一种非典型句法结构；相对其他3种模式，这种模式是动词直接做定语的典型表现形式，是动词（6-7）。第1、第2种模式在结构类型上一般对应动宾关系，第4中模式对应定中关系（同上）；尽管每种模式都有例外，如"<u>活鱼</u>""<u>炒鸡蛋</u>""<u>吓唬人</u>"等，但是这些例外的数量有限（同上）。

通过对第3种模式的专门研究，李晋霞（2008：180-181）指出：

（ⅰ）从典型性[①]来说，定中"双音节动词＋双音节名词"是由非典型动词

---

① 制约名词构成定中"双音节动词＋双音节名词"的四种典型性因素有生命度、具体度、个体度、自足度，表现为：人＞具体物＞处所＞抽象物／时间，这一序列有具体包括三个子序列：（ⅰ）[＋人]名词＞[－人]名词，（ⅱ）[＋个体]名词＞[＋群体]名词，（ⅲ）零价名词／一价名词＞二价名词；影响动词构成定中"双音节动词＋双音节名词"的四种典型性因素有及物性、变化性、有界性、动作性，分别表现为四个等级序列：及物动词＞不及物动词，变化动词＞非变化动词，[－变化，＋有界]动词＞[－变化，－有界]动词，[＋强动作性]动词＞[＋弱动作性]动词（李晋霞2008：58）。

和非典型名词组配而成的非典型句法结构。

（ii）定中"双音节动词 + 双音节名词"的构式义是"动作分类标准 + 事物"。这种构式义从静态和动态两个方面制约着进入这个构式的词项。在静态层面，语义客观、实在的表示基本层次范畴动作行为的动词和语义抽象的名词更易于进入这种构式。在动态层面，动词和名词能够进入这种构式，还取决于动词所表示的动作行为对名词所表示的事物是否具有分类性。

（iii）从内部语义关系来看，名词的语义角色对格关系"双音节动词 + 双音节名词"[①]的结构类型有着较大的制约力，具体表现为"施事 > 方式 > 工具 > 处所 > 原因 > 时间 > 目的 > 结果 > 致使 > 受事 > 对象"这一序列。在这个序列中，名词语义角色越靠近施事一端，它构成定中"双音节动词 + 双音节名词"构式的可能性越大。

李晋霞（2008）对动词直接做定语的研究方式，正是笔者在第五章所总结的分析思路是一致的，即，对使用零编码的词类多功能现象的研究，主要侧重对词项与其所在的功能构式之间内在关系的研究，而且符合本书采纳的Goldberg（1995/2007）的构式观。例（61a—e）中的名词"经验""结果""意向"和"工作"都是抽象名词，只有"企业"是具体名词，但还是 [- 人] 具体名词，动词"谈判""合作"和"排查"都是不及物动词，"检查"是 [+ 弱动作性] 动词，按照李宇明（1996）的解释"外资"是"外商投资的"紧缩构成的，而且已经被属性化了；根据语义角色序列，"经验"属于工具类，"结果"属于结果类，"意向"属于目的类，"企业"属于处所类，而"排查工作"则属于"同指"类非格关系定中"双音节动词 + 双音节名词"构式，可以理解为"排查这项工作"。

但是，正如李晋霞（2008：184）指出的那样，有些定中"双音节动词 + 双音节名词"构式，不能在动词、名词之间插入"的"，如"<u>毕业论文 /* 毕业的论文</u>"，有些可以在动词、名词之间插入"的"，但是插入之后会给人一种多余的感觉，如"<u>劳动模范 / 劳动的模范</u>"，有些插入不插入"的"没有什么差别，如"<u>淘汰产品 / 淘汰的产品</u>"，有些虽然表面没有出现"的"，但是

---

① 指由格角色充当名词构成的"双音节动词 + 双音节名词"构式（李晋霞 2008：94）；而动词与名词之间不存在语义上的"格"的"双音节动词 + 双音节名词"构式则构成非格关系构式，这种构式分为同指类（如"牺牲精神"）和非同指类（如"生活垃圾""饮用水源""读书笔记"）两种。

人们能感觉得到动词和名词之间有个"的"，如"前进方向 / 前进的方向"。对这种现象，李晋霞指出，定中"双音节动词 + 双音节名词"构式中"的"的隐现可能与其所在句子结构的节奏有关系，但是如何处理这种构式与其他"双音节动词 + 双音节名词"构式的关系，有待在动态研究中进一步解决（李晋霞2008：185）。根据第五章的分析模式，笔者认为，在"毕业"和"论文"之间不能插入"的"，与"毕业"自身的属性有关，"毕业"是不及物动词，而且它的时间概念是隐性的，如果凸显它的时间属性，应该可以插入"的"，如"后来他帮我改本科毕业的论文，每一页都写得密密麻麻（北大现代汉语语料库）"；对于李晋霞所指出的其他"的"字隐现不规律性，笔者则倾向认为，言语是动态，从言语到语言需要一个过程，"的"字隐现不规律性恰恰反映了言语的这种动态性。

动词活用作定语的情况也见于古代汉语之中，如："沽酒，市脯，不食"（《论语》，转引自岑麒祥2010a：85），"人莫鉴于流水，而鉴于止水"（《庄子·德允符》，同上），两句中动词活用作定语的区别在于：前句中的"沽"和"市"没有任何编码说明它们做定语，而后句中的"于"说明"流"和"止"处于属性构式中。

1.3.3 动词活用作状语

I. 有编码活用

（$17_{1.1}$）一位姓宋的老妈妈哭着说，陈教授是她的救命恩人。（北大现代汉语语料库）

例（$17_{1.1}$）中的"哭着"通过体标记词"着"表示"说"的方式，可见"着"具有用在动词后表"方式"的功能，从而使带"着"的动词做它所修饰的动词的状语。例（62a-c）中的"跑""换"和"站"都属于这种情况。实际上，动词借助进行体做方式状语并不是汉语独有的形式，英语中这种情况更普遍，如"Traveling by train, we visited a number of cities"中，"traveling by train"是"visited a number of cities"的方式状语。此外英语中动词的进行体形式还可以用来表"原因""条件""结果""伴随"等。

（62）a. 想到全村70%的中青年劳力都外出打工，抗洪抢险任务艰巨，他一边跑着出门，一边打电话布置任务。（《人民日报》2010.7.30）

b. 几天下来，原本心态轻松的张丽慢慢紧张起来了，她甚至怀疑自己真得了大病，不然怎么一个医生接着一个医生<u>换</u>着看？（《健康时报》2009.6.8）

c. 夏天，天热得要命，我的住房只有十几米，很窄，一家人挤在一起，有时站着吃饭，<u>站</u>着看图纸。（《人民论坛》2001年第5期）

"地"是副词功能标记形态成分，相当用于英语中"–ly"。在汉语中"地"一般用来对形容词进行副词化从而修饰动词。但是，无论结构编码还是行为编码都不具有排他性，所以例（63a–b）中的动词"跌跌撞撞"和"笑呵呵"能够进入"–地"这一构式；根据Goldberg的构式理论，进入"–地"字构式的动词也就被副词化了，所以可以用来修饰动词，做状语。

（63）a. 在女儿的搀扶下，她<u>跌跌撞撞</u>地来到镇政府，向镇有关领导哭诉了这一情况，请求政府帮助。（《江南时报》2010.9.30）

b. 邓华德有几分沮丧，赛后他对场馆保安以及指责刘炜的媒体一顿怒吼，但发飙后没多久，他又<u>笑呵呵</u>地和记者们友善地聊天。（《京华时报》2010.9.9）

II. 无编码活用

（$18_{1.1}$）日本东京大学和国立心血管病研究中心最近联合开发出心脏跳动模拟技术，对查明心律不齐和心肌梗死病因大有帮助。（北大现代汉语语料库）

除了借助各种标记构式修饰其他动词外，汉语中动词还可像例（$18_{1.1}$）中动词"联合"那样，直接用来修饰动词"开发"。例（64a–e）中的动词"协商""驾车""开窗""分开"和"拼命"都是直接用来修饰它们各自后面的动词的。但是，它们有一个共同的特点，就是前一个动词表示后一个动词的行为方式。可见，"–谓语中心语"构式构成了状语构式，那么凡是进入这个构式的动词都在它的语义框架内存在修饰后动词的语义特征，否则它不能进入这个构式，比如"驾车决定"这种表达在言语交际中很难成立。

（64）a. 对于男女队员的分配安排，警方将与学校经过<u>协商</u>决定。（《京华时报》2010.8.15）

b. 今年1月下旬，他和另两名朋友一起<u>驾车</u>旅游。（《京华时报》2009.6.16）

c. 夏季，以色列的餐厅陈列食品不用加盖纱罩；下榻旅馆，夜晚尽可以<u>开窗</u>睡觉。（《人民日报海外版》2001.5.23）

d. 追加投资生产的利润可<u>分开</u>计算，5年内适当返还企业所得税。（《市场

报》2002.8.12）

　　e. 两年前，爹娘踏上深圳打工之路就没有回家，他们拼命挣钱，要跟时间赛跑，小女儿的命就抓在爹娘手上。（《人民日报》2010.9.29）

　　古代汉语中也不乏动词用作状语的用法，如"庄公寤生，惊姜氏"（《左传》，转引自岑麒祥2010a：86）。笔者认为，汉语中动词用作状语和英语动词分词形式做状语有很多相通之处，只不过因为汉语少有形态变化，动词在活用作状语时，没有更多的编码供选用。但是，如上引例句所示，少有形态变化并没有影响动词用作状语现象的普及，它能起到其他语法手段所起不到的作用。

第二节　兼类现象

　　所谓兼类词指在一定的词类体系中兼属两个或两个以上不同词类的词（胡明扬1996a：259），而且理想的兼类词具有所兼词类的零结构编码，全部或至少主要行为编码（胡明扬1996b：236），它相当于第3章所探讨的柔性词1。柔性词的典型性可以通过其内部成员在功能槽位上的使用频率来确定；柔性词的典型成员在它所兼词类的功能槽位上出现的频率相同（Rijkhoff 2008：741）。同各种词类活用现象一样，兼类也古已有之，如"鼓"既是名词，又是动词（王宁2009：126）：在"小子鸣鼓而攻之可也"（《论语·先进》）中是名词，指"一种打鼓的乐器"；在"战于长勺，公将鼓之"（《左传·庄公十年》）是动词，指"击鼓"。这里，笔者以"领导"和"困难"为例考察现代汉语名动兼类和形名兼类的情况。

2.1 名动兼类

　　（19₁.₁）在遵义会议上，他坚决支持毛泽东的主张，赞成更换领导。（北大现代汉语语料库）

　　（20₁.₁）玉树灾后重建涉及面广，参与单位多，各有关部门和单位要按照统一部署，服从领导，听从指挥，各司其职，通力协作。（《人民日报》2010.6.20）

（21$_{1.1}$）他<u>领导</u>了国民党统治区波澜壮阔的第二条战线。（北大现代汉语语料库）

根据《现汉》，"领导"既可以做动词指"率领并引导"（即表动作，用"领导$_1$"表示），又可以做名词指"担任领导工作的人"（用"领导$_2$"表示）。笔者认为，"领导"还可以用作名词指"领导工作"。但是，如例（19$_{1.1}$）、（20$_{1.1}$）和（21$_{1.1}$）所示，除了《现汉》所给出的名词用法外，"领导"还有"服从领导"中的"领导"这个意义上的用法，专门指"领导"行为（用"领导$_3$"表示）。笔者随机选取了35个例句（见附录四），考察了"领导"在这些例句中的使用情况，表20是笔者考察的结果。

表20　"领导"在相关构式中出现的频率

出现的语境	以"领导人"形式出现	指称构式（领导$_2$）	"是"字构式（领导$_1$）	属性构式
出现的频率	6	14+3[①]	1	14+1

语料中出现的"领导人"都是国家级的领导人员。笔者通过进一步调查发现，尽管在"民主党派成员和无党派人士在各级政协委员、常委和<u>领导人</u>中有较大比例（北大现代汉语语料库）"和"在这种情况下，自满的企业和踌躇满志的企业<u>领导人</u>，自然很难放下身段，向消费者认错（《大地》2010年第10期）"这样的表达中，"领导人"不是专指国家级的领导人员，但是，"领导人"绝不是一般意义上的领导，所以说"领导人"可以视为一个词，至少是词汇化程度很高的词。指称构式中的"领导"都是用来指"担任领导工作的人"这个意义上的名词。"同事与<u>领导</u>的作用"这个属性构式中的"领导"是名词，"的"是属格标记。"是"字构式（即"这项研究是由英国东英吉利大学的李·胡珀博士<u>领导</u>进行的"）中的"领导"就是动词活用作状语，指"这项研究"是怎样"进行的"。"以色列代总理奥尔默特<u>领导</u>的前进党"这个属性构式中的"领导"也是动词，其中的"的"是关系小句标记。"领导"在其余属性构式的使用情况如下：

---

① 这种表达方式指，用于指称的"领导"在同一个例句中多次出现，下同。

表 21　"领导"在属性构式中出现的频率

出现的语境	领导干部	领导小组	领导集体	领导水平	领导地位
出现的频率	5	4+1	1	1	1

笔者认为上述属性构式中的"领导"表示的意义是"领导$_3$",但是在属性构式中它们已经被属性化了。

语料中的例句显示:"领导$_2$"进入指称构式是无标记的,而且可以用编码名词行为潜能的数量短语修饰,如"一位领导"和"少数'馋嘴'的领导"中的"一位"和"少数",但它在进入属性构式时是有标记的,如"同事与领导的作用"中的"的"是属格标记;"领导$_1$"进入属性构式也是有标记的,如"以色列代总理奥尔默特领导的前进党"中的关系小句标记"的","领导$_1$"在"这项研究是由英国东英吉利大学的李·胡珀博士领导进行的"中无标记修饰动词"进行",但是它在该句中已经用来转指方式;"领导$_3$"在属性构式虽然没有标记,但是它的意义已经被属性化了,这是汉语少有形态变化造成的。名词和动词意义上的"领导"在有标记组配中使用零结构编码,除了因为汉语少有形态变化外,更在于,"领导"在汉语中使用频率极高,因此人们倾向为了经济性尽量缩短最常用的语言表达。"领导人"之所以词汇化也是这个原因。

既然"领导"是名动兼类,那么二者出现频率应该基本一致。然而语料中的例句却显示,"领导$_1$"的出现频率很低。笔者认为,除了"领导$_2$"和"领导$_3$"比"领导$_1$"更常用外,这还与语篇类型和语料大小有关。这也是本书没有使用封闭语料论证第五章建立的理论模式的最重要原因。实际上领导是典型的动词,在语义上它具有"关系性(而且是2价的)""过程性""暂时性"和"非等级性",在实际应用能带"了[如(21$_{1.1}$)]""着[如(65)]""过[如(66)]"。不同意义上的"领导"使用频率的上述差异,从一个侧面反映了胡明杨(1996b:239)所说的这样的一个事实:使用范围和使用频率很难测定,唯一的办法是尽可能校正主观判断的误差,尽可能形成一种主观的客观判断。

(65)拉迪乔娃目前领导着一个全部是男性的内阁。(《环球时报》2010.8.16)

(66)宋中杰原为谷歌中国本地唯一的总监级商务高管,为谷歌打造了代理商渠道体系,曾先后领导过大中华区渠道销售部、中国区大客户销售部和进出口业务部,是谷歌中国销售业务的主要推手。(《国际金融报》2010.4.21)

"领导$_1$""领导$_2$"和"领导$_3$"之所以能由一个"领导"来实现，除了因为汉语少有形态变化外，还在于"领导$_2$"和"领导$_3$"都与"领导$_1$"共享同一个语义框架，"领导$_1$"表示动作，"领导$_2$"表示行为，"领导$_3$"表示执行该动作的人。实际上"领导$_1$"和"领导$_3$"意义最接近，真正意义上的兼类应该指"领导$_1$"和"领导$_3$"的兼类。在形态发达的语言中，表示执行某动作的人的词语大多是有形态标记的，如英语单词"leader"中的"-er"，在 Croft（1991）那里，它被称为类型转变形态成分。

2.2 形名兼类

（22$_{1.1}$）日军的企图得逞，我军在敌后的活动将极其困难。（北大现代汉语语料库）

（23$_{1.1}$）当时正值敌人对我根据地实施经济封锁的时期，经济困难非常突出。（北大现代汉语语料库）

"困难"在《现汉》中也有两种词性：形容词和名词。"困难"用作形容词（用"困难$_1$"表示）时指"事情复杂、阻碍多（如'这件事做起来很困难'）"或"穷困，不好过（如'生活困难'）"；"困难"用作名词时指"工作、生活中遇到的不易解决的问题或障碍（如'克服困难'）"（用"困难$_2$"表示）。笔者以考察名动兼类的方式考察了"困难"形名的不同用法（见附录五）。

表 22　"困难"在相关构式中的出现频率

出现的语境	指称构式	非指称构式	
		属性构式	述谓构式
出现的频率	15	7+2	13

语料中"困难"的用法意外地显示出与第五章建立的词类多功能性分析模式的高度一致性。"困难"的语义类与语用功能的无标记组配使用的都是零结构编码，也就是说，"困难"作为物体词用于指称没有使用结构编码，"困难"作为性质词用于修饰或述谓也没有使用结构编码。"执法人员对于情节较轻又确实有经济困难的""对生产经营遇到暂时困难的企业"和"本身已有严重排尿困难的前列腺肥大患者应慎用"中的"困难"不是直接用来修饰指称中心语的，修饰指称中心语的是"困难"所在的小句，而三个例句中的"困难"

都是以名词身份做小句谓语宾语的。这种情况反倒说明了这样一个问题：汉语中名词还可以借助关系小句用于修饰，"的"就是 Croft（1991，2001/2009）所说的关系小句标记词，但这点是 Croft 没有提及的（见表15和表16）。所以说"困难"的有标记组配也是有结构编码的。"执法人员对于情节较轻又确实有经济<u>困难</u>的"省略了指称中心语，所以该句中的"的"既是关系小句标记词又是名词化标记词。"这时候最<u>困难</u>的是父亲"中的"困难的"也不是直接用来修饰"父亲"的，而是由其所在的小句来修饰"父亲"，"的"是关系小句标记词，"困难"在它所在的小句中是形容词作谓语，是无标记的。由于"这时候最<u>困难</u>的"省略了指称中心语，所以这里的"的"同时也是名词化标记词。"困难$_1$"通过关系小句来用于修饰在于，"这时候最<u>困难</u>的是父亲"想表达是"父亲的状况"而不是"父亲的属性"。

　　语料中"困难"的用法所显示出的与第五章建立的词类多功能性分析模式的高度一致性还表现的在，"困难"无论用作形容词还是名词都使用了相关的行为编码，如，用作形容词时使用了"很/最/挺/非常/再/倍加/更加（困难）"这些程度构式，用作名词时使用了"重重（困难）"这样的数量构式。从语篇频率上说，"困难"的名词用法和形容词用法基本达到了平衡。由此可见，"困难"作为名/形兼类词在最大程度上达到了经济性和象似性的平衡，实现了交际功能的最大化。

第三节　小结

　　本章在第一章"现代汉语三大实词多功能性的表现"基础上，利用第五章提出的理论模式分别对词类活用现象和兼类现象进行了分析。对兼类现象，笔者采取了随机抽样数据统计的办法进行了定量分析。对词类活用现象，笔者以它们在活用中有标记组配为出发点（见表23），在把所有标记组配都区分为使用非零编码的活用（即有编码活用）和使用零编码的活用（即无编码活用）（见表24$_1$和表24$_2$）的基础上，进行了定性分析。所谓使用零编码的词类多功能现象就是，词的语义类直接用于指称、修饰、述谓或说明，不再进行任何其他编码，它既包括词类活用又包括兼类。表24$_1$和表24$_2$列出了语料中三大实词活用使用的所有编码，对无编码活用，只列出了被活用词项与其所在功能构式之间规律性较强的语义关系。

　　分析表明，三大实词活用可以区分为有编码活用和无编码活用。所谓有编码活用，就是某类语词通过结构编码或行为编码转为它用，如，例（13$_{1,1}$）"一个发现从他的仿佛觉察中跳出，他明白了。（尚钺《父与子》，转引自刁晏斌2006a：326）"中属格"的 –"就是笔者所说的结构编码，它要求进入该构式的语词是物体名词，而动作动词"觉察"出现在属格"的"后则标志着"觉察"已经被指称化了；数量构式"一个 –"是笔者所说的行为编码，它要求进入该构式的是物体名词，而动作动词"发现"出现在"一个"后则标志着"发现"也被指称化了。动作动词"发现"和"觉察"能够被指称化主要在于，"一个表达式的意义是通过词项意义和构式意义的整合而获得的，语义和句法之间的映射是通过构式而非词条完成的"（Goldberg1995）。再如，例（18e）"《不差钱》夺了大奖，那个'不男不女'的纯爷们小沈阳火透了半边天，批评的声音更大了"中的"不男不女"这个短语的语义映射绝不是"男"和"女"的语义映射的结果，也不是"男""女"和"不"的语义的简单相加，而是"男"和"女"的语义与"不 – 不 –"中语法槽位义整合后由"不 – 不 –"来映射的。

　　无编码活用的根本原因在于，被活用的语词的意义与语法槽位所要求的意义在语义框架内存在着某种结合点，而且这种结合点经常是规约性的。例如，（55b）"每期12名一流企业高管组成 boss 团现场招聘，每期有8位来自全国各地的真实应聘者接受挑战。（《京华时报》2010.9.22）"中的"挑战"是个动作动词，但是它能进入"接受 –"所提供的语法槽位表指称，是因为"接受"使其所提供的语法槽位具有容纳某种行为的能力，而在"挑战"的语义框架内恰恰存在着动作表行为的潜能。无标记活用中被活用词项可能与其所在的功能构式之间存在很有规律的关系，如性质形容词活用为动词带宾语时，宾语类型主要有使动宾语、对动宾语、意动宾语、原因宾语和自动宾语（刁晏斌2006a：331–335），再有"是"字构式本身允许主语既可以是物体名词，又可以是性质形容词和动作动词，使让构式 / 有利于构式 / 有益构式也都具有这方面的特点。这些都是仅靠语词的语义特点和语法特点无法解释的。所以本书主张，把语词的语义特点、语词的语法特点和语法槽位结合起来解释词类多功能现象。

表 23 现代汉语三大实词多功能性表现出来的有标记组配 ①

	指称	修饰 （指称短语）	述谓	修饰 （述谓短语）①	说明 （述谓短语）
物体	无标记名词				
性质		无标记形容词	X	无标记	无标记
动作			无标记动词		无标记

表 24₁ 有编码活用使用的编码及无编码活用中词项与其所在构式的关系

			指称	修饰 （指称短语）	述谓	修饰 （述谓短语）	说明 （述谓短语）
物体	有编码	结构编码	无标记名词				Y①
		行为编码		比－还/还要，很/特/太/更/够/纯，不/非－不/非－，"－不－，－不"，"－毕竟是/就是－"，	不－了，（永远）－下去，（将/既）不－，（都/就）－了（没有），－着，－一把/下，－一－，－"补语"，一起－	－地	
	无编码				"意动用法""使动用法""为动用法""一般用法"	"方式＋述语""范围＋述语""工具＋述语""依据＋述语""处所＋述语"等	述＋于＋名"形式的省略

---

① 对述谓短语起修饰和说明作用的句法成分就是状语和补语，笔者以这种方式表达是为了与 Croft（1991，2001/2009，2002/2008）的理论体系保持一致。对于什么词修饰述谓短语是无标记的、什么词说明述谓短语是无标记的确定，笔者以黄伯荣、廖序东（2007）和张斌（2008）为准，没有经过论证。修饰（述谓短语）应该与什么样的语义类组配才能构成副词这个问题已经超出本书探讨的范围，所以未予以探讨。

② "介词＋物体词"做补语已经不再是名词做补语，而是介词短语做补语，所以不存在名词通过编码做补语的情况。

表 24$_2$　有编码活用使用的编码及无编码活用中词项与其所在构式的关系

			指称	修饰（指称短语）	述谓	修饰（述谓短语）	说明（述谓短语）
性质	有编码	结构编码	"的（属格）–"	无标记形容词	X	无标记	无标记
		行为编码	"数量短语一份/片/种/股/"		–了/着/过，–于/在，–得快，–下去，–了半个世纪，–我一头/11岁/一筹		
	无编码		使让构式、"是"字构式		使动宾语、对动宾语、意动宾语、原因宾语和自动宾语		
动作	有编码	结构编码	"的（属格）–"	"的（关系小句标志）–"	无标记动词	–着，–地	无标记
		行为编码	一个/种/份–，前两/第三，些许，"的（属性）–"				
	无编码		有利于/有益，"是"字构式			方式	

　　对词类活用的分析还表明，无论是有编码活用的语义变化还是无编码活用的语义变化都是程度问题，名词活用的语义变化最大，形容词活用次之，动词活用的语义变化最小。

　　对兼类现象的定量分析表明，一旦某个语词兼有两类或多类词的功能，它所兼具不同词性的意义不仅在某一语义框架存在结合点，而且已经固化在语言里，它在所兼的词类范畴内使用，对结构编码不再有硬性要求，同时已经完全获得所兼词类的行为潜能。所有这些也有来自语篇频率方面数据的支持。分析表明活用和兼类之间没有明确的界限，当某一语词活用义作为语言义固定下来，活用就变成兼类了。《现汉》对"繁荣""幸福"和"冤枉"的词义和词性的确定充分说明了这一点。

繁荣：形容词，指"（经济或事业）蓬勃发展，昌盛"，如"经济繁荣"；动词，指"使繁荣"，如"繁荣经济"。

幸福：名词，指"使人心情舒畅的境域或生活"，如"为人民谋幸福"；形容词，指"（生活或境域）称心如意"，如"随着经济的发展，人民越来越幸福。"

冤枉：形容词，指"受到不公平的待遇；被加上不应有的罪名"，如"冤枉官司"；动词，指"使无罪者有罪；没有事实根据，给人加上恶名"，如"别冤枉好人"；形容词，指"不值得；吃亏"，如"这钱花得真冤枉！"

关于词类多功能性与语言和言语的这种关系，史有为做了十分中肯的总结。史有为指出：

语言可以区分系统和使用两个层次。一般来说，前者相当于语言，后者相当于言语。所谓词类是对系统层次上的词进行分类，实用层次则包括最常见的使用和临时或暂时的使用两类。前者已进入系统层次。后者临时的使用尚未上升为系统层次，只是临时具备了相当于某个词性，但不能确认其已经归属某个词类……（史有为2010：117）

许多临时借用都存在人的主体因素，大都是由"目的驱动"……一是可能故意要造成一种新鲜效果，这就是修辞；另一是可能时间局促，一时找不到合适的语词，用最常用最接近的语词临时凑合一下……如果这一临时的主体因素蔓延成流行的群体现象，那么实用层次上的临时借用基于可能会升格成系统层次的义项和词性……（同上：125）

由于诸多主体因素的扰动，由于人们无法在可日常操作层次上量化语词的使用频度，于是系统层次和非系统层次的区隔或确定必然是相对的。据此，缺乏词法形态的汉藏系诸语言的词类或转类也必然是相对的。我们必须自觉认识到目前词类理论框架下的种种无奈。（同上）

词类多功能现象在汉语中得以广泛使用还有共时层面的原因和历时层面的原因。从共时层面说，因为汉语少有形态变化，在把形态比汉语发达的外语译成汉语时，只好用同一个词形对应外语中同一词根的不同词形（刁晏斌2006a: 327）[①]，这进一步加剧了汉语词类的多功能现象的产生。从历时层面来说，现代汉语词类活用无时不体现着古代汉语的影响，三大实词的每一类活用都能在古代汉语中找到先例。正是因为古代汉语的深远影响，凡是古代汉语有过的活用在现代汉语中多表现为无编码活用。

笔者认为，有编码活用是象似性的要求，无编码活用是经济性的要求，无论象似性还是经济性都是语言结构动态顺应外在功能压力的结果，例如，名词做状语是否加"地"问题，无论是把不加"地"的工具、处所状语视为继承古代汉语的用法还是把不加"地"方式、范围、依据等状语视为介词的省略，它们都是经济性和象似性相互竞争的结果，是语言结构动态顺应外在功能压力的表现；从有编码活用到无编码活用再到兼类基本上是，语词的语义和语法特点从言语到语言的固化过程。笔者之所以用"基本上"这个措辞是因为，名词活用作补语不属于有编码到无编码的活用，而且从现在的语言事实来看，还很难说名词做补语在语言中已经固化为一种常规用法。

第五章提出的分析模式不仅对现代汉语三大实词多功能现象进行了合理的解释，而且本章的实证研究反过来证实了本书第五章所采纳的构式观点以及第四章所归纳的梯度范畴化特点。表24_1和24_2显示，汉语少有形态变化，主要指汉语少有结构编码和屈折行为编码，但是汉语却有丰富的句法行为编码；结合第五章的分析，像比汉语形态发达的英语，它比汉语多结构编码和屈折行为编码，但是比汉语少句法行为编码。无论结构编码还是行为编码，它们的性质可以不同，但是都具有同化"异类"的功能，如英语中名词前面要加定冠词，但是形容词前加定冠词后也可以当作名词来用，如"The rich ought to help the poor"中的"rich"和"poor"（http: //dj.iciba.com/the%20rich/），而汉语中名词前面可以加数量短语，但是形容词前加数量短语也可以做名词来用，如例（37c）"一片繁荣"中的"繁荣"。这种现象称为构式的多

---

① 袁毓林（2010: 15）也指出，当汉语没有跟外语相应的动词（形容词）名词化形式时，只能硬译，结果造成并列成分在词类上的不一致。

功能性。构式不仅具有多功能性而且还具有多义性。例如，"的"既是属格编码、属性编码[如例（54）"优质的做工"中的"的"]又是关系和名词小句编码[例如第六章例（20）"我想说的是……"中的"的"]，这是构式多义性的典型体现。

梯度范畴化认为原型是个相对概念，它既坚持基于相似的范畴化又坚持基于理论的范畴化，甚至不否认家族相似性对解释梯度的作用。本章所分析的语言事实支持这一观点。前面，笔者已经提到，"的"既是属格编码、属性编码又是关系和名词小句编码，很难区分出哪个更典型。汉语形容词的地位也说明了梯度范畴化必要性：即使汉语形容词像沈家煊（1997：248）所说的那样，"'性质形容词做定语是无标记的'……状态形容词几乎都是从性质形容词通过重叠、附加后缀、前加程度副词等方式派生而来的"，但是许多现代汉语形容词可以像"困难"那样可以无编码用于述谓和修饰。笔者认为，经典范畴化是理想的状态，原型范畴化是相对理想状态，梯度范畴化更接近语言事实；理想状态方便解释，但是如果不存在理想状态，我们只有尊重语言事实。

笔者曾在第五章提出，语法槽位之间地位是不平等的。现在从语言事实来看，的确如此。例如，"一个/份/片/种/股 –"都是数量短语，属于行为编码，但是进入数量短构式的名词却不尽相同：进入"一个 –"构式的多为物体名词，尽管可以像例（13$_{1.1}$）说"一个发现"；但是进入"一份/片/种/股 –"构式的多为抽象名词（如"一份礼物/一片云/一种预感/一股暖流"），甚至是形容词，例如，根据《现汉》例（37a）"一份潇洒和浪漫"中"潇洒"和"浪漫"是形容词，例（37b）"一片繁荣"中的"繁荣"是形容词，例（37c）"一种悲哀"中的"悲哀"是"形容词"，例（37d）"一股难闻的尿臭"中的"臭"也是形容词。可见从接受名词的性质来说，数量构式之间地位不同，存在着某种梯度。尽管有例外，如"运动的结果"和（13$_{1.1}$）"他的仿佛觉察"中属格"的"前后面的"运动"和"觉察"都不是名词，或者说都不是典型物体名词，但是属格"– 的 –"的本质是"名词或名词短语的一种形式，通常表示该名词或名词短语同句子中的另一名词或名词短语处于一种占有关系"（侯明君1991：185），所以它还是严格要求前后的语词是名词，尤其是物体名词，如"李明的书"。正因为这样，属格"的"被确立为结构编码。同样，尽管指称构式是指称短语用来表示指称的构式，它的中心语应该是物体词，例外情况也存在，如例（$13_{1.1}$）"一个<u>发现</u>"表指称却不是物体词。但是因为指称构式编码了"指称"这个命题行为功能，所以它被确立为定义词类的构式（Croft1991，Hengenveld1992）。由此可见，提供的物体名词优势槽位的指称构式、属格"的"构式和数量短语构式都有例外，但是它们的地位并不相同：指称构式被视为定义词类的构式，属格"的"被视为结构编码，数量短语被视为行为编码。所以，从表达指称这一语用功能来说，指称构式、属格"的 –"构式、数量短语构式之间也存在着某种梯度。这也就是 Croft（1991：86–87）所说的，名词、动词、形容词这些主要句法范畴是由主要语用功能决定的；这些主要句法范畴中的子类（如名词中物质名词与可数名词的区分；动词中状态动词与非状态动词的区分）是被纳入主要句法范畴中的各种边缘语义类（peripheral semantic classes）成员不同句法行为的副产品（byproducts）。

笔者说的"词类梯度的形成的具体机制和词类多功能性的实现机制是同一个问题的两个方面"就是指：回归言语时，抽象的语词语法特点、语义特点以及语法槽位之间存在各种有标记组配的潜能，从而形成了梯度；另一方面，词类的多功能性必须通过语词的语义、语法特点和语法槽位共同作用来解决。

附　录

附　录　1

含有"时间"用法的例句

（1）根据西方媒体获得的新主席声明文本，尽管仍然要求伊朗终止浓缩铀活动，但是去掉了伊朗核活动可能"威胁世界和平与安全"的强烈字眼，同时给予国际原子能机构总干事巴拉迪更多时间向安理会报告伊朗核问题的进展。（《京华时报》2006.3.30）

（2）沙龙的加沙撤离计划只撤离7000多人就花掉了近百亿美元，同时用去了两年多时间。（《京华时报》2006.3.30）

（3）路政巡查员说，如不及时止水，路基被长时间冲刷容易引起塌陷。抢修人员关闭阀门止水后离开。（《京华时报》2006.3.30）

（4）怀柔林业局办公室的工作人员说，导致最近一段时间山火比较频繁的原因比较复杂，一方面是春季来临，农民的农事较多，在地头抽烟、烧地堰都可能引发山火；另一方面是目前正值清明时节，上坟的人在野外烧纸钱也容易引发山火；此外，最近几个月北京降水比较少，比较干旱，非常容易诱发山火。（《京华时报》2006.3.30）

（5）采集到的信息将尽快反馈到乘客，以便及时引导乘客错开置换人多车站和高峰时段，尽量减少乘客的等候时间。（《京华时报》2006.3.30）

（6）市教育考试院昨天宣布，4月15日至25日为学历文凭考试报名时间，本次考试共开考26个专业，93门课程，其中笔试课程87门，非笔试课程6门。（《京华时报》2006.3.30）

（7）昨天，北京工业大学启动到CBD进行外文标识纠错的志愿活动。240名学生将利用课余时间，到CBD地区发现不规范外文标识，并向有关部门汇总。（《京华时报》2006.3.30）

（8）时间：每周日9：00—11：30。（《京华时报》2006.3.30）

（9）按照国务院要求，本市全境要做到第一时间发现、第一现场根除，确保市区不出现灾害。（《京华时报》2006.3.30）

（10）日本当地时间昨天上午10时（北京时间上午9时），日本福冈地方法院开庭给出判决结果。（《京华时报》2006.3.30）

（11）国家环保总局副局长潘岳昨天介绍，自松花江事件之后仅仅4个月时间，全国就又发生了73起与水相关的环境污染事故。（《京华时报》2006.3.30）

（12）其他干部参加脱产教育培训的时间，根据有关规定和工作需要确定，一般每年累计不少于12天（《京华时报》2006.3.30）。（《京华时报》2006.3.30）

（13）消防、治安、派出所等部门在第一时间赶至现场，但未发现任何险情。（《江南时报》2006.3.30）

（14）列车开行具体时间是：5036次：上海13：31开无锡15：43到；5035次：无锡16：47开苏州17：26昆山17：54上海18：32到；T762次：上海16：12开无锡17：26到；T761次：无锡18：08开苏州18：31上海19：22到。（《江南时报》2006.3.30）

（15）……一方面降低民警的工作效率，增加办证人员的等待时间，另一方面给人杂乱无章的印象，给一些违法中介有了可乘之机。（《江南时报》2006.3.30）

（16）据了解，以前苏州市场上的竹笋主要以福建的毛笋为主，个体短而粗，上市的时间一般集中在2、3月份；而溪口有机雷笋则是一种小型的春竹笋，个体细而长，口感也和毛笋有很大的区别，它上市的时间正好在毛笋即将下市的3月底。（《江南时报》2006.3.30）

（17）社区民警邹征告诉记者，在他所管辖的社区里，有5个小区都有警务室，每周三上午9点到10点，下午2点到3点，是他在万科金色家园的办公时间，如果他不在，需要他帮助的话，门口的留言信箱和他的电话都能方便

居民找到他。(《江南时报》2006.3.30)

（18）发行时间：2006年3月7日（《江南时报》2006.3.30）

（19）而且，妇产科诊所强调，付钱给捐献者主要是为了对他们付出的时间和努力，给予一定补偿，而不是买卵子。(《江南时报》2006.3.30)

（20）目前，英国院方正在发起一场全球寻找"治疗药物"的竞赛，与时间赛跑，抢救中毒的病人。这些病人的血液每个小时都在被过滤，以排除可能的毒素。(《江南时报》2006.3.30)

（21）5年时间，苏州规模以上民营工业企业的数量翻了三番，达3465户，在全市规模以上工业企业中占比过半。(《江南时报》2006.3.30)

（22）同时投资的消费者心理要健康，不要盲目地立即追求高回报，要给开发商一段时间，双方进行真诚的合作，达成一个可行性的整体发展计划，一步步让商铺活起来。(《江南时报》2006.3.30)

（23）从法理上讲我知道警察这样做不对，但现实状况可能需要，也懒得给他们较真了，没时间！(《江南时报》2006.3.30)

（24）28日7时许，祁志刚按照约定的时间与王建群见了面。(《江南时报》2006.3.30)

（25）北京时间昨日，活塞在主场以97比90击败小牛。(《江南时报》2006.3.30)

（26）北京时间昨日凌晨，欧洲冠军联赛1/4决赛进行了两场首回合比赛，阿森纳在海布里球场2比0完胜尤文图斯，巴塞罗那客场0比0战平本菲卡。(《江南时报》2006.3.30)

（27）当地时间29日，尼日利亚警方说，泰勒是在该国北部的边境小镇被发现的，那里可直通邻国喀麦隆。(《江南时报》2006.3.30)

（28）从5月12日开始的3天时间中，天文爱好者通过双筒望远镜就能在天幕中找到它们的行迹。(《江南时报》2006.3.30)

（29）据美国《纽约时报》报道，美国驻联合国大使博尔顿当地时间29日将向美国众议院国家关系委员会概述联合国会费改革建议，他称自己的建议将触及美国国会关于"美国会费没有物有所值"的担心。(《江南时报》2006.3.30)

（30）据CCTV《第一时间》报道　美联储在28日结束的货币政策会议上

宣布，将把联邦基金利率再提高0.25个百分点，也就是从4.5%提高到4.75%。（《江南时报》2006.3.30）

（31）经过短短三四年时间的发展，先后荣获江苏名牌、中国名牌、国家免检产品等称号。（《江南时报》2006.3.30）

（32）省劳动保障厅厅长陈震宁在会上透露，江苏将积极响应国家"全面推进劳动合同制度实施三年行动计划"，力争用不到三年的时间，推动和督促全省各类企业都依法与劳动者签订劳动合同。（《江南时报》2006.3.30）

（33）为推进国家级园林城市的建设，淮安市淮阴区烟草局干部职工积极响应区政府的号召，踊跃参与每人"一棵树"、单位"一片绿"的城市绿化捐款活动，大家慷慨解囊，乐意回报社会，仅两天时间就捐款53400元，为提升城市品位、创建园林城市贡献一份力量。（《江南时报》2006.3.30）

（34）经过半年多时间的酝酿，南京才正式启动了执行威慑机制。（《江南时报》2006.3.30）

（35）在相当长时间内，尤其近些年，社会各界包括教育界在内，对死板的一次考试决定学子命运的高考方式存在的种种弊端提出了许多建议和构想。（《江南时报》2006.3.30）

（36）这一事例充分说明，改革是破旧立新的革命，面临的阻力既有既定秩序的排斥，也有新生事物不确定性的干扰，改革的对错成败必须要经过一定时间的检验才能知晓，如果一有压力就搁置，就放弃，改革举措很可能会半途而废，或者变样走形。（《江南时报》2006.3.30）

（37）一段时间后，因苏老师在岗时从事低语教育，有丰富的拼音教学经验，小张在拼音上很快就跟上了趟。（《江南时报》2006.3.30）

（38）国政府积极鼓励文化产品和服务的进出口贸易，制定了一系列管理办法，使具有出口优势的项目优先得到海外市场信息和销售渠道，从而在较短时间内培育并推出了一批在国际文化市场上能够站住脚的品牌项目，扶植了一批具有竞争力的文化产业主体和长线产品。（《人民日报海外版》2006.3.30）

（39）该项技术将葡萄成熟期延后20天，采收时间延后3个多月，亩产值和亩利润是栽植普通葡萄经济效益的数倍。（《人民日报海外版》2006.3.30）

（40）他全身心地投入到收集民间故事、民间歌谣、谚语和歇后语的活动

中去，不易凭头脑记的，就用本子记录下来，再抽时间进行整理编写。（《人民日报海外版》2006.3.30）

（41）商务印书馆2005年5月引进出版的哈佛经管图书《蓝海战略》中文版在9个月的时间里，创下了单品种销售20万册的骄人纪录。（《人民日报海外版》2006.3.30）

（42）该书充分利用中葡两国已发表和未发表的历史文献，同时引证其他国家档案史料，较为客观、全面、深入、系统地阐述了自1513年6月（明朝正德八年五月）第一位葡萄牙商人奉命来华探察，踏上中国领土，到1999年12月葡萄牙人按照《中葡关于澳门问题的联合声明》交出管理权并撤出澳门，中葡两国将近500年时间里政治外交关系的发生、发展和演变。（《人民日报海外版》2006.3.30）

（43）有记者问，前一段时间大陆一些演艺界人士，比如张国立等赴台湾进行交流，被台湾当局以各种理由拒绝，这件事在岛内引起了舆论界和业界人士的强烈不满，据台湾媒体报道，近日台当局"陆委会"表示，将在3个月内完成对台湾有关规定的修订，届时大陆的演艺界人士将可以赴台进行商业和宣传活动，请问发言人对此有何评论？（《人民日报海外版》2006.3.30）

（44）据市政园林局市政工程处负责人介绍说，前段时间他们曾尝试过将5年内需建的46个人行天桥和人行隧道初步方案上网公布，征求市民意见，20天共收到意见和建议642条，不少建议非常有价值，目前只有四成方案定下来，另外六成将汇集各方的建议调整完善。（《华南新闻》2006.3.30）

（45）预计全国统一上市时间为4月8日。（《华南新闻》2006.3.30）

（46）林起松说，成品油价格的多次上涨已给渔业带来很大压力，渔民用的柴油长时间维持在每吨油4000元以上，去年下半年以来还突破了每吨5000元，许多渔民因无法承受油价猛涨叫苦不迭，有的甚至无法出海作业。（《华南新闻》2006.3.30）

（47）学生小张则认为，要不是为了完成学分，选修课是没必要上的，因为本身专业课就难以过关，哪有时间上选修课，而代理上课就解决了这一难题。（《华南新闻》2006.3.30）

（48）数十台巨大盾构机在地底日夜旋转，地铁建设者们在与时间"赛跑"：2005年广州开通地铁线路59公里，2006年将增至117公里，2008年增

至173公里，2010年亚运会前增至255公里，跨入世界轨道交通发达城市行列。（《华南新闻》2006.3.30）

（49）根据"海口市美兰区建设绿色产业示范区总体规划"，海口市美兰区将用10~15年的时间，实现美兰"三地一中心"的目标，即把美兰区发展成为中国乃至亚洲最重要的绿色旅游休闲度假目的地，发展以高新技术为主的产业基地，中国北方地区首选的第二居住地，一座现代化绿色生态型的热带、亚热带滨海中心城区。（《华南新闻》2006.3.30）

（50）机票作为民航业获利的主要工具之一，与市场供求密切相关，且不同的时间和地域折扣都不一样。（《华东新闻》2006.3.30）

（51）过去相当长一段时间内，我国有重经济、轻社会的问题，把经济增长简单等同于GDP增长，并且以此考核各级官员，目前这一问题正在逐渐得到纠正，社会责任的问题也越来越受到重视。（《华东新闻》2006.3.30）

（52）光修复这一本书，5个人全天候扑在上面，就花了两个月的时间。（《华东新闻》2006.3.30）

（53）买了个MP3播放器，想在农闲时间听听歌，愉悦心情，没想到却带来一串烦心事。（《华东新闻》2006.3.30）

（54）事实上，就影响沪指运行的权重蓝筹方面，中石化全天大部分时间的调整走势，有较为明显的机构主动压盘迹象；而地产股冲高回落走势，内在因素相对复杂，但总体看不外乎两点：（《国际金融报》2006.3.30）

（55）当地时间3月28日，美国民主党参议员查尔斯·舒默和共和党参议员林赛·格雷厄姆宣布他们不会要求参议院本月内对他们提出的对华实施贸易制裁的法案作出表决，但如果中国汇率制度没有进一步改进，他们最迟将于今年9月底再次提请参议院进行投票。（《国际金融报》2006.3.30）

（56）迪拜交易所每天交易时间长达13小时，可连接东京和伦敦市场，有利于套利操作。（《国际金融报》2006.3.30）

（57）本周大部分时间，日元基本上保持在117.50–118区间整理。（《国际金融报》2006.3.30）

（58）豆粕主力0609合约连续两个周一都表现出强势反弹特征，其中不乏炒作性因素，炒作因素无外乎下列两个：第一是国内因素，即国内禽流感逐步得到控制，预期豆粕需求会有一个增加的过程；的确，在国内的禽流感逐步得到控制之后，豆粕需求的恢复只是<u>时间</u>问题，而当前在压榨企业纷纷降低压榨量的情况下，国内豆粕库存已经大部分被消化掉；最典型的就是，伴随着广东地区没有再出现新的疫情，香港已经决定从3月26日开始恢复广东活禽供港，这必然进一步促使广东养禽业的逐步恢复。（《国际金融报》2006.3.30）

（59）能否也向社保基金学习，咱先不说在未来5年中平均每年赚多少，而是先说保证未来5年<u>时间</u>段内平均每年不发生亏损，那不是一件很幸福的事吗？（《国际金融报》2006.3.30）

（60）从长远来看，人民币汇率仍然将在未来较长<u>时间</u>内保持上升趋势。（《国际金融报》2006.3.30）

附　录　2

I. 以"当地的商人"为关键词检索到的例句

（1）据介绍，除了平壤以外，像新义州市等与中国接壤的朝鲜城市的市场情况比其他朝鲜内地城市更活跃，<u>当地的商人</u>都能从中朝贸易中获利不少，这些城市的居民生活水平也要比其他城市更好。（《环球时报》2010.8.20）

（*2）其占地70余亩，目前有约３０亩租给了当地商人搞固体废物处理厂，剩下近40亩地是5个褐红色或黑色的水塘，塘内寸草不生，气味让人生出一种说不出的恶心感。（《江南时报》2007.6.15）

（3）一名<u>当地的商人</u>目睹了整个逮捕过程。（《江南时报》2006.3.30）

（*4）法国巴黎华人社会近来接连发生凶案，致使多名侨胞冤死，也令当地华商人心惶惶。（《人民日报海外版》2003.7.9）

（5）乌干达官方通讯社称，这艘小船当时大约有75至80名乘客，他们是<u>当地的商人</u>和小贩。（《江南时报》2004.2.4）

（*6）不具备刻有中华传统烙印的商业思想，又何谈融入当地的商人圈子呢？（《市场报》2004.10.12）

（7）我在中国漫长十五年里，依照你们在那里的职员们的要求，常常冒着个人生命的危险和痛苦，忠心耿耿地为贵公司的利益（贩运鸦片的利益）

服务，整个公司以及广州当地的商人可以证明。(《人民日报》2000.9.22）

（8）我在中国漫长十五年里，依照你们在那里的职员们的要求，常常冒着个人生命的危险和痛苦，忠心耿耿地为贵公司的利益（贩运鸦片的利益）服务，整个公司以及广州当地的商人可以证明。(《人民日报》2000.9.29）

（*9）台湾黑帮"天道盟"头目詹龙栏纠集一帮台湾不法分子，曾于1999年5月间在东莞勒索台商丁荣文人民币200万元，并在海南、云南省各勒索当地台商人民币500万元。(《人民日报海外版》2001.7.31）

（*10）此人"恶习不改"，继续公开吹嘘自己是名国际赛车手，还对当地一商人宣称自己是名国际金融家，手中有能赚钱的好项目，但需要大笔资金，后者因此心动，并大方地交给其10万加元。(《江南时报》2002.4.23）

（*11）现在人们了解到，当年被从监狱中"假释"后，洛坎库特跑到了加拿大，此人在加拿大"恶习不改"，继续公开吹嘘自己是名国际赛车手，还对当地一商人宣称自己是名国际金融家，手中有能赚钱的好项目，但需要大笔资金，后者因此心动，并大方地交给其10万加元。(《京华时报》2002.4.23）

（12）在沃尔玛特斯托冈湾分店开业的几个月之前，梅雷狄思就到威斯康星和伊利诺斯和各地的小城镇周游，以查看当地的商人如何在沃尔玛特的阴影下过日子。(《市场报》2002.6.28）

（13）据报道，每套警犬防弹衣的价格大约为264美元，所有用以购买这些警犬防弹服的资金都是由当地的商人、学生和侦探组织集资捐献的。(《江南时报》2002.11.29）

（14）还有部分人认为，这跟商业竞争有关，因为泰国商业在柬发展迅猛，所以当地的商人可能故意制造了这起事件。(《京华时报》2003.1.31）

II. 以"当地商人"为关键词检索到的例句

（1）当地商人希望借助这样一种吸引眼球的方式来开发更多的商业领域和赚钱途径，以填补因经济危机引发的损失。(《国际金融时报》2010.10.13）

（2）不过假如当地商人也学会华人的这套经营手法呢？华商的优势是否会荡然无存？（《人民日报海外版》2010.8.6）

（3）原来当地商人为吸引游客光顾他们经营的私人海滩，把一头驴子绑在降落伞上，从150英尺的高空抛下。(《鲁中晨报》2010.8.6）

（4）警察部长姆特特瓦表示，目前在南非做生意的外国人越来越多，当

地商人认为他们压低了部分商品价格，因此产生了排外情绪。（《人民日报》2010.7.11）

（5）在长崎、神户等地，在当地商人和大企业主导下，中国游客专用结算卡、传统文化表演、高档酒店等针对中国人的生意十分火爆。（《环球时报》2010.7.4）

（6）重庆煤监局科技装备处原处长吴俊根、重庆公安局刑警总队七支队原副支队长陈洪强、当地商人林某等3人被检方指控共同参与了王的多起受贿。（《江南时报》2010.6.24）

（7）地震后，我们吃喝很困难，不少当地商人马上免费散发库房里的货物，我领了一箱方便面。（《人民日报海外版》2010.4.20）

（8）价廉物美的中国商品在拉美热销引起当地厂商的不满，有当地商人甚至故意找碴儿或向警察投诉。（《人民日报》2010.4.1）

（9）某些非洲当地商人对"中国冒牌产品"的指控，的确有些得便宜卖乖的嫌疑。（《环球时报》2010.1.25）

（10）印度西部的古吉拉特邦日前下令禁止进口中国产风筝线，这一规定受到当地生产商的"热烈欢迎"，据称当地商人的利润迅速增加20%。（《环球时报》2010.1.14）

（11）华商淹没在当地商人和店铺之中，感受不到他们对当地的影响。（人民网2009.12.7）

（12）当地商人说，服装、化妆品等各种物品价格都在攀升。（《京华时报》2009.12.7）

（13）一位当地商人解释说，婚礼的大部分花费用于购买黄金首饰，而近来国际金价大涨。（人民网2009.12.7）

（14）该项在城市地区发行新货币的决定具有"首创性"，旨在将更多居民财富网罗在当地商人手中。（《国际金融报》2009.9.18）

（15）中国商人的到来让当地商人感到被抢去了生意。（人民网2009.8.6）

（16）摩尔曼斯克州地区警方女发言人鲁达科瓦说，凶手为当地商人。（《京华时报》2009.3.26）

（17）他的两个女儿维多利亚和阿里说，一名当地商人一家在逃走时，"把两个孩子带出来，放到车上，转回屋里取一些东西，接着汽车着火，孩子就

这样在车里烧死了"。（人民网2009.2.10）

（18）对于这一点，看看签证的发放情况就一目了然了，我的很多朋友今年春节都拿到签证去美国度假，可以说中国人已成了当地商人重要的发财源泉。（《环球时报》2009.2.1）

（19）长老们特意委托一位当地商人定制了这面锦旗，并写来了感谢信。（《人民日报》2008.12.25）

（20）一名当地商人这样谈起海盗："他们很招摇——开名贵的跑车，用价格不菲的手机和电脑，住宽敞的豪宅，娶漂亮的妻子。"（《人民日报海外版》2008.12.9）

（21）黄卫健解释了为什么当地商人宁愿失去性命也不愿拖欠私人贷款的原因，"失去钱并不要紧，但如果你失去诚信，那就失去了一切。"（《环球时报》2008.11.18）

（22）吴先生说，他13日刚去过坎帕拉的主要商业区，看到那里有很多的中国商品，中国商人和当地商人相处也很融洽，"对于中国产品，乌干达百姓还是非常欢迎的"。（人民网2008.10.15）

（23）当地商人法伊赛·沙尔汉说："交接当然是件好事，但我们希望伊拉克安全部队已做好准备。我认为他们还没有做好准备，交接应该推后。"（《京华时报》2007.12.17）

（24）她说，20世纪90年代初，她刚踏进美国，人生地不熟，找当地商人合作，没想到被人欺骗，蒙受不小损失。（《人民日报海外版》2007.12.7）

（25）在乡土保护主义盛行的环境下，为博取微利，常常受到当地商人的排挤竞争，正如古诗所云："外来燕子独脚伙，本地麻雀帮手多。"（《市场报》2007.11.19）

（26）当他经过狮子国（今斯里兰卡）时，看见当地商人使用"晋地绢扇"，"不觉凄然泪下满目"，想起了祖国。（《人民日报海外版》2006.12.6）

（27）此次科特迪瓦发生"毒垃圾"事件，原因之一便是当地商人利欲熏心，官员监管不力甚至收受贿赂。（《人民日报》2006.9.21）

（28）20世纪80年代中期，张荣昌东拼西凑，筹借1000多元购买原料，带领妻子、儿女办起了全乡第一个乐器加工厂，专门加工笛子，然后把产品打捆托运到山西运城，委托当地商人代销。（新华网湖南频道2001.3.27）

（29）另据史料记载，当年，<u>当地商人</u>议事场所多选在重要庙宇中进行，如著名的妈阁庙、莲峰庙等，而专设会馆的并不多。（《人民日报海外版》2006.6.21）

（30）几天前，几位来自河北的客商不解地问陪同的<u>当地商人</u>：福建石狮市区的市场又窄又挤，而宽敞高档的服装城却没有多少买家。（《市场报》2006.4.19）

（31）另外，有两位浙江老板和一位<u>当地商人</u>合伙买得三楼整个楼层14000平方米的使用权，投资高达7880万元。（《江南时报》2006.4.8）

（32）他说，遇难者中有6人是部族居民，其余人是<u>当地商人</u>，爆炸发生时他们正从一个集市返回。（《京华时报》2006.3.27）

（33）因此，早在广东办案时，他就让有求于自己的<u>当地商人</u>叶某帮他运作这件事。（《江南时报》2006.2.17）

（34）1998年7月，宋留根团伙成员张广明（绰号小广）、徐均意（绰号小一）、范强3人持枪闯入浙江柯桥一托运部，打死两名"不听话"的<u>当地商人</u>。（《人民日报》2003.8.6）

（35）此外，安全部队士兵还收缴了部分<u>当地商人</u>手中的武器。（人民网2006.1.28）

（36）此外，安全部队士兵还收缴了部分<u>当地商人</u>手中的武器。（《江南时报》2003.8.25）

（37）但浙江人只要一人出道，亲戚朋友很快就过来了，对<u>当地商人</u>形成了包围优势，慢慢地市场就被他们占领了。（《华东新闻》2004.2.11）

（38）分拨中心具有商品展示功能，<u>当地商人</u>可看样订货，使贸易更便利、效率更高。（人民网2006.1.28）

（39）分拨中心具有商品展示功能，<u>当地商人</u>可看样订货，使贸易更便利、效率更高。（《人民日报海外版》2004.4.7）

（40）<u>当地商人</u>史蒂夫·舒克捐赠了大约80公顷土地。资金的募集工作已经开始。（《京华时报》2004.4.29）

（41）<u>当地商人</u>说，由于局势紧张，巴统港的海上石油进出口和运输已经暂停，目前有限的石油运输通过铁路交通进行。（《京华时报》2004.5.6）

（42）<u>当地商人</u>史蒂夫·舒克捐赠了大约80公顷土地。资金的募集工作已

经开始。(《国际金融报》2004.6.11)

（43）而当地商人也越来越多，他们大都直接到中国进货，成为中国商人的直接竞争对手。(《人民日报海外版》2004.10.27)

（44）除了对当年政府一纸文件采取"化整为零"的方案导致十大瓷厂败落还耿耿于怀外，记者发现现在许多市民尤其是当地商人对政府目前许多做法颇有微词。(《时代潮流》2004年第21期)

（45）警方说，"圣保拉"家族涉嫌绑架当地银行家、经营可卡因走私网络以及向当地商人勒索最高达1万欧元（约合1.3万美元）的保护费等。(《京华时报》2005.2.2)

（46）郁出生于宁波象山县中部靠海的爵溪街道，他曾在宁波经营市政工程及房地产业务，尽管其在宁波的业务已是数亿元之巨，但神奇的是当地商人对郁家也知之甚少。(《市场报》2005.2.22)

（47）一位名叫拉谢夫的当地商人说："我们从没听说过有中国人违法的事情。"(《华南新闻》2005.3.28)

（48）芝加哥期货交易所由当地商人创建，就保留了这种体制的基本元素。(《国际金融报》2005.8.11)

（49）公平政治行为委员会上周称，它正在等待施瓦辛格的书面说明以确定他今年是否从当地商人那里收到了靴子礼物。(《人民日报海外版》2005.9.8)

（50）在旅游景点，当地商人宁愿收人民币，不愿要美元。(《人民日报》2005.10.29)

（51）白宫发言人洛克哈特对记者说，克林顿会在俄亥俄州和明尼苏达州会见当地商人和工人，向他们推荐美中贸易协议。(《国际金融报》2000.5.31)

（52）自90年代以来，莫伊总统和肯尼亚政府十分重视发展同中国的经贸友好合作关系，积极鼓励当地商人同中国公司开展经贸合作，欢迎中国企业到肯尼亚投资办厂，从事商贸活动。(《人民日报海外版》2000.11.1)

（53）瓜尔韦托警长表示，部分假债券已流出棉兰老岛，买家多数是好奇的当地商人。(《华南新闻》2001.3.1)

（54）他又补充说，当地商人也喜欢经销中国商品，因为拉美人买贵重物品大多支付信用卡和支票，商人一般在30天后才能从银行收到款。(《市场报》

2001.6.12）

（55）绑架当地商人或基督徒百万富翁已成了阿布萨耶夫发家致富的"家庭工业"。(《国际金融报》2001.11.23）

（56）在新疆吐鲁番，过去受季节影响，来葡萄沟旅游的客人仅集中在采摘季节的两个多月里，为摆脱这种状况，当地商人投资500多万元，开发了一些丝路文化和维吾尔族风情游项目。(《市场报》2001.12.21）

（57）在新疆吐鲁番，过去受季节影响，来葡萄沟旅游的客人仅集中在采摘季节的两个多月里，为摆脱这种状况，当地商人投资500多万元，开发了一些丝路文化和维吾尔族风情游项目。(《人民日报》2002.1.1）

（58）威尼斯的传统工艺是玻璃制品，当地商人会以中国话向我们推销，他们口舌如簧，哄得团友们纷纷解囊，购物热情之高，赢得威尼斯商人向我们一次次竖起了大拇指。(《人民日报海外版》2002.1.11）

（59）据悉，目前重庆摩托进入阿富汗的途径主要有三条：新疆到巴基斯坦再经当地商人转手到阿富汗；阿联酋等海湾国家转口阿富汗；直接出口到伊朗、巴基斯坦等国，再由当地商人运入阿富汗。(《中国汽车报》2002.3.7）

（60）当地商人在购进现货时多用支票付款，时常会有不法之徒利用空白支票进行欺骗，这在当地屡见不鲜。(《市场报》2002.4.26）

（61）目前法拉科茶场的茶叶不仅畅销马里市场，而且经过当地商人的批发与转销，已经销售到多个周边国家。(《人民日报》2002.5.6）

（62）俄州检察官指出，特拉菲坎特虚报个人收入，收受回扣，并接受当地商人提供的免费服务。(《京华时报》2002.7.26）

（63）据初步分析，茨韦特科夫之所以遭遇暗杀，很可能因为他执行的经济政策与当地商人或黑帮的经济利益发生了冲突之故。(《江南时报》2002.10.19）

（64）据孟加拉国联合新闻报道，惨剧发生在孟加拉国首都达卡以北192公里处的戈伊班达小镇，一位当地商人赶在下周穆斯林传统节日开斋节到来前向当地穷人分发衣物。(《京华时报》2002.12.2）

（65）一名目击者称，这些枪手的本意可能并不是攻击校车，而是等在附近，企图绑架一名将乘小汽车经过的当地商人。(《江南时报》2002.12.26）

（66）据前往某国实地考察过的舟山商检部门的人士介绍，我国的冷冻水产品装运到某国后，先堆放在保税仓库里，在某国官方未检验之前，<u>当地商人</u>可以自由出入保税仓库看货。(《市场报》2003.1.3）

（67）据前往某国实地考察过的舟山商检部门的人士介绍，我国的冷冻水产品装运到某国后，先堆放在保税仓库里，在某国官方未检验之前，<u>当地商人</u>可以自由出入保税仓库看货。(《人民日报海外版》2003.1.8）

（68）据前往某国实地考察过的舟山商检部门人士介绍，我国冷冻水产品装运到某国后，先堆放在保税仓库里。在官方未检验之前，<u>当地商人</u>可自由出入保税仓库看货。(《人民日报》2003.1.14）

附 录 3

I. 含有"木头"用法的例句

（1）陈罡说："在老挝，我看见当地农民用<u>木头</u>做的手摇机给咖啡脱皮，既辛苦，又慢，破损率还高。"(《人民日报海外版》2010.10.14）

（2）讲述了猪妈妈带着三只猪宝宝，为了培养猪宝宝的生存能力，猪妈妈让三只小猪团结协作造一所石头房子，猪老大、猪老二好吃懒做，只建了稻草房、<u>木头</u>房，结果被两只大野狼吹倒推翻，最后凭借认真的猪老三建造的石头房，保护了三只小猪。(《京华时报》2010.10.11）

（3）另一组消防员佩戴呼吸器进入地下室排查，发现起火点正是居民堆积的<u>木头</u>和杂物。消防员将明火扑灭后离开现场。(《京华时报》2010.10.10）

（4）都说玩玉、玩瓷的水很深，看来<u>木头</u>的水也不浅呀。(《江南时报》2010.10.3）

（5）把两块<u>木头</u>一起摩擦生火也不是那么简单，必须先学会如何使用弓钻（原始人用来取火或钻洞的）。(《江南时报》2010.10.1）

（6）老谢原来的设计方案是，让我们用竹子和茅草做房子的外立面，这咋可能嘛，莫说我们这里竹子少，用竹子哪怕是山上砍下的<u>木头</u>做成墙，耗子也要来打洞。(《人民日报海外版》2010.9.28）

（7）只有受到一定的刺激后，日本社会才会认真审视中国社会究竟是什么样的，他们才会相信中国人民不是被"专制政权"管得乖乖的一群<u>木头</u>。

（《环球时报》2010.9.25）

（8）20世纪90年代末，国家对天然林全面禁伐后，"木头财政"开始淡出林芝。（《人民日报》2010.9.12）

（9）伐木人的欢笑声能把木头房顶掀开，他们大碗喝着60度的烧酒、大碗吃着狍子肉，讲着少不了荤作料的南朝北国的故事，他们称为"哨"，相当于今天的"侃大山"。（人民网2010.9.6）

（10）佛学禅宗认为"万物俱灭，唯有石头传世"，木头变为顽石是神的造化，神木又称为禅石，信奉佛教的西域回纥人不断向长安进贡神木，长安城大寺院以拥有一块神木而荣耀。（《人民日报海外版》2010.9.1）

（11）漫步今日琉璃厂，街面两侧的店铺，沉稳的深色木头匾额上用金箔贴成的字，发着内敛的光却又令人无法忽视，就像中国文化一样，静静地流动着，却总是引人靠近、汲上那么一口。（《人民日报海外版》2010.8.31）

（12）通过采用木头、竹子等一系列天然环保材料，展示印尼对自然资源的良性利用，诠释了生态环保、可持续发展理念。（《人民日报海外版》2010.8.27）

（13）尽管我很努力很认真，上课还是像木头一样，完全跟不上。（《人民日报海外版》2010.8.27）

（14）一根漂流在海滩附近的烂木头被当作鳄鱼，在法国引起了一场虚惊。（环球网2010.8.23）

（15）邱晓天一直被女友宁馨埋怨不够浪漫，在他到新加坡南洋理工大学留学之后，宁馨却惊奇地发现这个"木头"开窍了。（《人民日报海外版》2010.8.20）

（16）咆哮的洪水像脱缰的野马，夹杂着大小不等的滚石和木头狂奔而下。洪水中石头与石头的碰撞声不绝于耳。（《人民日报海外版》2010.8.18）

（17）8月14日，选手们在进行搬木头比赛。（《人民日报》2010.8.17）

（18）两位将军跳入过膝的洪水，带头扛抬木头杂物。（《京华时报》2010.8.16）

（19）本月10日下午，记者在樟木头南方农副产品批发中心走访时，一男性店主向记者爆出了大米加工内幕。（《江南时报》2010.8.16）

（20）听到"救命"喊声的这家居民，随即把围墙推倒，架了两根木头过

来，何新朝和儿子得救了！（《京华时报》2010.8.12）

II. 含有"便宜"用法的例句

（1）代理上课的学生比较忙，不提前预约可能就约不上，课程都比较满，每代理一节课收费50元，但可以讲价，如果长期代理，费用还会更便宜。（《华南新闻》2006.3.30）

（2）有人认为应放开，因为它便宜，老百姓可得实惠。但也有人心存顾虑，担心它影响我国原有的通信价格体系和行业安全。（《华东新闻》2006.3.30）

（3）东京股市指标股指不断刷新历史高位的主要原因，是投资者看好经济前景，上市公司盈利能力增强，股价相对便宜等。（《国际金融报》2006.3.30）

（4）陈先生特别提醒消费者，千万不要贪图便宜购买低价铁锅，价格过低的铁锅多采用"回收铁"制成，重金属严重超标，长期使用这样的铁锅将危害人体健康。（《国际金融报》2006.3.30）

（5）我当时找她咨询的目的是，想通过她的关系，用批发价买大包装的诺氟沙星，这样长期吃比较便宜。（《健康时报》2006.3.30）

（6）由于其使用方便、价格便宜，有些女性经常用其水溶液来清洗阴道，治疗阴道炎症，以及预防泌尿系统感染等。（《健康时报》2006.3.30）

（7）庆幸的是，一个朋友为我推荐了一个社区医院的中医，当时我没有医疗保险，看中医为的是图便宜，5天的药常常是二三十元，贵的时候不过五六十元。（《健康时报》2006.3.30）

（8）治疟疾药氯喹对风湿病也很有效，价格很便宜，1000片88元，许多病人很需要它。（《人民日报》2006.3.29）

（9）引援问题上道森不知是否已经明白中国的一句老话：便宜无好货。（《人民日报海外版》2006.3.29）

（10）大人们去赶蟠桃宫的庙会，很多人是有目的的，不是求子，就是求婚，再不济，也是为买点便宜东西。（《人民日报海外版》2006.3.29）

（11）只有这里才能购买最便宜、最新鲜的海鲜产品。（《市场报》2006.3.29）

（12）之所以称"实惠"而不是"便宜"，是因为现在特色小店的价格已

不再是便宜的代名词。(《市场报》2006.3.29)

（13）在贵阳市街头和贵阳机场候机厅门外，常有人向群众散发各种"机票代理"的小卡片，上面所登的"优惠"机票折扣比市面上便宜许多，诱使部分消费者拨打电话订票。(《市场报》2006.3.29)

（14）新药被研制出来后，由政府买下，变成公共产品，病人可以以便宜的价格使用这一药品。(《市场报》2006.3.29)

（15）价格便宜、临床用量小是真正原因。经典药断档的原因到底是什么？(《人民日报》2006.3.30)

（16）但没想到他们只是候鸟，这里便宜，他们就在这里做，但是你稍微一贵，他们就跑了。(《江南时报》2006.3.28)

（17）唯一在此租赁销售枕头的店员陆先生告诉记者，现在这里的生意不好，而且房租不便宜，许多人都在观望，所以也没有人过来租房。(《江南时报》2006.3.28)

（18）在二手市场，他发现这里的加湿器比市场上便宜很多，一般都在100元到200元之间，有的只需要几十块钱。因为便宜，庞先生花了120元把一台二手加湿器搬回了家。(《京华时报》2006.3.28)

（19）旧家电市场的火爆，多少让消费者"拾"到了些许便宜，但同时也潜藏着不少隐患和不完善。(《京华时报》2006.3.28)

（20）告诉你吧，别看这些手机破旧得很，翻新之后在农村和山区卖得最快了，因为这种货都特便宜，而且利润也大。(《京华时报》2006.3.28)

Ⅲ. 含有"官僚"用法的例句

（1）只有扭转学校的行政化官僚化趋向，才能加快解决长期应试教育带来的种种问题，真正提高学生素质，增强其实际就业能力和创新能力。(《人民日报》2010.10.11)

（2）对于俄罗斯为何留不住这些科学家，有人归咎于官僚体制，也有人认为政府没有提供有吸引力的条件。(《环球时报》2010.10.9)

（3）此外，美国国务卿希拉里紧随默克尔之后排名第5，《福布斯》称其虽仍未在中东和平"这个不可能完成的任务上"破冰，但却为美国国务院这个官僚机构带来了"明星魅力"。(《中国广播网》2010.10.8)

（4）都是官僚的错(《国际金融报》2010.9.30)

（5）大学校长们在批评教师"四处吃请"时，有必要先反省一下大学官僚系统自身的问题，相比大学行政官僚的大吃大喝，教师那点儿"四处吃请"实在是小巫见大巫。（《江南时报》2010.9.29）

（6）盖特纳被指责为是最典型的技术官僚，罗默是典型的学院派经济学家，萨默斯则堪称是学院派和技术官僚的结合。（《国际金融报》2010.9.29）

（7）前段时间，一些地方政府网站被网友指责"官僚""作秀""不作为"。（《人民日报》2010.9.28）

（8）无论是韩国人还是中国人，都不会对此以为然。但对很多欧洲官僚来说，"认真"对待亚洲显然并非是要花上一天以上时间的事。（新华网2010.9.26）

（9）另一方面探讨"官僚＋资本"在中国封建经济发展中的价值，以大量感性的细节来论证中国传统商业文化逐渐走向衰落的真正原因。（人民网2010.9.21）

（10）华盛顿林林总总的官僚机构之中，有的是这样的女人。（《环球时报》2010.9.20）

（11）他们认为这种做法代价太大，极具官僚作风，根本不会对当前的回收项目有任何帮助。（《环球时报》2010.9.17）

（12）最让一些意大利人恼怒的是，逃税和聪明规避复杂的官僚体系本是意大利人最擅长的一手，可中国人技高一筹，创建了兴旺发达的地下新产业，而普拉托本地不少企业却生意惨淡。（《环球时报》2010.9.14）

（13）该帖一经发出立即引起网友热议，认为有些政府网站"作秀""不作为"，其背后暴露出执政者慵懒傲慢的官僚习气。（《江南时报》2010.9.13）

（14）长期以来，西南欧华商利用监管漏洞或官僚腐败，虚假报关现象存在较为普遍。（新华国际2010.9.9）

（15）虽是内阁首长，但韩国总理并不经常扮演决策者的角色，而更像一个协助总统工作、执行总统政策的官僚。（《人民日报海外版》2010.9.4）

（16）不过，欧洲发行量最大的报纸《图片报》对这次反歧视改革却不买账，认为这是"欧洲官僚要变丑我们的语言""充满陈词滥调"。（《环球时报》2010.9.3）

（17）可以设想，一个麻木的奴才、无行的文人，贪婪的官僚、嗜血的屠

夫，在鲁迅的文字面前是不可能"发抖"的。(《人民日报》2010.9.3）

（18）苏东体系瓦解有着复杂而深刻的历史原因，比如官僚体系与民众的对立、冷战政治中的专断政治，以及短缺经济带来的民众生活的困苦，等等。(《环球时报》2010.9.2）

（19）当然，古代封建官僚的"畏己知"只是一种个人的洁身自好，也缺乏先进理论的支撑。(《人民日报》2010.9.15）

附 录 4

"领导"作为名动兼类词的例句

（1）巴勒斯坦新总理、伊斯兰抵抗运动（哈马斯）领导人伊斯梅尔·哈尼亚提交的新政府组建计划28日在立法委获得通过。(《京华时报》2006.3.30）

（2）哈马斯领导人、巴新总理哈尼亚28日早些时候则明确重申，拒绝奥尔默特此前提出的单边划定边界计划。(《京华时报》2006.3.30）

（3）以色列选举委员会29日凌晨称，根据对99.7%选票的统计结果，以色列代总理奥尔默特领导的前进党在28日的议会选举中获胜，成为议会第一大党，而昔日政坛老大利库德集团遭遇惨败。(《京华时报》2006.3.30）

（4）昨天，记者从宣武区区委宣传部了解到，区政府领导已决定近日再开协调会，争取早日解决朗琴园小区停车问题。(《京华时报》2006.3.30）

（5）锅炉房的负责人蒋先生称，早上施工的工人是街道联系的，与他无关，当居民代表提出退让两米的要求时，他表示要和地皮所属的北京砂轮厂领导汇报。(《京华时报》2006.3.30）

（6）省部级、厅局级、县处级党政领导干部每5年应当参加党校、行政学院、干部学院或者经厅局级以上单位组织（人事）部门认可的其他培训机构累计3个月以上的培训。(《京华时报》2006.3.30）

（7）由于王春能及时完成领导交办的各项工作，牢记全心全意为人民服务的宗旨，工作中严格要求自己，受到了各级领导和广大群众的普遍赞誉，2005年王春荣立个人三等功。(《江南时报》2006.3.30）

（8）据昨天南京市人口抽样调查领导小组和南京市统计局联合发布《南

京市2005年人口抽样调查主要数据公报》显示：在2005年11月1日零时标准时点上，南京市常住人口达686万人。(《江南时报》2006.3.30)

（9）这项研究是由英国东英吉利大学的李·胡珀博士领导进行的，其结论有可能会引发争议。(《江南时报》2006.3.30)

（10）不仅涉及乡局级领导干部，县级干部推荐也使用票决制。(《江南时报》2006.3.30)

（11）而是当天那位主任在和领导通电话讨论给当事人降低处罚标准时，刚巧被在办公室门外的"黄牛"听到，于是"黄牛"便乘机钻了这个空子。(《江南时报》2006.3.30)

（12）更令人吃惊的是，少数"馋嘴"的领导，一顿午饭居然要跑到百里开外的邻县去吃……(《江南时报》2006.3.30)

（13）尼日利亚北部博尔诺警方宣布，两天前逃离其住所的利比里亚前领导人泰勒29日在当地落网。(《江南时报》2006.3.30)

（14）据俄罗斯《独立报》报道，如何对付反复激怒自己的委内瑞拉总统查韦斯，一直让美国领导人头痛不已。(《江南时报》2006.3.30)

（15）发现领导干部利用职权索贿受贿、谋取非法利益的案件将及时查处，发现重大商业贿赂案件及时上报，并移交司法机关。(《江南时报》2006.3.30)

（16）据了解，徐汇区政府在正式颁布的行政机关领导干部行政诉讼应诉工作规定中，明确要求遇有行政诉讼的部门，主要领导每年必须出庭应诉一到两次。(《江南时报》2006.3.30)

（17）"根据中央治理商业贿赂领导小组的要求"，卫生部已经成立"治理商业贿赂领导小组"了。(《江南时报》2006.3.30)

（18）为什么酒桌上会有那么多的"敢死队队员"，就因为中国大部分男人都要面子，宁伤身体不伤感情，特别是领导指派或美女劝酒，很少有人能架得住这个"劝"。(《江南时报》2006.3.30)

（19）去年4月，胡锦涛总书记与连战主席举行了两党领导人历史性的会谈，并共同发表了两岸和平发展共同愿景。(《人民日报海外版》2006.3.30)

（20）近几年来，如何把外部的资金、技术、人才和当地资源有机地结合起来，变潜在优势为看得见摸得着的经济优势，加速破解县域经济发展中的观念约束、体制约束，实现经济社会全方位的跨越式发展，虞城县新一届县委、县政府领导集体就此达成了共识。(《人民日报海外版》2006.3.30）

（21）曾经主管广州市交通工作的领导、广州市委副书记林元和对记者说过一个"一脚刹"的故事：在广州市东风路上，一辆正常行驶的车辆突如其来地踩了一脚刹车，而鱼贯尾随其后的车辆链式反应也都"一脚刹"，到了东风路尾，则演变为水泄不通的塞车。(《华南新闻》2006.3.30）

（22）论坛根据农村工作重点、难点和热点问题，采取身边典型现身说法的方式，确定一个主题，如"发展壮大农村集体经济""在新农村建设中如何发挥党支部作用"等，由各村党支部书记结合工作实践和个人感悟，进行探讨式交流，把问题谈透，达到问题同解、经验共享、共同进步的目的，相关部门的领导和专家来到现场，对论坛中提及的典型事例进行剖析和点评，并现场解答支部书记们的疑问，帮助他们提高运用政策、谋划发展和驾驭大局的能力。(《华南新闻》2006.3.30）

（23）同时，加强对他们的管理和监督，建立主管领导责任连带制度，在让"小吏"出冷汗的同时，也让主管领导出一身冷汗。(《华南新闻》2006.3.30）

（24）宜州市是广西第三批新型农村合作医疗试点县市，自今年2月开展试点工作以来，宜州市各级领导高度重视，各乡镇组织干部进村入户，向群众宣传新型农村合作医疗政策，让广大农民对新型农村合作医疗有了全面的了解。(《华南新闻》2006.3.30）

（25）如果我们各级党委、政府的思想水平、领导水平跟不上社会变化，我们就会落伍，社会就会出问题。为什么现在一个村的事情，镇里解决不了，县里也解决不了，市里也解决不了，非得弄到省委来解决?(《华南新闻》2006.3.30）

（26）在这一点上，每个公民都该从爱护环境的角度出发，领导干部更应率先垂范。(《华东新闻》2006.3.30）

（27）上海市有关领导、外国驻沪领事馆、外资银行、驻沪商务机构、世界知名企业负责人、落户企业代表等1000多人出席会议。(《华东新闻》2006.3.30）

（28）据悉，推迟表决是由于在此前的访华期间，两名议员得到了中国领

导人对加大人民币汇率灵活性的积极回应。(《国际金融报》2006.3.30)

（29）在这种背景下，如果监管、税收和就业框架保持良好，那么灵活性和公开性应该会让伦敦在未来几年巩固在欧洲的领导地位。(《国际金融报》2006.3.30)

（30）据了解，自去年3月，针对上市后即将面临的对风险管理工作提出的更高要求，建总行就专门成立了风险管理体制改革领导小组和办公室，充分借鉴国际一流商业银行先进经验，结合本行实际，成功地在江苏、湖北、广西和厦门分行进行了风险管理体制改革试点。在试点基础上，确定了风险管理体制改革的基本思路。(《国际金融报》2006.3.30)

（31）中国保健协会领导栾成章、贾亚光等参加了本次发布仪式。(《健康时报》2006.3.30)

（32）又如，一位领导参加书法大展，工作人员请他题字，他信手写下"同意"二字。(《健康时报》2006.3.30)

（33）由于过高地估计自己的能力，不能客观地评价同事与领导的作用，逐渐会形成"独"的个性心理，偏离集体与社会，会出现严重的自私自利行为。(《健康时报》2006.3.30)

（34）日前，启东法院先后召开党组会议、效能建设领导小组及其办公室成员会议、中层干部会议及全院干警大会，就2006年机关效能建设做了专题研究和动员，会议确定了法院2006年机关效能建设和星级机关评比"保四争五"的目标，即确保评到四星级机关，争创五星级机关。(《江南时报》2006.3.29)

（35）"感谢公安局的领导，培养出这么好的同志，给了我第二次生命……"3月27日上午，家住启东市汇龙镇明珠新村的宋敬民，经过医院一段时间的抢救治疗，身体还没有完全恢复，就不顾家人的劝阻，带着一面锦旗来到该市公安局，感谢公安人员的英雄义举，表达对救命恩人的深深敬意。(《江南时报》2006.3.29)

附 录 5

"困难"作为名形兼类词的例句

（1）从事农业生产的张进勇是家里的顶梁柱，上有老，下有小，家庭经济本来就很困难，出了这种事，张进勇一家更是一下子掉进了万丈深渊。（《江南时报》2006.3.30）

（2）对于农民工因申请支付劳动报酬和工伤事故赔偿等事项的法律援助，不再审查其经济困难条件，直接给予法律援助。（《江南时报》2006.3.30）

（3）在开展居家养老中，对各种不同层次、不同需求的老年人，社区将实行医疗保健、精神慰藉、环境卫生、日常维修、法律维权、实物救助等菜单式"套餐"服务。同时，对部分"三无"老人、困难劳模、优抚对象等特殊老人与特困老人，由政府出资，以"购买服务"的方式，为他们提供各类老人需求的服务。（《江南时报》2006.3.30）

（4）三口镇党委通过"发扬军旅作风，弘扬亮剑精神"，主动出击，使省扶贫工作队与重点扶贫的8个村迅速工作对接。在镇党委、政府的统一部署下，8村村干部组织人员，对本村当前急需解决的问题以及未来发展中需要应对的困难和所要做的工作进行了调查。（《江南时报》2006.3.30）

（5）记者问及执法人员对于罚款数额是否可以自由量裁时，这位主任表示，根据有关规定，执法人员对于情节较轻又确实有经济困难的，可以降低处罚标准，但具体情况要和有关领导研究决定。（《江南时报》2006.3.30）

（6）新办法规定，对生产经营遇到暂时困难的企业，经协商可在一定时期内采取适当措施稳定就业；对生产经营不正常的企业，人员裁减方案要经企业职代会讨论通过。（《人民日报海外版》2006.3.30）

（7）《中葡关系史（1513—1999）》作为中国社会科学院"十五"重大课题、国家"十一五"重点出版物，黄山书社在自身经济实力并不雄厚的情况下，重视其长远的社会效益，不计经济回报，投入不菲的资金，组织精干力量，在相当短的时间里克服诸多技术方面的困难，高质量地完成了出版任务，此种奉献精神、学术眼光和工作效率在座谈会上亦广获赞誉。（《人民日报海

《外版》2006.3.30）

（8）在全社会就业形势都比较严峻的情况下，残疾人找工作困难就更大，政府部门应该在这方面多提供些帮助，给残疾人创造更多的机会。(《华东新闻》2006.3.30）

（9）针对困难群众看病难、购药贵的问题，历下区政府在摸清全区低保户及临近低保边缘困难群众的基本情况后，与辖区的一家大型药店签订了低价供药协议。(《华东新闻》2006.3.30）

（10）这时候，想把它们一张张揭开，已很困难。(《华东新闻》2006.3.30）

（11）对中等职业学校家庭经济困难学生、身体残障学生和纯农户家庭学生实施减免学费等资助制度，对就读社会急需专业和农业类专业的中等职业学校学生实施奖励制度。(《华东新闻》2006.3.30）

（12）目前的上海公积金政策允许职工购买、建造、翻建、大修房屋，退休、出境定居、丧失劳动能力、偿还房贷款以及生活困难时用公积金支付房租、物业专项维修资金、物业服务费等费用。(《国际金融报》2006.3.30）

（13）此外，许多抗抑郁药物有抗胆碱能作用，可抑制膀胱逼尿肌的收缩，加重排尿困难，本身已有严重排尿困难的前列腺肥大患者应慎用。(《健康时报》2006.3.30）

（14）最后是用药的影响，如哮喘病人服用茶碱药，容易兴奋，从而导致入睡困难和易惊醒等。(《健康时报》2006.3.30）

（15）其实这时候最困难的是父亲，那年除夕他突然发现：当月的工资支付利息奖金后，已对生活计划构成严重威胁，于是他宣布，明年将我们的私房钱全部换成银行的存折。(《健康时报》2006.3.30）

（16）陈伟说，家里虽然困难，但父亲从不向人伸手，是十里八乡有名的好人、要强的人。(《健康时报》2006.3.30）

（17）面对警力严重不足、治安保卫任务日趋繁重的现状，泗阳县公安局克服重重困难，将全年基层基础工作目标分解到位，实行层层捆绑考核机制使得全年目标任务如期实现。(《江南时报》2006.3.29）

（18）面对重重困难，龚家龙透露，一直以来，长联石油都在争取获得国内成品油批发许可证、成品油零售许可证，以及成品油／燃料油进口许可

证、石油勘探许可证等，但到目前为止，长联石油一证未得。(《京华时报》2006.3.29）

（19）我们都知道人有四肢，可在某些时候，想表达四肢还真挺困难。(《京华时报》2006.3.29）

（20）罢工使得那些想去上班的人也遇到困难。(《京华时报》2006.3.29）

（21）据悉，美国希望推迟谈判，因为美国首席谈判代表、国防部负责东亚和太平洋事务的副国务卿帮办理查德·劳利斯行程安排上存在困难。(《京华时报》2006.3.29）

（22）上海解放后，荣氏企业面临困难，不仅资金紧张，原料也供应不足，国家通过发放贷款、供应原料、收购产品委托加工等方法，对荣氏企业予以大力扶持，使之实现了新的复苏。(《华南新闻》2006.3.29）

（23）按照现有的资源利用方式，难免会出现"有增长，无发展"的局面，而要实现2020年人均GDP翻两番的目标更是非常困难。(《华南新闻》2006.3.29）

（24）但同时，我们也会妥善把握好价格改革的力度和时机，充分考虑社会各方面特别是低收入群体的承受能力，做好部分困难群众和公益性行业的补贴工作。(《华南新闻》2006.3.29）

（25）在全区构建群防群治网络，从中拓展一批治安类岗位，由政府购买，提供给困难群众。(《华东新闻》2006.3.29）

（26）"宿迁财政很困难，却是全国唯一将防保财政补助延伸到村的地级市。"葛志健说。(《华东新闻》2006.3.29）

（27）在艰险的条件下，团结一心，相互帮助，彼此鼓励，才会克服困难，战胜自我，创造奇迹。(《人民日报海外版》2006.3.29）

（28）瘦小的李方布满血丝的眼里含着泪水："我是真正地心疼这个孩子，也打心眼里喜欢这个孩子，即使再困难，我也会把她抚养成人，给她一个温暖的家。"(《人民日报海外版》2006.3.29）

（29）二是坚持和完善社会主义制度，保障社会公平，特别是保障困难群众的合法权益。例如完善社会保障体系，维护农民工合法权益，建立城镇廉租房制度等。(《人民日报海外版》2006.3.29）

（30）据报道，苏贞昌日前称将温室效应纳入环评审查基准是用"未来标准"作审查，环评标准不一，造成厂商投资困难，并指"环保署"是在做"失衡的环境评估"。(《人民日报海外版》2006.3.29)

（31）而新制所谓的实地查核措施很可能遇到执行障碍，尤其在两岸金融监理机制尚不存在的情况下，台湾会计师登陆查核将有种种法律面和技术面的困难，大企业除台商之外的其他国籍投资者也不会轻易同意接受台湾的政策查核，皆使新措施可能落得"上有政策下有对策"的后果；此行政面的错误之三。(《人民日报海外版》2006.3.29)

（32）其实，在美国工作时，黎志康就想做这个项目，但因这一计划工作量过于庞大，资金及人手都有困难。(《人民日报海外版》2006.3.29)

（33）平均出口量降低让该国意图恢复到战前原油出口水平倍加困难。(《国际金融报》2006.3.29)

（34）大股东持股比例非常低的公司支付对价有困难。(《国际金融报》2006.3.29)

（35）不过，新的格拉斯力－鲍克斯提案会让白宫方面避免制裁中国的努力更加困难。(《国际金融报》2006.3.29)

参考文献

[1] 岑麒祥. 古代汉语语词的词性和词序 [A]. 岑运强. 岑麒祥文选 [C]. 北京：北京大学出版社，2010a：81-91.

[2] 岑麒祥. 语法理论基本知识 [A]. 岑运强. 岑麒祥文选 [C]. 北京：北京大学出版社，2010b：30-54.

[3] 岑麒祥. 语法理论基本知识 [M]. 北京：时代出版社，1956.

[4] 岑麒祥. 语言学学习与研究 [C]. 郑州：中州书画社，1983.

[5] 岑麒祥. 语言学史概要（第三版）[M]. 北京：世界图书出版公司北京公司，2008.

[6] 岑运强. 把握语言学发展的总脉络——试论"五段两线三解放"[J]. 北京师范大学学报，2004a（3）：53-60.

[7] 岑运强.《岑麒祥文选》导读 [J]. 澳门语言学刊，2010（1）：67-75.

[8] 岑运强. 言语的语言学导论 [M]. 北京：北京大学出版社，2006.

[9] 岑运强. 语言学概论（第二版）[M]. 北京：中国人民大学出版社，2009.

[10] 岑运强. 语言学概论（第一版）[M]. 北京：中国人民大学出版社，2004b.

[11] 岑运强. 语言学基础理论 [M]. 北京：北京师范大学出版社，2005.

[12] 陈昌来. 二十世纪的汉语语法学 [M]. 太原：书海出版社，2002.

[13] 陈光磊. 汉语词法论 [M]. 上海：学林出版社，2004.

[14] 陈维振，吴世雄. 范畴与模糊语义研究 [M]. 福州：福建人民出版社，2003.

[15] 陈新仁. 试论语法结构的模糊性 [J]. 解放军外语学院学报，1993（5）：7-13.

[16] 陈忠. 认知语言学研究 [M]. 济南：山东教育出版社，2006.

[17] 程工. 从跨语言的角度看汉语中的形容词 [J]. 现代外语，1998（2）：17-26.

[18] 程工. 名物化与向心结构理论新探 [J]. 现代外语，1999（2）：128-144.

[19] 程琪龙. 认知语言学概论：语言的神经认知基础 [M]. 北京：外语教学与研究出版社，2001.

[20] 崔艳蕾. 性质形容词再分类 [A]. 胡明扬. 词类问题考察续集 [C]. 北京：北京语言学大学出版社，2004：303-338.

[21] 崔应贤. 简论鲁迅作品中"转类"辞格运用 [J]. 毕节师范高等专科学校学报，2002（4）：6-11.

[22] 崔应贤. 现代汉语语法学习与研究入门 [M]. 北京：清华大学出版社，2003.

[23] 刁晏斌. 现代汉语史 [M]. 福州：福建人民出版社，2006a.

[24] 刁晏斌. 现代汉语史概要 [M]. 北京：北京大学出版社，2006b.

[25] 杜加林诺夫. 历史唯物主义范畴的相互关系 [M]. 汤侠生译. 北京：生活·读书·新知三联书店，1959.

[26] 方光焘. 汉语形态问题 [A]. 方光焘语言学论文集 [C]. 北京：商务印书馆，1997：273-284.

[27] 方光焘. 研究汉语语法的几个原则性问题 [A]. 语法论稿 [C]. 南京：江苏教育出版社，1990：27-43.

[28] Goldberg, Adele E. 构式：论元结构的构式语法研究 [M]. 吴海波译. 北京：北京大学出版社，2007.

[29] 高航. 认知语法与汉语转类问题 [M]. 上海：上海交通大学出版社，2009.

[30] 高名凯. 关于汉语的词类分别 [J]. 中国语文，1953（10）：13-16/11.

[31] 高名凯. 汉语语法论 [M]. 北京：科学出版社，1957.

[32] 高远，李福印．罗纳德·兰艾克认知语言学十讲 [M]. 北京：外语教学与研究出版社，2007a.

[33] 高远，李福印．乔治·来考夫认知语言学十讲 [M]. 北京：外语教学与研究出版社，2007b.

[34] 高远，李福印．约翰·泰勒认知语言学十讲 [M]. 北京：外语教学与研究出版社，2007c.

[35] 耿占春．隐喻 [M]. 北京：东方出版社，1993.

[36] 龚千炎．中国语法学史（修订本）[M]. 北京：语文出版社，1997.

[37] 郭锐．现代汉语词类研究 [M]. 北京：商务印书馆，2002.

[38] 韩玉国．现代形容词再分类 [A]. 胡明扬．词类问题考察续集 [C]. 北京：北京语言学大学出版社，2004：100−153.

[39] 贺阳．形名兼类计量考察 [A]. 胡明扬．词类问题考察 [C]. 北京：北京语言学院出版社，1996a：157−167.

[40] 贺阳．性质形容词做状语情况的考察 [A]. 胡明扬．词类问题考察 [C]. 北京：北京语言学院出版社，1996b：133−146.

[41] 洪堡特．论人类语言结构的差异及其对人类精神发展的影响 [M]. 姚小平译．北京：商务印书馆，1997.

[42] 胡明君．应用语言学词典 [M]. 济南：山东教育出版社，1991.

[43] 胡附，文炼．谈词的分类 [J]. 中国语文，1954（2）：17−19；1954（3）：10−14.

[44] 胡明扬．动名兼类的计量考察 [A]. 胡明扬．词类问题考察 [C]. 北京：北京语言学院出版社，1996a：257−285.

[45] 胡明扬．关于"名物化"问题 [J]. 华文教学与研究，2000a（1）：29−35.

[46] 胡明扬．汉语词兼类研究 [J]. 语言文字应用，2000b：19−24.

[47] 胡明扬．兼类问题 [A]. 胡明扬．词类问题考察 [C]. 北京：北京语言学院出版社，1996b：215−257.

[48] 胡明扬．现代汉语词类问题考察 [A]. 胡明扬．词类问题考察 [C]. 北京：北京语言学院出版社，1996c：1−21.

[49] 胡明扬．现代汉语词类研究综述 [A]. 胡明扬．词类问题考察 [C].

北京：北京语言学院出版社，1996d：22-55.

[50] 胡明扬..信息处理用现代汉语词类的兼类问题 [A]. 胡明扬.词类问题考察续集 [C].北京：北京语言大学出版社，2004a：13-15.

[51] 胡明扬..信息处理用现代汉语词类体系 [A]. 胡明扬.词类问题考察续集 [C].北京：北京语言大学出版社，2004b：1-12.

[52] 胡裕树，范晓.动词形容词的名物化和名词化 [J].中国语文，1994（2）：81-85.

[53] 胡裕树，范晓.有关语法研究三个平面的几个问题 [J].中国语文，1992（4）：272-278.

[54] 黄伯荣，廖序东.现代汉语（第二版）[M].北京：高等教育出版社，1997.

[55] 黄伯荣，廖序东.现代汉语（第四版）[M].北京：高等教育出版社，2007.

[56] 黄蓉蓉.现代汉语词类活用摭谈 [J].现代语文，2007（8）：50-51.

[57] 贾彦德.对现代汉语语义格的认识与划分 [J].语文研究，1997（3）：23-29.

[58] 蒋同林.《中国文法论》关于词类的理论 [J].汉语学习，1987（4）：21-24.

[59] 金克木.梵语语法《波你尼经》概述 [J].语言学论丛，1981（7）：211-280.

[60] 康瑞琮.古代汉语语法 [M].上海：上海古籍出版社，2008.

[61] 克罗夫特.语言类型学与语言共性 [M].龚群虎等译.上海：复旦大学出版社，2009.

[62] 夸克等.英语语法大全 [M].苏州大学《英语语法大全》翻译组译.王国富等译校.上海：华东师范大学出版社，1989.

[63] 蓝纯.认知语言学与隐喻研究 [M].外语教学与研究出版社，2005.

[64] 李福印.认知语言学概论 [M].北京：北京大学出版社，2008.

[65] 黎锦熙.新著国语文法（二十四版）[M].北京：商务印书馆，1992.

[66] 李晋霞.现代汉语动词直接做定语研究 [M].北京：商务印书馆，

2008.

[67] 李国英，李运富．古代汉语教程 [M]．北京：北京师范大学出版社，2007.

[68] 李泉．从分布上看副词再分类 [A]．胡明扬．词类问题考察续集 [C]．北京：北京语言大学出版社，2004：154-177.

[69] 李泉．副词和副词再分类 [A]．胡明扬．词类问题考察 [C]．北京：北京语言学院出版社，1996a：364-390.

[70] 李泉．"形 + 宾"现象考察 [A]．胡明扬．词类问题考察 [C]．北京：北京语言学院出版社，1996b：168-189.

[71] 李宇明．非谓形容词的词类地位 [J]．中国语文，1996（1）：1-9.

[72] 李宇明．"名物化"现象新解 [J]．华中师范大学学报，1986（3）：117-120.

[73] 林玉山．汉语语法学史（修订本）[M]．长沙：湖南教育出版社，1986.

[74] 梁丽．基本层次范畴理论与应用 [M]．北京：中国社会科学出版社，2007.

[75] 林学洪．一部重要的语法新作——评夸克等著《英语综合语法》[J]．外语教学与研究，1986（2）：1-11.

[76] 刘坚．二十世纪的中国语言学 [M]．北京：北京大学出版社，1998.

[77] 刘顺．现代汉语语法的多维研究 [M]．北京：社会科学文献出版社，2005.

[78] 刘润清，刘正光．名词非范畴化的特征 [J]．语言教学与研究，2004（1）：1-13.

[79] 刘正光．名词动用过程中的隐喻思维 [J]．外语教学与研究，2000（9）：335-339.

[80] 刘正光．语言非范畴化——语言范畴化理论的重要组成部分 [M]．上海：上海外语教育出版社，2006.

[81] 刘正光，崔刚．语法原型与及物性 [J]．外语教学与研究，2005（1）：8-12.

[82] 陆俭明．对"NP+ 的 +VP"结构的重新认识 [J]．中国语文，2003（5）：

387-391.

[83] 陆俭明. 关于词的兼类问题 [J]. 中国语文, 1994 (1): 28-34.

[84] 陆俭明. 现代汉语语法研究教程（第三版）[M]. 北京：北京大学出版社, 2005.

[85] 路式成, 魏杰. 外国语言研究论文索引（1990-1994）[M]. 上海：上海外语教育出版社, 1996.

[86] 路式成, 魏杰, 孙志. 外国语言研究论文索引（1995-1999）[M]. 上海：上海外语教育出版社, 2001.

[87] 路式成, 魏杰. 外国语言研究论文索引（1949-1989）[M]. 上海：上海外语教育出版社, 1992.

[88] 陆宗达, 俞敏. 现代汉语语法（上册）[M]. 北京：群众书店, 1954.

[89] 罗宾斯. 简明语言学史 [M]. 许宝德等译. 北京：中国社会科学出版社, 1997.

[90] 吕叔湘. 关于汉语词类的一些原则性问题 [J]. 中国语文, 1954 (9): 6-14; 1954 (10): 16-22.

[91] 吕叔湘. 汉语语法分析问题 [M]. 北京：商务印书馆, 2007.

[92] 吕叔湘. 中国文法要略 [M]. 北京：商务印书馆, 1982.

[93] 马建忠. 马氏文通（重印本）[M]. 北京：商务印书馆, 1982.

[94] 莫彭龄, 单青. 三大类实词的句法功能的统计分析 [J]. 南京师范大学学报, 1985 (3) 55-62.

[95] 彭赏, 刘正光. 非范畴化与现代汉语中的"名词状语" [J]. 外语教学, 2008 (11): 33-37.

[96] 戚雨村. 索绪尔研究的新发现 [M]. 外国语, 1995 (6): 1-7.

[97] 钱冠连. 有理据的范畴化过程 —— 语言理论研究中的原创性 [J]. 外语与外语教学, 2001 (10): 7-10/62.

[98] 全永百. 英语词类的不确定性 [J]. 现代外语, 1987 (2): 37-42.

[99] 司显柱. 现代英汉语转类词研究：回顾与展望 [J]. 外语学刊, 2009 (1): 71-73.

[100] 司显柱. 英语形容词类转名词的语义特征及修辞效果 [J]. 山东外

语教学，1995（4）：23-25/38.

[101] 邵敬敏．汉语语法学史稿（修订本）[M]．北京：商务印书馆，2006.

[102] 沈家煊．不对称和标记理论 [M]．南昌：江西教育出版社，1999.

[103] 沈家煊．认知与汉语语法研究 [M]．北京：商务印书馆，2006.

[104] 沈家煊．形容词句法功能的标记模式 [J]．中国语文，1997（4）：242-250.

[105] 沈家煊．我看汉语词类 [J]．语言科学，2009（1）：1-12.

[106] 沈家煊．我只是接着向前跨了半步——再谈汉语名词和动词 [J]．语言学论丛，2009b（40）：93-110.

[107] 石定栩．汉语词类划分的若干问题 [J]．语言学论丛，2009（40）：93-110.

[108] 史有为．词语能力变异及其处置 [J]．汉藏语学报，2010（4）：105-126.

[109] 史有为．词类问题的症结及对策——汉语词类柔性处理试探 [A]．胡明扬．词类问题考察 [C]．北京：北京语言学院出版社，1996a：56 -92.

[110] 宋玉柱．浅谈语法分类中的"中间环节"[J]．世界汉语教学，1988（2）：68-72.

[111] 苏宝荣．汉语语法功能的"隐含性"与词的"兼类"和功能"互动"[J]．语文研究，2009（3）：1-5.

[112] 孙德金．现代汉语名词做状语考察 [A]．胡明扬．词类问题考察 [C]．北京：北京语言学院出版社，1996：108-120.

[113] 孙志，周俊，庞志雄．外国语言研究论文索引（2000-2004）[M]．上海：上海外语教育出版社，2006.

[114] 索绪尔．普通语言学教程 [M]．高名凯译．岑麒祥，叶蜚声校．北京：商务印书馆，1981.

[115] 谭景春．名形词类转变的语义基础及相关问题 [J]．中国语文，1998（5）：368-377.

[116] 谭鑫田等．西方哲学范畴理论 [M]．济南：山东大学出版社，1993.

[117] 完权，沈家煊．跨语言词类比较的"奥姆斯特丹模型"[J]．民族语

文，2010（3）：4-16.

[118] 王冬梅．现代汉语动名互转的认知研究 [D]. 中国社会科学院，2001.

[119] 汪锋．与汉语相关的几个基本概念 [J]. 语言学论丛，2010（41）：62-76.

[120] 王洪君，汪锋．"新视野下的汉语词类问题"系列研讨的缘起 [J]. 语言学论丛，2009（40）：1-2.

[121] 王力．王力文集（第一卷）——中国语法论 [M]. 济南：山东教育出版社，1984.

[122] 王力．关于汉语有无词类问题 [J]. 北京大学学报，1955（2）：125-147.

[123] 王宁．古代汉语 [M]. 北京：北京大学出版社，2009.

[124] 王庆．逢迎和吹捧应远离学术——从朱德熙先生《语法答问》的批评谈到当今学界乱相 [J]. 学术界，2010（5）：85-91.

[125] 王松茂．汉语语法研究参考资料 [M]. 北京：中国社科出版社，1983.

[126] 王薇，孙毅．现代英汉语名词动用对比分析 [J]. 广东外语外贸大学学报，2007（4）：65-67.

[127] 王寅．认知语言学 [M]. 上海：上海外语教育出版社，2007.

[128] 王珏．现代汉语名词研究 [M]. 上海：华东师范大学出版社，2001.

[129] 维特根斯坦．哲学研究（英汉对照）[M]. 蔡远译．New York: The Macmillan Company, 1964；北京：九州出版社，2007.

[130] 文旭．认知语言学新视野 [M]. 北京：中国社会科学出版社，2006.

[131] 伍铁平，黄长著．谈谈语言、语言学和现代科学技术革命 [J]. 中国语文，1979（2）：145-151.

[132] 伍铁平．模糊语言学 [M]. 上海：上海外语教育出版社，1999.

[133] 邢福义．词类辨难 [M]. 北京：商务印书馆，2003.

[134] 邢福义．"很淑女"之类说法语言文化背景的思考 [J]. 语言研究，1997（2）：1-10.

[135] 许汝民，孔凡富，荣银良，李进．递差的概念及其用途 [J]. 外国

语，1996（1）：69-75.

[136] 徐鹏. 英语语法中的梯度现象 [J]. 外语教学与研究，1989（3）：47-52.

[137] 徐唐迪. Vagueness in Language[D]. 北京外国语大学，1989.

[138] 亚里士多德. 形而上学 [M]. 吴寿彭译. 北京：商务印书馆，1959.

[139] 严戎庚. 论兼语句在句型语法系统中的地位 [J]. 新疆大学学报，1987（2）：112-118.

[140] 杨成凯. 汉语语法理论研究 [M]. 沈阳：辽宁教育出版社，1996.

[141] 姚小平. 洪堡特：人文研究与语言研究 [M]. 北京：外语教学与研究出版社，1995.

[142] 姚小平. 作为人文主义思想家的洪堡特 [J]. 外国语，2003（1）：36-42.

[143] 袁毓林. 词类范畴的家族相似性 [J]. 中国社会科学，1995（1）：154-170.

[144] 袁毓林. 汉语不能承受的翻译之轻——从去范畴化角度看汉语动词和名词的关系 [J]. 语言学论丛，2010（41）：15-61.

[145] 袁毓林. 汉语词类的认知研究与模糊划分 [J]. 东方语言学，2006（1）：73-82.

[146] 袁毓林. 关于等价功能和词类划分的标准 [J]. 语文研究，2006(3)：24-30.

[147] 袁毓林. 汉语和英语在语法范畴的实现关系上的平行性——也谈汉语里的名词/动词与指称/陈述、主语与话题、句子与话段 [J]. 北京大学手稿，2008；汉藏语学报，2010（4）：139-168.

[148] 袁毓林. 汉语语法研究的认知视野 [M]. 北京：商务印书馆，2004.

[149] 袁毓林，马辉，周韧，曹宏. 汉语词类划分手册 [M]. 北京：北京语言大学出版社，2009.

[150] 詹卫东. "词类三问"：一个汉语词类知识学习者和使用者的反思 [J]. 语言学论丛，2009（40）：66-73.

[151] 张斌. 新编现代汉语（第二版）[M]. 上海：复旦大学出版社，2008.

[152] 张伯江. 词类活用的功能解释 [J]. 中国语文，1994（5）：339-346.

[153] 张伯江，方梅. 汉语功能语法研究 [M]. 南昌：江西教育出版社，1996.

[154] 张岱年. 中国古典哲学概念范畴要论 [M]. 北京：中国社会科学出版社，1989.

[155] 张国宪. 单双音节动作动词功能差异研究 [D]. 上海师范大学，1989.

[156] 张国宪. 现代汉语的动态形容词 [J]. 中国语文，1995（3）：221-229.

[157] 张国宪. 现代汉语形容词的典型特征 [J]. 中国语文，2000（5）：447-458.

[158] 张国宪. 现代汉语形容词的选择性研究 [D]. 上海师范大学，1993.

[159] 张国宪. 现代汉语形容词功能与认知研究 [M]. 北京：商务印书馆，2006.

[160] 张国宪. 性状的语义指向规则及句法异位的语用动机 [J]. 中国语文，2005（1）：16-28.

[161] 张海涛. 不同理论指导下的汉语词类划分标准 [J]. 语言与翻译，2007（4）：27-31.

[162] 张敏. 认知语言学与汉语名词短语 [M]. 北京：中国社会科学出版社，1998.

[163] 张乔. 模糊语义学 [M]. 北京：中国社会科学出版社，1998.

[164] 张乔. 模糊量词的语义研究 [M]. 北京：中国文联出版社，2001.

[165] 张韧. 关于词类本质的一个动态认知视角 [J]. 当代语言学，2009（3）：233-243.

[166] 张勇. 现代汉语名、形、动词类活用情况考察 [D]. 首都师范大学，2009.

[167] 张志公. 语法和语法教学 [M]. 北京：人民教育出版社，1956.

[168] 赵金铭. "我唱给你听"及相关句式 [J]. 中国语文，1992（1）：1-11.

[169] 赵艳芳. 认知语言学概论 [M]. 上海：上海外语教育出版社，2001.

[170] 中国社会科学院语言研究所. 中国语言学论文索引 [上下（1981-

1990）][M]. 北京：商务印书馆，2005.

[171] 中国社会科学院语言研究所．中国语言学论文索引 [上（1991-1995）][M]. 北京：商务印书馆，2003.

[172] 周秉均．古代汉语纲要 [M]. 长沙：湖南人民出版社，1981.

[173] 周领顺．名动转用再研究 [J]. 外语学刊，2001（2）：49-53.

[174] 周领顺，李速立．我国的英汉转类词研究 [J]. 外语教学，2006(4)：19-22.

[175] 周流溪．不断开拓语言学理论研究的天地（序）[A]. 周长银．结果句式的事件句法学研究 [M]. 外文出版社2008：iii-iv.

[176] 周流溪．近五十年来语言学的发展 [J]. 外语教学与研究,1997(3)：21-25；1997（4）：14-16.

[177] 周流溪．语言研究与语言教学 [M] . 香港：（香港）华人出版社，2001：208-217，228-232.

[178] 周流溪．认知语言学使语言学再一次成为领先学科 [J] . 北京师范大学学报（增刊），2005：5-10.

[179] 周流溪．功能语言学研究的前景（序）[A]. 武姜生．语域变异与语境关系的多维度分析 [M]. 对外经济贸易大学出版社，2007：i-iii.

[180] 周流溪．指称的概念参照视点—认知语篇学的探索（序)[A]. 王义娜．指称的概念参照视点 [M]. 北京：外文出版社，2006：i-iii.

[181] 朱德熙．现代书面汉语里的虚化动词和名动词 [M]. 北京大学学报（人文社科），1985（4）：1-6.

[182] 朱德熙．语法讲义 [M]. 北京：商务印书馆，2007a.

[183] 朱德熙．语法问答 [M]. 北京：商务印书馆，2007b.

[184] 朱德熙．自指和转指——汉语名词化标记"的、者、所、之"的语法功能和语义功能 [J]. 方言，1983（1）：16-31.

[185] 朱德熙，卢甲文，马真．关于动词形容词名物化问题 [J]. 北京大学学报，1961（4）：51-64.

[186] 邹韶华．试说语法里的临界现象 [A]. 中国语文杂志社．《语法研究和探索》（七）[C]. 商务印书馆，1995：312-319.

[187] Aarts, Bas. Conceptions of Categorization in the History of

Linguistics[J]. Language Sciences, 2006（28）:361-385.

[188]——. Conceptions of Gradience in the History of Linguistics[J]. Language Sciences, 2004a（26）:343-389.

[189]——. Modelling Linguistic Gradience[J]. Studies in Language, 2004b（28/1）:1-49.

[190]——. Synatactic Gradience: The Nature of Grammatical Indetermincay[M]. Oxford: Oxford University Press, 2007.

[191] Aarts, Bas, Denison, David, Keizer, Evelien, and Popova, Gergana（ed）. Fuzzy Grammar: A Reader[C]. Oxford: Oxford University Press, 2004.

[192] Abney, S. The Noun Phrase in Its Sentential Aspect[D]. MIT,1987.

[193] Alfieri L. The Contribution of Proto-Indo-European to a Part of Speech Typology[A]. University of Amsterdam: Workshop on Languages with Flexible Parts-of-Speech Systems, 2007.

[194] Amstrong S., Gleitman L. and Glieitman H. What Some Concepts Might Not Be[A]. In Margolis, Eric & Laurence, Stephen.（ed）, Concepts: Core Readings[C]. Cambridge: The MIT Press, 1999: 225-259.

[195] Anderson, J. M. Syntactic Categories and Notional Features[A]. In Bas Aarts, David Denison, Evelien Keizer, Gergana Popova（eds.）, Fuzzy Grammar: A Reader[C]. Oxford: Oxford University Press, 2004: 225-237.

[196] Anward J. Parts of Speech[A]. In M. Haspelmath, E. König, W. Oesterreicher, W. Raible（eds）, Language Typology and Language Universals. An International Handbook[C]. Berlin: Walter de Gruyter, 2001: 726-735.

[197] Aristotle Alexander. Metaphysics[M]. Trans. Richard Hope. Beijing: China Social Sciences Publishing House, 1999; Michigan: The University of Michigan Prese, 1960.

[198] Austin J. L. How to Do Things with Words[M]. Oxford: Oxford University Press, 1962.

[199] Barner D. and Bale A. No nouns, No verbs: Psycholinguistic Arguments in Favor of Lexical Underspecification[J]. Lingua, 2002（112/10）: 771-91.

[200] Barsalou, Lawrence. Cognitive Psychology: An Overview for Cognitive Scientists[M]. Hillsdale, NJ: Lawrence Erlbaum, 1992.

[201] Barsalou, Lawrence W. The Instability of Graded Structure: Implications for the Nature of Concepts[A]. In Ulric Neisser（ed）, Concepts and Conceptual Development: Ecological and Intellectual Factors in Categorization[C]. Cambridge: Cambridge University Press, 1987: 101-140.

[202] Bauser, Laurie. English Word-formation[M]. Cambridge: Cambridge University Press, 1983.

[203] Bergen, Benjamin K. & Chang, Nancy. Embodied Construction Grammar in Simulation-based Language Understanding[A]. In J. Östman and M. Fried（eds.）, Construction Grammars: Cognitive Grounding and Theoretical Extensions[C]. Amsterdam: John Benjamins Publishing Company, 2005: 147-190.

[204] ——. Embodied Construction Grammar in Simulation-based Learning and Understand -ing [M]. Berkeley, Calif: International Computer Science, Berkeley, 2002.

[205] Berlin, Brent & Kay, Paul. Basic Color Terms: Their Universality and Evolution[M]. Berkeley: University of California Press, 1969.

[206] Bhat, D. N. S. Word Classes and Sentential Functions[A]. In P. M. Vogel, and B. Comrie（eds.）Approaches to the Typology of Word Classes[C]. Berlin: Mouton de Gruyter, 2000: 47-63.

[207] Bisang, Walter. Precategorial and Syntax-based Parts-of-Speech[J]. Studies in Language, 2008（32/3）: 568-589.

[208] Blache, Philippe and Prost, Jean-Philippe. Gradience, Contructions and Constraint Systems[A]. In H. Christiansen et al.（ed）, Constraint Solving and Language Processing[C]. Springer Berlin / Heidelberg, Volume 3438/2005: 74-89.

[209] Bloomfield, Leonard. Language[M]. New York: Holt, Rinehart and Winston, 1933

[210] Bolinger, Dwight. Meaning and Form[M]. London: Longman, 1977.

[211] Bolinger D.L. Generality, Gradience, and the All-or-None[M]. Hague: Mouton, 1961a.

[212] ——. Syntactic Blends and Other Matters[J]. Language, 1961b（37）: 367-381.

[213] Broschart J. Why Tongan Does It Differently: Categorial Distinctions in a Language in a Language Without Nouns and Verbs[J]. Linguistic Typology, 1997（2/1）: 123-166.

[214] Brown, Cecil H. A Survey of Category Types in Natural Language[A]. In Savas Tsohatzidis（ed）, Meanings and Prototypes: Studies on Linguistic Categorization[C]. Oxford: Routledge, 1990: 17-47.

[215] Burling, Robins. A Garo Grammar（Deccan College Monograph Series 25）[M]. Poona: Deccan College, 1961.

[216] Bybee John and Mcclelland, James L. Alternatives to the Combinational Paradigm of Linguistic Theory Based on Domain General Principles of Human Cognition[J]. The Linguistic Review, 2005（22）:381-410.

[217] Channell, Jonnason. Vague Language[M]. Oxford: Oxford University Press, 1994; Shanghai: Shanghai Foreign Languages Education Press, 2000.

[218] Chan, Marjorie K. M. and Tai, James H-Y. From Nouns to Verbs: Verbalization in Chinese Dialects and East Asian Languages[A]. In Jose Camacho and Linda Choueiri（ed）, Sixth North American Conference on Chinese Linguistics. NACCL-6. Volume II [C]. Los Angeles: Graduate Students in Linguistics（GSIL）, USC: 49-74.

[219] Chomsky, N. The Logical Structure of Linguistic Theory[M]. New York: Plenum Press, 1975.

[220] ——. The Logical Structure of Linguistic Theory[M]. Published（in part）as Chomsky（1975）, 1955.

[221] Clark, Eve V. The Leicon in Acquisition[M]. Cambridge: Cambridge University Press, 1993.

[222] Clark, Eve V. & Clark, Herbert H. When Nouns Surface as Verbs[J]. Language, 1979（55 /4）:767-811.

[223] Cohen, Henri & Lefebvre, Claire. Bridging the Category Divide[A]. In Cohen, Henri & Lefebvre, Claire（ed）. Handbook of Categorization in Cognitive

Science[C]. Amsterdam: Elsevier Ltd., 2005.

[224] Comrie, Bernard. The Syntax of Action Nominals: A Cross-language Study[J]. Lingua, 1976（40）: 177-201.

[225] Cristofaro, Sonia. Subordination[M]. Oxford: Oxford University Press, 2003.

[226] Croft W. Beyond Aristotle and Gradience: A Reply to Aarts[J]. Studies in Language, 2007, 31（2）: 409-430.

[227] ——. Logical and Typological Arguments for Radical Construction Grammar[A]. In Mirjam Fried and Jan-ola Östeman（eds）, Construction Grammar（s）: Cognitve and Cross-language Dimensions[C]. Amsterdam: John Benjamins, 2004: 273-314.

[228] ——. Parts of Speech as Language Universals and as Language-particular Categories[A]. In Petra M. Vogel & Bernard Comrie（eds.）, Approaches to the Typology of Word Classes[C]. Berlin: Mouton de Gruyter, 2000: 65-102.

[229] ——. Radical Construction Grammar: Syntactic Theroy in Typological Perspective [M]. Oxford: Oxford University Press, 2001; Beijing: World Publishing Company, 2009. .

[230] ——. Review of Maria Koptjevskaja-Tamm, Nominalizations[J]. Nordic Journal of Linguistics, 1995（18）: 75-83.

[231] ——. Some Contributions of Typology to Cognitive Linguistics （and vice versa）[A]. In Theo Janssen and Gisella Redeker（ed）, Cognitive Linguistics: Foundations, Scope and Methodology[C]. Berlin: Mounton de Gruyter, 1999: 61-93.

[232] ——. Syntactic Categories and Grammatical Relations[M]. Chicago: University of Chicago Press, 1991.

[233] ——. Typology and Universals（2nd ed.）[M]. Cambridge: Cambridge University Press, 2002; Beijing: Foreign Language Teaching and Researching Press, 2008.

[234] ——. Word Classes, Parts of Speech, and Syntactic Argument[J].

Linguistic Typology, 2005（9/3）: 431-441.

[235] Croft W. & Cruse D. Alan. Cognitive Linguistics[M]. Cambridge: Cambridge University Press, 2004.

[236] Cruse D. Alan. Lexical Semantics[M]. Cambridge: Cambridge University Press, 1986.

[237]——. Meaning in Language: An Introduction to Semantics and Pragmatics（2nd ed.）[M]. Oxford:Oxford University Press, 2004.

[238] Dalcher, Charistian Villafana. Consonant Weakening in Florentine Italian: A Cross-disciplinary Approach to Gradient and Variable Sound Change[J]. Language Variation and Change, 2008（20）:275-316.

[239] Denison, David. Category Change and Gradience in the Determiner System[A]. In Ans van Kemenade and Bettelou Los（ed）, The Handbook of the History of English[C]. Malden, MA: Blackwell Publishing Ltd, 2006: 279-304.

[240]——. Gradience and Linguistic Change[A]. In Laurel J. Brinton（ed.）Historical Linguistics 1999: Selected Papers from the 14th International Conference on Historical Linguistics, Vancouver, 9-13 August 1999（Current Issues in Linguistic Theory 215）（C）. Amsterdam and Philadelphia: John Benjamins, 2001: 119-144.

[241] Dik, Simon. The Theory of Functional Grammar. Part I: The Structure of the Clause（Functional Grammar Series 9）[M]. Dordrecht: Foris Publications,1989.

[242] Dirven R. & Verspoor M. Cognitive Exploration of Language and Linguistics[M]. Amsterdam: John Benjamins, 1998.

[243] Dubois, John A. Competing Motivations[A]. In John Haiman（ed.）, Iconicity in Syntax[C]. Amsterdam: Jhon Benjamins, 1985:343-366.

[244] Ellis, Rod. Measuing Implicit and Explicit Knowledge of a Second Language [A]. In Rod Ellis, Shawn Loewen, Catherine Elder, Rosemary Erlam, Jenefer Philip, Hayo Reinders. Implicit and Explicit Knowledge in Second Language Learning, Testing and Teaching[C]. Bristol, UK ; Buffalo [N.Y.]: Multilingual Matters, 2009: 31-64.

[245] Evans, Vyvyan,Bergen,Benjamin K. and Zinken,Jörg. The Cognitive Linguistics Reader[M]. London ;Oakville, CT :Equinox Publishing Ltd, 2007.

[246] Evans, Vyvyan & Green, Melanie. Cognitive linguistics: An Introduction[M]. Mahwah, N. J.:Lawrence Erlbaum Associates,2006.

[247] Evens, Nicholas & Osasa, Toshiki. Mundarin: The Myth of a Language Without Word Classes[J]. Linguistic Typology, 2005（9/3）: 351-390.

[248] Fanselow, Gisbert, Fery, Caroline, Vogel, Ralf, and Schlesewsky, Matthias. Gradience in Grammar[A]. Fanselow, Gisbert, Fery, Caroline, Vogel, Ralf, and Schlesewsky, Matthias（eds）, Gradience in Grammar: Genrative Perspective[C]. Oxford: Oxford University Press, 2006.

[249] Farrell P. Functional Shift as Category Underspecification[J]. English Language and Linguistics , 2001（5/ 1）: 109-130.

[250] Fillmore, Charles J. An Alternative to Checklist Theories of Meaning[A]. In Proceedings of the First Annual Meetings of the Berkeley Linguistics society[C]. Amsterdam: North Holland, 1975: 123-131.

[251]——. Frame Semantics[A]. In The Linguistic Society of Korea（ed.）, Linguistics in the Morning Calm[C]. Seoul: Hanshin, 1982: 111-137.

[252]——. Frames and the Semantics of Understanding[J]. Quaderni di Semantica, 1985（6）: 222-255.

[253]——. Topics in Lexical Semantics[A]. In R. Cole（ed）, Current Issues in Linguistic Theory[C]. Bloomington: Indiana University Press, 1977: 76-138.

[254] Fillmore, Charles J. & Kay, Paul. Construction Grammar（course book）[M]. Berkley: University of California, 1993.

[255] Fried, Mirjam & Östman, Jan-Ola. Construction Grammar: A Thumbnail Sketch[A]. In M. Fired and Jan-Ola Östman（eds.）, Construction Grammar in a Cross-language Perspective[C]. Amsterdam: John Benjamins Publishing Company, 2004: 11-86.

[256] Givón T. Syntax: An Introduction[M]. Amsterdam: John Benjamins, 2001.

[257] Goatly A. The Language of Metaphors[M]. New York: Routledge, 1997.

[258] Goldberg, Adele E. Constructions: A Construction Grammar Approach to Argument Structure[M]. Chicago: The University of Chicago Press, 1995.

[259] ——. Constructions: A New Theoretical Approach to Language[J]. Journal of Foreign Language, 2003（3）:1-11.

[260] ——.Constructions at Work: The Nature of Generalization in Language[M]. Oxford:Oxford University Press, 2006.

[261] ——. The Emergence of the Semantics of Argument Structure Constructions[A]. In B. MacWhinney（ed.）, The Emergence of Language[C]. Mahwah, N. J: Erlbaum, 1999: 197-212.

[262] Greenberg, Joseph H. Language Universals, with Special Reference to the Order of Meaningful Elements（Janua Linguarum, Series Minor, 59）[M]. The Hugue: Mouton, 1966.

[263] Haiman,John. The Iconicity of Grammar and Motivation[J]. Language, 1980（54）: 565-589.

[264] Haji-Abdolhosseini, Mohammad. Modularity and Soft constraints: A study of Conflict Resolution in Grammar[D]. University of Toronto（Canada）, 2005.

[265] Harley H. and Noyer R. Formal Versus Encyclopedic Properties of Vocabulary: Evidence from Nominalizations[A]. In B. Peters（ed）, The Lexicon-Encyclopedia Interface[C]. Oxford: Elsevier, 2000: 349-374.

[266] Harris, Zellig S. From Morpheme to Utterance[J]. Language, 1946（22）: 161-183.

[267] ——. Methods in Structural Linguistics [M]. Chicago: University of Chicago Press, 1951.

[268] Heine B. and Kuteva, T. On the Evolution of Grammatical Forms[A]. In A. Way（ed.）, The Transition to Language[C]. Oxford: Oxford University Press, 2002: 376-397.

[269] ——. The Genesis of Grammar: A Reconstruction[M]. Oxford: Oxford

University Press, 2007.

[270] Helmbrecht J. Head-marking vs. Dependent-marking Languages[A]. In M. Haspelmath, E. König, W. Oesterreicher, W. Raible（eds）, Language Typology and Language Universals. An International Handbook[C]. Berlin: Walter De Gruyter, 2001:1424-1432.

[271] Hengeveld, Kees. Non-verbal Predication: Theory, Typology, Diachrony[M]. Berlin: Mouton de Gruyter, 1992.

[272] Hengeveld, Kees & Lier, Eva van. The implicational Map of Parts-of-Speech[J]. To appear in Andrej Malchukov, Michael Cysouw & Martin Haspelmath（eds.）, Semantic Maps: Methods and Applications. Linguistic Discovery, 2010（7/1）.

[273] Hengeveld, Kees, Rijkhoff, Jan & Siewierska, Anna. Parts-of-Speech Systems and Word Order[J]. Journal of Linguistics, 2004（40/3）:527-570.

[274] Hopper P. J. & Thompson, S. A. The Discourse Basis of for Lexical Categories in Universal Grammar[J]. Langugage, 1984（60）: 703-752.

[275] Huddleston R & Pullmu, G. K. The Cambridge Grammar of the English Language[M]. Cambridge: Cambridge University Press, 2002.

[276] Huang, Chu-Ren & Ahrens, Kathleen. Individuals, Kinds and Event: Classifier Coercion of Nouns[J]. Language Sciences, 2003（25）: 353-373.

[277] Hundius, Harald & Kölver, Ulrike. Syntax and Semantics of Numeral Classifers in Thai[J]. Studies in Language, 1983（7/2）: 174-214.

[278] Jackendoff, R. Semantics and Cognition[M]. Cambridge, Massachusetts: MIT Press, 1985.

[279] Jacobsen W. H. Noun vs. Verb in Nootkan[A]. In B. Efrat（ed.）, The Victorian Conference on Northwestern Languages[C]. Victoria: British Columbia Provincal Museum, 1979: 83-153.

[280] Johnson M. The Body in the Mind: The Bodily Basis of Meaning, Imagination and Reason[M]. Chicago: The University of Chicago Press, 1987.

[281] Joseph, John E. The Natural: Its Meanings and Functions in the History of Linguistic Thought[A] In Douglas A. Kibbee（ed）, History of Linguistics

2005[C]. Amsterdam/Philadelphia: John Benjamins Publishing Company, 2007:1-23.

[282] Kay, Christian J. & Smith, Jeremy（eds.）. Categorization in the History of English[C]. Amsterdam/Philadelphia: John Benjamins Publishing Company, 2004.

[283] Kay, Paul. An Informal Sketch of a Formal Architecture for Construction Grammar[J]. Grammar, 2002（5）: 1-19.

[284] Kay, Paul & Fillmore, Charles J. Grammatical Constructions and Linguistic Generalizations: the What's X doing Y? Construction[J]. Language, 1999（75）:1-33.

[285] Keefe, Rosanna & Smith, Peter（eds.）. Vagueness: A Reader[C]. Cambridge; Massachusetts: The MIT Press, 1999.

[286] Keller, Evelien. The English Noun Phrase: The Nature of Linguistic Categorization[M]. Cambridge: Cambridge University Press, 2007.

[287] Kemmer S. and Barlow M. Introduction: A Usage-based Conception of Language[A]. In M. Barlow and S. Kemmer（eds.）, Usage-based Models of Languages[C]. Stanford, CA: CSLI, 2000: vii-xxviii.

[288] Koptjevskaja-Tamm, Maria. Nominalizations[M]. London: Routledge, 1993.

[289] Labov W. Denotational Structure[A]. In Donka Farkas, Wesley M. Jacobsen and Karol W. Todrys（eds.）, Papers from the Parasession on the Lexicon[C]. Chicago: Chicago Linguistics Society, 1978: 220-260.

[290] Labov, William. The Boundaries of Words and Their Meanings[A]. In Joshua Fishman（ed）, New Ways of Analyzing Variation in English[C]. Washingtong D. C.: Georgetown University Press, 1973: 340-373.

[291] Lakoff, George. Hedges: A Study in Meaning Criteria and the Logic of Fuzzy Concepts[A]. In Chicago Linguistic Society.（ed）, Papers from the Eighth Regional Meeting[C]. Chicago: Chicago Linguistic Society, 1972: 183-228.

[292] ——. Fuzzy Grammar and the Performance /Competence Terminology Game [A]. In Corum, C. T., C. Smith-Stark, and A. Weiser（ed）, Papers from

the Ninth Regional Meeting of Chicago Linguistic Society[C]. CLS, Chicago, IL, 1973: 271-291.

[293] ——. Linguistic Gestalts[A]. Papers frpm the Thirteenth Regional Meeting of the Chicago Linguistic Society[C]. Chicago, I11: Chicago Linguistic Society, 1977: 225-235.

[294] ——. Woman, Fire, and Dangerous Things — What Categories Reveal about the Mind[M]. Chicago: University of Chicago Press, 1987.

[295] Lakoff G. & Johnson, M. Metaphors We Live by[M]. Chicago: University of Chicago Press, 1980.

[296] Lamberts, Koen & Shanks, David. Knowledge, Concepts & Category[C]. Hove: Psychology Press, 1997.

[297] Langacker, Ronald W. A Dynamic Usage-based Model[A]. In Michael Barlow & Suzanne Kemmer（ed）, Usage-based Models of Language[C]. Stanford: CSLI Publications, 2000: 1-63.

[298] ——. Bounded Regions[A]. In Bas Aarts, David Denison, Evelien Keizer, Gergana Popova（eds.）, Fuzzy Grammar: A Reader[C]. Oxford: Oxford University Press, 2004: 239-245.

[299] ——. Constructions and Constructional Meaning[Manuscript]. UC San Diego,2006.

[300] ——. Construction Grammars: Cognitive, Radical and Less So[A]. In L. Ruiz de Mendoza Ibanez & M. S. Pena Cerel（eds.）, Cognitive Linguistics: Internal Dynamics and Interdisciplianry Interaction[C]. Berlin: Mouton de Gruyter, 2005:101-159.

[301] ——. Foundations of Cognitive Grammar（Vol. II）: Descriptive Application[M]. Stanford: Stanford University Press, 1991.

[302] ——. Foundations of Cognitive Grammar（Vol. I）: Theoretical Prerequisites[M]. Stanford: Stanford University Press, 1987a.

[303] ——. Nouns and Verbs[J]. Language, 1987b（63）: 53-94.

[304] ——. On the Continuous Debate about Discreteness[J]. Cognitive Linguistics, 2006, 17（1）:107-151.

[305] Laurence, Stephen & Margolis, Eric. Concepts and Cognitive Science[A]. In Margolis, Eric & Laurence, Stephen（eds.）, Concepts: Core Readings[C]. Cambridge: The MIT Press, 1999: 1-81.

[306] Leech, Geoffrey & Lu, Li. Indeterminacy between Noun Phrases and Adjective Phrases as Complements of the English Verb[A]. In Bas Aarts & Charles F. Meyer eds. The Verb in Contemporary English: Theory and Description[C]. Cambridge: Cambridge University Press, 1995: 183-202.

[307] Levinson, Stephen C. Perspective Meanings. The Theory of Generalized Conversational Implicature[M]. Cambridge, MA: The MIT Press, 2000.

[308] Li, Charles & Thompson, Sandara. Mandarin Chinese: A Functional Reference Grammar[M]. Berkeley and Los Angeles: University of California Press, 1981.

[309] Lin, Emilie L. and Murphy, Gregory L. Effects of Background Knowledge on Object Categorization and Part Detection[J]. Journal of Experimental Psychology: Human Perception and Performance, 1997（23）: 1153-1169.

[310] Lucy, John. Grammatical Categories and Cognition: A Case Study of the Linguistic Relativity Hypothesis[M]. Cambridge: Cambridge University Press, 1992.

[311] Luuk, Erkki. Nouns, Verbs, and flexibles: Implications for Typologies of Word Classes[EB/OL].[2009-3-17].http://www.sciencedirect.com/science?_ob=ArticleURL&_udi=B6VD2-4VVGGV2-1&_user=1479033&_coverDate=05%2F31%2F2010&_rdoc=1&_fmt=high&_orig=search&_sort=d&_docanchor=&view=c&_searchStrId=1287824440&_rerunOrigin=google&_acct=C000053030&_version=1&_urlVersion=0&_userid=1479033&md5=aeb36a47cf782779681c69fea0474943: 1-17. To appear in Language Sciences, 2010（32-3）:349-365.

[312] Lyons, John. Introduction to Theoretical Linguistics[M]. Cambridge: Cambridge University Press, 1968.

[313] Margolis, Eric and Laurence, Stephen. (eds.) Concepts: Core Readings[C]. Cambridge: The MIT Press, 1999.

[314] Marks L. E. Psychological Investigations of Semi-Grammaticalness in English[D]. Harvard University, 1965.

[315] Matsumoto Yo. Some Constraints on the Semantic Structures of Verbs: Evidence from Japanese Motion Predicate[Unpublished Manuscript]. Stanford University, 1991.

[316] Mitchell B. Old English Syntax (2 vols) [M]. Oxford: Oxford University Press, 1985.

[317] Mompean-Gonzalez, Jose A. Category Overlap and Neutralization: The Importance of Speaker's Classification in Phonology[J]. Cognitive Linguistics, 2004, 15 (4) :429-469.

[318] Mosel, Ulrike & Hovdhaugen, Even. Somoan Reference Grammar[M]. Oslo: Universitetsforlaget AS, 1992.

[319] Murphy, Gregory L. and Medin, Douglas L. The Role of Theories in Conceptual Coherence[J]. Psychological Review, 1985 (92) : 289-316.

[320] Murphy, Gregory L. Theories and Concept Formation[A]. In Ivan Van Mechelen, James Hampton. Ryszard S. Michalski, and Peter Theuns (eds.) , Categories and Concepts: Theoretical Views and Inductive Data Analysis[C]. New York: Academic Press, 1993: 173-200.

[321] Newmeyer, Frederick J. Language Form and Function[M]. Msssachusetts: The MIT Press, 1998.

[322] Pendar, Nick. Linguistic Constraint Systems as General Soft Constraint Satisfaction[J]. Research on Language and Computation, 2008 (6) :163-203.

[323] Peterson J. There is a Grain of Truth in Every "Myth", or, Why the Discussion of Lexical Classes in Mundarin Isn't Quite Over Yet[J]. Linguistic Typology, 2005 (9/3) : 391-405.

[324] Quirk et al. A Comprehensive Grammar of the English Language[M]. London: Longman Group Ltd, 1985.

[325] ——. A Grammar of Contemporary English[M]. London: Longman

Group Ltd, 1972.

[326] Radden, Gunter and Driven, Rene. Cognitive English Grammar[M]. Amstradam/Philadelphia: John Benjamins Publishing Company, 2007.

[327] Ramat, Paolo. How Universal are Linguistic Categories?[A]. In Sergio Scalise, Elisabetta Magni, and Antonietta Bisetto. Universals of Language Today[C]. Springer Netherlands , 2009: 1-11.

[328]——. Linguistic Categories and Linguists' Categorization[J]. Linguistics, 1999（37/1）: 115-147.

[329] Remero-Figero, Andres. A Reference Grammar of Warro（Lincom Studies in Native American Linguistics 6）[M]. München: Lincom.

[330] Rijkhoff, Jan. On Flexible and Rigid Nouns[J]. Studies in Language, 2008, 32（3）: 727-752.

[331] Rips, Lance J. Similarity, Typicality, and Categorization[A]. In Stella Vosnia and Andrew Ortony（eds.）, Similarity and Analogical Reasoning[C]. New York: Cambridge University Press, 1989: 21-59.

[332]——. The Current Sate of Research on Concept Combination[J]. Mind and Language, 1995（10）: 72-104.

[333] Robins R. H. A Short History of Linguistcs（4th ed.）[M]. London: Addison Wesley Longman Limited, 1997; Beijing:Foreign Language Teaching and Research Press,2001.

[334] Roehr, Karen. Linguistic and Metalinguistic Categories in Second Language Learning[J]. Cognitive Linguistics, 2008（19/1）:67-106.

[335]——. Cognitive Representation of Semantic Categories[J]. Journal of Experimental Psychology, 1975b（General 104）: 193-233.

[336]——. Natural Categories[J]. Cognitive Psychology, 1973a（4）: 328-350.

[337]——. On the Internal Structure of Perceptual and Semantic Categories[A]. In Timothy E. Moore（ed）, Cognitive Development and the Acquisition of Language[C]. New York, San Francisco, London: Academic Press, 1973b: 111-144.

[338] ——. Principles of Categorization[A]. In Eleanor Rosch and Barbara B. Llyod (ed) , Cognitive Categorization[C]. New York: 1978: 27-48.

[339] Rosh, Eleanor Cognitive Reference Points[J]. Cognitive Psychology, 1975 (7) :532-547.

[340] Rosh, Eleanor & Mervis, Caroline. Family Resemblances: Studies in the Internal Structure of Categories[J]. Cognitive Psychology, 1975 (7) : 573-605.

[341] Sapir E. Language: An Introduction to the Study of Speech[M]. New York: Harcourt, Brace, 1921.

[342] Sasse, Hans-Jürgen. Das Nomen —— eine universale Kategorie?[J]. Sprachtypologie und Universalienforchung, 1993a (46) : 187-221.

[343] ——. Syntactic Categires and Subcategories[A]. In J. Jacobs A. Von Stechow W. Sternefeld, T. Vennemann (eds.) , Syntax: An International Handbook[C]. Berlin: Mouton de Gruyter, 1993b: 646-686.

[344] Saussure F de. Course in General Lingusitics[M]. Paris: Payot, 1916.

[345] ——. Course in General Lingusitics[M]. London : Gerald Duckworth & Co. Ltd., 1983; Beijing: Forein Language Teaching and Research Press, 2001.

[346] Searle, John. Speech Acts: An Essay in the Philosophy of Language[M]. Cambridge: Cambrdge University Press, 1969.

[347] Shank, Roger and Abelson, Robert P. Scripts, Plan, Goals, and Understanding: An Inquiry into Human Knowledge Structures[M]. Hillsdale, NJ: Lawrence Erlbaum Associates, 1977.

[348] Smith, Linda B. & Samuelson, Larissa K. Perceiving & Remembering: Category Stability, Variability & Development[A]. In Koen Lamberts & David Shanks (ed) , Knowledge, Concepts & Category[C]. Hove: Psychology Press, 1997: 161-195.

[349] Smith, Nicholas J. J. Vagueness and Degrees of Truth[M]. Oxford; New York : Oxford University Press, 2008.

[350] Sorace, Antonella and Keller, Frank. Gradience in Linguistic Data[J]. Lingua, 2005 (115) : 1497-1524.

[351] Stroomer, Harry. A Comparative Study of Three Southern Oromo Dialects in Kenya: Phonology, Morphology, and Vocabulary[M]. Hamburg: Buske, 1987.

[352] Søgaard, Anders. Review of Gilbert Fanselow, Caroline Fery, Matthias Schlesewsky, and Ralf Vogel（eds）, Gradience in Grammar: Generative Perspectives[J]. Nordic Journal of Linguistics, 2008, 31（1）: 109-125.

[353] Taylor, John R. Cognitve Grammar[M]. Oxford: Oxford University Press, 2002.

[354]——. Linguistic Categorization（1st ed.）[M]. Oxford: Oxford University Press, 1989.

[355]——. Linguistic Categorization（2nd ed.）[M]. Oxford: Oxford University Press, 1995.

[356]——. Linguistic Categorization（3rd ed.）[M]. Oxford: Oxford University Press, 2003.

[357]——. Syntactic Constructions as Prototype Categories[A]. In Michael Tomasello（ed.）, The New Psychology of Language: Cognitive and Functional Approaches to Language Structure[C]. Hillsdale, NJ: Lawrence Erlbaum Associates, 1998: 177-202.

[358] Tchekhoff, Claude. Simple Sentences in Tonga（Pacific Linguistics B-81）[M]. Canberra: Australian University, 1981.

[359] Tomasello, M. Introduction: A Cognitve-Functional Prespective on Language Structure[A]. In Michael Tomasello（ed.）, The New Psychology of Language: Cognitive and Functional Approaches to Language Structure（Vol. 1）[C]. Hillsdale, NJ: Lawrence Erlbaum Associates, 1998: vii-xxiii.

[360] Traugott E. C. Syntax[A]. In R. M. Hogg（ed.）The Cambridge History of the English Language, vol.1: The Beginnings to 1066[C]. Cambridge: Cambridge University Press, 1992: 168-289.

[361] Tsohatzidis S.L.（ed）Meaning and Prototypes: Studies in Linguistic Categorization[C]. London: Routledge, 1990.

[362] Tversky, Barbara. Where Partomonies and Taxonomies Meet[A].

In Savas Tsohatzidis（ed），Meanings and Prototypes: Studies on Linguistic Categorization[C]. Oxford: Routledge, 1990: 334-344.

[363] Ungerer F. & Schmid H. J. An Introduction to Cognitive Linguistics[M]. Addison Wesley Longman Limited, 1996; Beijing:Foreign Language Teaching and Research Press,2001.

[364] Verschueren, Jef. Understanding Pragmatics[M]. Beijing: Foreign Language Teaching and Research Press, 2000.

[365] Vogel, Ralf. Review of Bas Aarts, Syntactic Gradience: the Nature of Grammatical Indeterminacy[J]. J. Linguistics, 2008（44）: 505-509.

[366] Zhang Feiran. An Introduction to Modern English Lexicology[M]. Beijing: Beijing Normal University, 2004/2010.

[367] Zhang Qiao. Fuzziness-Vagueness-Generality-Ambiguity[J]. Journal of Pragmatics, 1998（29 /1）: 13-31.

后 记

　　拙著是在本人博士论文基础上打磨而成。如今在即将成书之际，感慨万千。从博士论文撰写到其成书，所有师友的帮助提携如在昨天。首先要感谢我的导师岑运强教授。尽管工作繁忙，岑老师一直关心我的学习、文章发表和论文进展情况。当我对论文的相关问题产生困惑时，岑老师总是能耐心地指导我，教我寻求解决问题的方案，甚至在炎炎夏日不辞辛苦亲自到所里来看我，就相关问题与我促膝长谈。为了不影响我毕业，岑老师把所有事情都做了妥善安排，以便让我能全身心地投入到论文的写作过程中。在这里我要向先生表示由衷的感谢，他"点面结合、客观包容"的治学风格和对学生的责任感不仅影响了我的论文写作，而且还将影响我生活、事业的各个方面，让我终生受用。

　　特别感谢伍铁平先生。伍先生是我撰写硕士论文时结识的。报考北师大博士研究生也是伍先生将我视为私塾弟子推荐给岑老师的。考上博士研究生后，我便成了伍先生家的常客，有时一天会到他家去两三次。本人不才，有幸得到先生的悉心指导和无私帮助，对先生"为人正直真诚，处事讲究原则，治学追求严谨"的高贵品格有切实体验。印象最深的是：先生经常让我读语言学作品，然后就相关问题交流彼此的看法；经常通过学界各种鲜为人知的事情，教我为人治学，说等他百年之后，还可以写成"Anecdotes of Linguists（语言学家轶事）"。遗憾的是：后期先生因身体原因，没能继续为本人的博士论文把关；本人生性驽钝，未能及时参透先生的良苦用心。

　　还要感谢我的硕士导师大连外国语学院赵永青教授。赵老师向来以

"治学严谨、为人耿直"著称，学生都对她既敬又畏。然而，作为她的硕士研究生，我却有机会体会到她对学生如母亲般的关怀：尽管我已经毕业参加工作，后来又攻读博士学位，但是她不仅一直关心我的工作、生活和学习情况，还经常十分客气地提出指导性意见。随着年龄的增长和社会阅历的增加，我越来越感到，赵老师所说的句句都是经验之谈，需要我用一生去体会。

感谢匿名评审专家以及答辩委员会专家组成员赵金铭老师、李泉老师、周流溪老师、刘利老师和刁晏斌老师。他们对拙文的意见是我深入研究相关问题的宝贵财富，使我进一步坚定了研究词类问题的信心。赵金铭老师为拙文确定了理论研究与实证研究相结合的总体框架。李泉老师对拙文的进一步研究提出了中肯的意见。周流溪老师为我提供了许多宝贵资料，对拙文的结构和许多翻译提出了具体意见。在校内每次遇见刘利老师，他都关心拙文进展情况，总是给我以安慰和鼓励；尽管刘利老师工作十分繁忙，但是他依然在百忙之中审阅了拙文，并对拙文提出了建设性的意见。刁晏斌老师不仅代替岑老师妥善处理了论文答辩的相关事宜，而且就拙文对汉语词类研究的梳理和对词类多功能现象的语料收集给予了具体指导。各位先生严谨的治学态度和奖掖后学的学者风范，让我真正领悟到了"为人治学"的深刻内涵。我一定终生践行各位先生教给我的"为人治学"的道理，绝不辜负各位先生对我的厚爱！

感谢澳洲国立大学的 Nicholas Evans 教授和美国新墨西哥大学 William Croft 教授。在我最需要的时候，他们给予了我无私的帮助，澄清了我对一些问题的模糊认识，加深了我对词类问题的理解，使我明确了进一步研究的方向。

感谢北京师范大学文学院各位领导对我的关爱。感谢荣晶老师、王庆老师、周士宏老师、张和友老师、孙炜老师给予我的最真诚的帮助。感谢所里各位老师对我的包容。在此，我对他们的帮助表示诚挚的谢意。

感谢大连大学英语学院的各位领导对我学习的支持；感谢大连大学英语学院王太林教授、庞雨滨老师在我读博期间代我处理学校的相关事情。

感谢朝夕相处的博士生学友们。因为有了他们，我不再担心学习上有不懂的问题、电脑上有不懂的技术、材料上有找不到的书籍、生活上出现困惑等种种问题。情同手足的友谊让我对博士生活永生难忘。

拙著由大连市人民政府资助出版。感谢大连市学术专著资助出版评审委员会对拙著申请出版资助提出的宝贵意见。感谢大连市学术专著资助出版评审委员会相关领导和老师后期对拙著出版予以的真诚帮助。

感谢我的父母多年来对我学习和工作的支持；感谢我的妻子吕万红女士，她是俄语语言学方向硕士，而且掌握的外语语种比我多，她不仅纠正了拙文中不当之处，而且在我做博士论文期间为我们孕育了宝宝；感谢我的岳父岳母为我照顾妻女。更感谢我的女儿刘子涵，她的诞生使我不知疲惫地完成自己的博士论文：博士论文是我学术生命的开始，女儿是我自然生命的延续。如今伴随者女儿的成长，博士论文也终于以专著形式出版了。

尽管拙文得到了导师和各位先生的悉心指导以及领导、同事、同学、朋友和家人的全力支持，但是其中有待完善之处完全归于本人的驽钝。在今后的进一步研究中，我将不断完善，力求不愧对导师和各位先生的指导以及领导、同事、同学、朋友和家人的支持。